U0844237

社會主義討論集

新青年丛书

黄乔生　张远航　主编

中央编译出版社
CCTP Central Compilation & Translation Press

图书在版编目（CIP）数据

社会主义讨论集 / 黄乔生，张远航主编 . -- 北京 : 中央编译出版社，2025.3
（新青年丛书）
ISBN 978-7-5117-4424-1

Ⅰ . ①社… Ⅱ . ①黄… ②张… Ⅲ . ①社会主义—文集 Ⅳ . ① D091.6-53

中国国家版本馆 CIP 数据核字 (2023) 第 086433 号

社会主义讨论集

责任编辑　张　科
责任印制　李　颖
出版发行　中央编译出版社
地　　址　北京市海淀区北四环西路 69 号（100080）
网　　址　www.cctpcm.com
电　　话　（010）55627391（总编室）　（010）55627312（编辑室）
　　　　　（010）55627320（发行部）　（010）55627377（新技术部）
经　　销　全国新华书店
印　　刷　北京盛通印刷股份有限公司
开　　本　797 毫米 ×1094 毫米　1/16
字　　数　248 千字
印　　张　32.25
版　　次　2025 年 3 月第 1 版
印　　次　2025 年 3 月第 1 次印刷
定　　价　1280.00 元（全 8 册）

新浪微博：@ 中央编译出版社　　微　　信：中央编译出版社（ID：cctphome）
淘宝店铺：中央编译出版社直销店（http://shop108367160.taobao.com）（010）55627331

本社常年法律顾问：北京市吴栾赵阎律师事务所律师　闫军　梁勤
凡有印装质量问题，本社负责调换，电话：（010）55627320

社會主義討論集

目錄

社會主義討論集

政治談

（一）

陳獨秀

本誌社員中有多數人向來主張絕口不談政治，我偶然發點關於政治的議論，他們都不以爲然。 但我終不肯取消我的意見，所以常常勸慰慈一涵兩先生做關於政治的文章。 在他一方面，外邊對於本誌的批評，有許多人說新青年不討論政治問題，是一個很大的缺點。我對於這個批評也不能十分滿足，曾在「我的解決中國政治方針」演說中回答道：「我們不是忽略了政治問題，是因爲十八世紀以來的政制已經破產，我們正要站在社會的基礎上造成新的政治：我們不是不要憲法，是要在社會上造成自然需要新憲法底實質，憑空討論形式的條文，是一件無益的事」。 因此，可以表明我對於政治底態度，一方面固然不以絕口不談政治爲然，一方面也不願意和一班拿行政或做官弄錢當作政治的先生們談政治。 換句話說，就是：你談政治也罷，不談政治也罷，除非逃在深山人跡絕對不到的地方，政治總會尋着你的：但我們要認真了政治底價值是什麼，决不是爭權奪利的勾當可以冒牌的。

以上的說話，雖然可表明我對於政治底態度，但是過於簡單，沒有說出充分的理由，而且不曾包含我最近對於政治的見解，所以現在要詳細談一下。

（二）

我們中國不談政治的人很多，主張不談政治的只有三派人：一是學界，張東孫先生和胡適之先生可算是代表：一是商界，上海底總商會和最近的各馬路商界聯合會可算是代表：一是無政府黨人。　前兩派主張不談政治是一時的不是永久的，是相對的不是絕對的：因爲他們所以不談政治，是受了爭權奪利的冒牌的政治底刺激，幷不是從根本上反對政治。　後一派是從根本上絕對主張人類不應該有一切政治的組織，他們不但反對君主的貴族的政治和爭權奪利的政治，就是民主的政治也要反對的。

我對於這三派的批評：在消極的方面，我固然很有以他們爲然的地方：在積極的方面，我就有點異議了。

前兩派只有消極沒有積極的缺點，最近胡適之先生等「爭自由的宣言」中已經道破了。這篇文章開口便說：「我們本不願意談實際的政治，但是實際的政治卻沒有一時一刻不來妨害我們。」要除去這妨害，自然免不了要談政治了。

後一派反對政治，從消極的方面說起來，也有一大部分眞理。他們反對政治，反對法律，反對國家，反對强權，理論自成一系統，到沒有普通人一面承認政治，法律，國家，一面反對强權的矛盾見解。强權是少數人的或多數人的，廣狹雖然不同，但若是沒有强權便沒有法律，沒有法律還有什麼政治國家呢？因此我們應該明白强權國家政治法律是一件東西底四個名目，無政府黨人一律反對，理論到算是一貫。古代的社會契約（Social contract）和中世紀的自治都市，（Commune）不但不是普遍的，而且是人類政治組織沒有進化到近代國家的狀態。近代國家是怎樣？Franz Oppenheimer說：國家底唯一目的，就是征服者支配被征服者底主權，幷且防禦內部的叛亂及外部的侵襲。這主權底目的，也就是征服者對被征服者經濟的掠奪。（詳見 Christensen, sPolitics and Crowd Morality, P. 72 所引。）Christensen 說：國家是掠奪別人幷防止他人來掠奪的工具：他的目的並不是制止每人和每人間底戰爭，乃是使這戰爭堅固而更有效力。（見前書七三，七四，頁）羅素說：國家底骨子，就是公民集合力底倉庫。這力量有兩個形式：一是對內部的，一是對外部的。對內部的形式是法律及警察；對外部的形式是戰鬥力所表現的陸海軍，國家是一定區域內全住民底集合體依政府指揮用他們聯合力所組織起來的。國家底權力，對內僅限於叛亂的恐怖，對外僅限於戰敗的恐怖：所以他阻止這兩樣是絕對的。

在實際上他能夠用租稅名義奪人家底財產，決定結婚和繼承底法律，懲罰他所反對的意見發表，因爲要把一種人民所住的地方割歸別國他能置人於死地，並且他想着要打戰便命令一切強健男子到戰場去賭生命。在許多事件上，違反了國家底目的和意見，就是犯罪，（見 Russell's Principles of Social Reconstruction, P. 45, 46, 47.）過去及現在的國家底作用實在是如此，我所以說無政府黨反對國家，反對政治，反對法律，反對強權，也有一大部

分眞理

從消極方面說來，無政府黨否認國家政治。我們固絕對贊同；從積極方面而說起來，我們以爲過去的現在的國家和政治，過去的現在的資本階級的國家和政治，固然建築在經濟的掠奪上面：但是將來的國家和政治，將來的勞動階級的國家和政治，何人能夠斷定他仍舊黑暗絕對沒有進步的希望呢？　反對國家的人，說他是掠奪機關；反對政治的人，說他是官僚底巢穴；反對法律的人，說他是資本家私有財產底護符：照他們這樣說法，不過是反對過去及現在掠奪的國家，官僚的政治，保護資本家私有財產的法律，並沒有指出可以使國家政治法律根本搖動的理由；因爲他們所反對的，不會將禁止掠奪的國家，排除官僚的政治，廢止資本家財產私有的法律，包含在內。

或者有人說：就是將來的禁止掠奪的國家，排除官僚的政治，廢止資本家私有財產的法律，仍舊離不掉強權，所以不能根本上絕對廢除國家，政治，法律，這幾種強權，實現自由組織的社會，不能算徹底的改革。

我們對於這種意見可以分開理論和事實兩方面的討論：

從理論上說起來，第一我們應該要問：世界上的事理本來沒有底，我們從何處徹起？所以懂得進化論的人，不應該有徹底不徹底的觀念。第二我們應該要問：強權何以可惡？

我以為強權所以可惡，是因為有人拿他來擁護強者無道者壓迫弱者與正義。若是倒轉過來：拿他來救護弱者與正義，排除強者與無道，就不見得可惡了。由此可以看出強權所以可惡，是他的用法，並不是他本身。我們人類文明最大的效果，是利用自然征服自然：例如水火都可以殺人，利用水便可以行船，洗濯灌溉底效用：利用火便得了燒飯菜，照亮，溫煖身體底效用：炸藥和電雷傷人更是可怕，利用他們便得了開山治病及種種工業上的效用；人類底強權也算是一種自然力，利用他也可以有一種排除黑暗障礙底效用。因此我覺得不問強權底用法如何，閉起眼睛反對一切強權，像這種因噎廢食的辦法，實在是籠統的武斷的，決不是科學的。若有人不問讀書底目的如何，但只為讀書而讀書，不問革命底內容如何，但只為革命而革命，自然是可笑，現在若不問強權底用法如何，但只為強權而反對強權，或者只爲强權而贊成强權，也未免陷於同一謬誤。

從事實上說起來，第一我們要明白世界各國裏面最不平最痛苦的事，不是別的，就是少數游惰的消費的資產階級，利用國家，政治，法律等機關，把多數勤苦的生產的勞動階級壓在資本勢力底下，當做牛馬機器還不如。要掃除這種不平這種痛苦，只有被壓迫的生產的勞動階級自己造成新的强力，自己站在國家地位，利用政治·法律等機關，把那壓迫的資產階級完全征服，然後才可望將財產私有，工銀勞動等制度廢去，將過於不平等的經濟狀況除去。若是不主張用强力，不主張階級戰爭，天天不要國家，政治，法律，天天空想自由組織的社會出現；那班資產階級仍舊天天站在國家地位，天天利用政治、法律如此夢想自由·便再過一萬年，那被壓迫的勞動階級也沒有翻身的機會。法國底工團派在世界勞動團體中總算是很有力量的了；但是他們不熱心階級戰爭，是要離開政治的，而政治却不肯離開他們，歐戰中被資產階級拿政權强迫他們犧牲了，今年「五一節」後又强迫他們屈服了，他們的自由在那里？所以資產階級所恐怖的，不是自由社會的學說，是階級戰爭的學說；資產階級所歡迎的，不是勞動階級要國家政權法律，是勞動階級不要國家政權法律。 勞動者自來沒有國家沒有政權，正因爲過去及現在的國家，政權，都在資產階級底手裏，所以他們才能夠施行他們的生產和分配方法來壓迫勞動階級；若勞動階級自己宣言永遠不要國家不要政權，資產階級自然不勝感謝之至。你看現在全世界底國家對於布爾塞維克底防禦，壓迫，恐怖，比他們對於無政府黨利害的多，就是這個緣故。

第二我們要明白各國底資產階級，都有了數千年或數百年底基礎，站在優勝的地位，他們的知識經驗都比勞動階級高明得多；勞動階級要想征服他們固然很難，征服後想永久制服他們不至死灰復燃更是不易。 這時候利用政治的强權，防止他們的陰謀活動；利用法律的强權，防止他們的懶惰，掠奪，矯正他們的習慣，思想，都很是必要的方法。 這時候若反對强權的壓迫，若主張不要政治，法律，若提倡自由組織的社會，便不會得資產階級下了一道大赦底恩詔：因爲他們隨時得着自由，隨時就要恢復原有的勢力地位。 所以各國共和革命後，民主派若失了充分壓服舊黨底强力，馬上便有復辟底運動。 此時俄羅斯若以克魯巴特金的自由組織代替了列寧的勞動專政，馬上不但資產階級要恢復勢力，連帶政權與也必不免。

克魯巴特金國家論中所稱贊的中世自治都市是何以失敗的，他所指責的近代資本主義的國家是何以發達起來的？ 這主要的原因，不用說一方面是自治都市裏既不是以勞動階級爲主體，又沒强固的政治組織，因此讓君主貴族們壟斷了政權；一方面是新興的資本家利用自由主義，大家自由貿易起來，自由辦起實業來，自由虐待勞動者，自由把社會的資本集中到少數私人手裏，於是漸漸自由造成了自由的資本產級，漸漸自由造成了近代資本主義自由的國家。

我們明明自白曉得中世自治都市是放棄政 失敗的，是放任那不法的自由（Unconscionable Freedom） 失敗的，勞動階級底枷鎖鐐銬分明是自由主義將他帶上的；現在理想的將來的社會，若仍舊妄想否認政治是徹底的改造，迷信自由主義萬能，豈不是睜着眼睛走錯路嗎？

我因此深信許多人所深惡痛絕的强權主義，有時竟可以利用他爲善：許多人所歌頌讚美的自由主義，有時也可以利用他爲惡；萬萬不可一概而論，因爲凡强權主義皆善，凡自由主義皆惡，像這種籠統的大前提，反經由歷史底事實證明他在邏輯上的謬誤了。

第三我們要明白人類本性的確有很惡的部分，決不單是改造社會制度可以根本剷除的；就是社會制度｜私有財產制度工銀勞動制度｜所造成的人類第二惡性，也不是制度改變了這惡性馬上就跟着消滅的。工銀勞動制度實不在應該保存，但同時若不强迫勞動，這時候從前不勞動的人，自然不會忽然高興要去做工；從前受慣了經濟的刺激（EcOnOmic Stimulus）才去勞動的工人，現在解除了刺激，又加上從前疲受底反動，一定會懶惰下來；如此一時社會的工作効率必然銳減。少數人懶惰而衣食，已經釀成社會上的不平等；若由少數增至多數，這社會底生活的資料如何維持呢？人類誠然有勞動的天性，有時也自然不須强迫；美術化的勞動和創造的勞動，更不是强迫所能成的，自來就不是經濟的刺激能夠令他進步的；所以工銀制度在人類文化的勞動上只有損而無益。至於人類基於生活的勞動，至少像那不潔的勞動，很苦的勞動，既然沒有經濟的刺激，又沒有法律的强迫，說是人們自然會情願去做，眞是自欺欺人的話；凡有眞誠的態度討論社會問題的人，不應該說出這樣沒有徼驗的話來。　制度變了，制度所造成的人類專己自私的野心，一時斷然不易消滅：倘然沒有法律裁制這種傾向，專制的帝王貴族就會發生在自由組織的社會裏：若要預防他將來發生，抵抗他已經發生，都免不了利用政治的法律的强 了。權更有一件事，就是人類底性慾本能和永續占有衝動合起來發生的男女問題：這問題是人生問題中最神秘不可思議的部分，不但社會制度革命不能解决他，并且因爲解除了經濟的政治的壓迫和誘惑，眞的純粹的男女問題更要露骨的發生。　這時候的男女問題內并不夾雜着政治的經濟的影響和罪惡：倘由這種問題發生了侵犯個人及損害社會安寧的罪惡，也應該有點法律的裁制才好。

據以上的理論和事實討論起來，無政府黨所咀咒的資產階級據以造作罪惡的國家，政治，法律，我們也應該咀咒的：但是勞動階級據以剷除罪惡的國家，政治，法律，我們是不應該咀咒的：若是咀咒他，到算是資產階級底朋友了。換句話說，就是我們把國家，政治，法律，看做一種改良社會的工具，工具不好，只可改造他，不必將他拋棄不用。

不反對政治的人也有兩派：一是舊派，他們眼中的國家，就是「我國家數百年深仁厚澤」的國家，「學生還穩當張還成個什麼國家」的國家！他們眼中的政治，就是「吳佩孚只是」觸師長不配參與政治」的政治，；他們眼中的法律，就是「王法」「國法」「大清律」的法律，；這派底意見，我們放不着批評。一是新派，他們雖不迷信政治，法律和國家有神秘的威權，他們却知道政治法律和國家是一種工具，不必拋棄不用。在這一點上我很以他們爲然：但是他們不取革命的手段改造這工具，仍舊利用舊的工具來建設新的事業，這是我大不贊成的。這派人所依據的學說，[illegible]就是所謂馬格斯修正派，也就是[illegible]死後德國底社會民主黨，急進派所鄙薄所攻擊的社會黨也就是這個。中國此時還够不上說眞有這派人，不過頗有這種傾向，將來這種人必很有勢力要做我們唯一的敵人。

他們不主張直接行動，不主張革掉資產階級據以造作罪惡的國家，政治，法律，底命，他們仍主張議會主義，取競爭選舉的手段，加入(就是投降)資產階級據以作惡的政府，國會，想利用資產階級據以作惡的政治，法律，來施行社會主義的政策，；結果不但主義不能施行，而且和資產階級同化了，還要施行壓迫勞動階級反對社會主義的政策。現在英法德底政府當局那個不是如此？像這樣與虎謀皮爲虎所噬還要來替虎噬人的方法，我們應該當做前車之鑑。

他們主張的國家社會主義，名爲社會民主黨，其實並不要求社會的民主主義，也不要求產業的民主化，只主張把生產工具集中在現存的國家—現存的資產階級底軍閥官僚盤踞爲惡的國家—手裏。 Wilhelm Liebknecht 批評這種國家社會主義道：這種國家社會主義，實在說起來只可叫做國家資本主義（State Capitalism），取其貌似投時所好來冒牌騙人罷了。 德國底國家社會主義，嚴格說起來就是普魯士底國家社會主義，他的理想就是軍國的，地主的，警察的，國家，他所最厭惡的就是民主主義（見 Wilhelm Liebknecht "No Compromise, No political Trading" p. 15.）這種國家社會主義的國家裏面，勞動階級底奴隸狀態不但不減輕而且更要加重：因爲國家成了公的唯一的資本家，比私的數多的資本家更要壟斷得多。 這種國家裏面，國家的權力過大了，過於集中了統一

政治谈

下，由消滅天才的創造力上論起來．恐怕比私產制度還要壞。　這種國家裏面．不但無政府黨所咀咒的國家．政治．法律．底罪惡不能剷除．而且更要加甚．因爲資產階級底軍閥官僚從前只有政治的權力．現在又假國家社會主義的名義，把經濟的權力集中在自己手裏，這種專橫而且腐敗的階級．權力加多罪惡便自然加甚了。　若是把這名義與權力送給世界上第一個貪污不法的中國軍閥官僚，那更是造孽不淺。

他們反對馬格斯底階級戰爭說很激烈．他們反對勞動專政，拿德謨克拉西來反對勞動階級特權。　他們忘記了馬格斯曾說過：勞動者和資產階級戰鬥的時候，迫於情勢，自己不能不組成一個階級，而且不能不用革命的手段去占領權力階級的地位，用那權力去破壞舊的生產方法，但是同時階級對抗的理由和一切階級本身，也是應該掃除的；因此勞動階級本身底權勢也是要去掉的　（見共產黨宣言第二章之末。）　他們又忘記了馬格斯曾說過：法國社會主義及共產主義底著作，到德國就全然失了精義了；并且階級爭鬥底意義從此在德國人手中抹去．他們還自己以爲免了法國人的偏見……他們自以爲不單是代表無產階級利害的，是代表人類本性底利害，就是代表全人類利害的，還種人類不屬於何種階級，算不得實際的存在，只有哲學空想的雲霧中是他存在的地方。（見前書第三章）。他們只有眼睛看見勞動階級底特權不合乎德謨克拉西，他們却沒眼睛看見戴著德謨克拉西假面的資產階級底特權是怎樣。他們天天跪在資產階級特權專政脚下歌功頌德，一聽說勞動階級專政，馬上就抬出德謨克抵西來抵制，德謨克拉西到成了資產階級底護身符了。我敢說：若不經過階級戰爭，若不經過勞動階級占領權力階級地位底時代，德謨克拉西必然永遠是資產階級底專有物，也就是資產階級永遠把持政權抵制勞動階級底利器。修正派社會主義底格言，就是：「從革命去到普通選擧！從勞動專政去到議會政治！」他們自以為還是「進化的社會主義」。殊不知馬克思死後德國底社會民主黨正因此墮落了！

（西）

我的結論是：

我承認人類不能够脫離政治，但不承認行政及做官爭地盤攘奪私的權利還等勾當可以冒充政治：

我承認國家只能做工具不能做主義，古代以奴隸爲財產的市民國家，中世以農奴爲財產的封建諸侯國家，近代以勞動者爲財產的資本家國家，都是所有者的國家，這種國家底政治法律，都是掠奪底工具，但我承認這工具有改造進化的可能性，不必根本廢棄他，因爲所有者的國家固必然造成罪惡，而所有者以外的國家却有成立的可能性，

我雖然承認不必從根本上廢棄國家，政治，法律，這個工具，却不承認現存的資產階級（卽掠奪階級）的國家，政治，法律，有掃除社會罪惡的可能性，

我承認用革命的手段建設勞動階級（卽生產階級）的國家，創造那禁止對內對外一切掠奪的政治法律，爲現代社會第一需要。　後事如何，就不是我們所應該所能夠包辦的了。

討論國家，政治，法律，的信，

獨秀先生：——

讀新青年八卷一號上「談政治」一篇後，很有些意見；現在拉雜寫在下面，以質之先生可乎？

先生以為無政府黨反對國家，政治，法律等，所反對及者，祗是過去的與現在的掠奪的國家，官僚的政治，保護資本家私有財產的法律，並不能反對及將來的不是上面所說的國家，政治，法律；（因為他們並沒有指出可以使國家，政治，法律；）根本搖動的理由。 據我所見可就不然。 無政府黨反對國家有兩個最大的理由？ （一）國家是進化道上所經過一種形式，是人類共同生活歷史中某時期的一個制度；幷不是天經地義不可廢滅的東西。 先生常說世間沒有萬古不易的東西，難道國家是萬古不易的麼？ 無政府黨以為國家的作用，國家的出風頭期，已經過了；要是再不廢掉他，就要變成進化道上的障礙物，所以大聲疾呼的打破他。 從原始時代的無國家到有國家是進化；從有國家到無國家獨非進化嗎？ 這是一層。 （二）無政府黨主張大地衆生應當互相親愛，視地球上一切人類都是兄弟；不當有什麼仇視，嫉妒，以及相侵相奪，相殺相害等事。 自有了那國家之後，於是把地球上同樣的人類，劃了不知多少堆數：什麼「支那人」，「日本人」，「美國人」……於是乎「博愛」這個名詞的意義，至多不能離越國界了；國家以外的人，就視同仇敵，大家堅甲利兵，互相防禦；從此戰爭呀，併吞呀，殺人如山，血流成河；號爲萬物之靈的人，其兇暴乃遠出一切動物之上；這是誰爲厲階呢？ 而且人生的目的不外求快樂，像這樣慘無人道的世界，有什麼快樂之可言？ 這是第二層。 無政府黨的反對國家，既是根據於上面兩層理由，所以反對及者，倒不是先生所說的過去與現在，乃是現在與未來；因爲過去的國家，無政府黨承認他是應當有的；——他是進化軌道上所應當經歷的一種形式；而且已經過去了，何用反對？ 未來的國家，不管他是甚麼形式，只要他可以受上面所說的兩個理由的攻擊，一切都在反對之列。

至於政治與法律，都是隨國家而來的，於人類生活上只是有害無利；無政府黨反對國家，當然一併反對之；這是無容疑義的。 說官僚政治，擁護資本家私有財產的法律了好：難道壓制人民的政治，束縛人民的法律，就會好了麼？

先生又說強權如水火一樣，有善用與惡用的兩方面，所以只要善用之就是了。 無政府黨主張人類絕對自由，根本上反對强權，但這是無政府社會實現後的事，非所以語於今日。因此近代的有名無政府黨，除開了托爾斯泰先生之外，沒有不主張暗殺，暴動，擲炸彈，放手槍的。先生說他們「閉起眼睛反對一切强權」，未免有些武斷罷！

關於達到改造社會的方法，先生主張與無政府黨界近，——同樣主張用强力來破壞舊社會。但是破壞後，先生主張用無產階級的獨裁治 Biotatorship of Proletariat 以代之。這我可不敢苟同。先生所以主張無產者獨裁的緣故，有兩個理由：(一)恐怕資本家死灰復燃，有復辟的運動；(二)將來漸漸地又要生出資本家來。這兩個理由據我看來都不十分充足。何以故呢？社會革命成功了以後，當然要把資產階級所私有的財產歸之於公，那麽資產階級也變作無資產階級了，還怎樣謀復辟呢？資產階級的勢力都是金錢給予他們的，一旦金錢沒有了，他們那裏再有勢力來復辟？康有爲何以自己不能獨自把溥儀拿出來做皇帝，一定要靠張勳的丘八太爺來幫助？要是張勳沒有許多丘八太爺在手裏，他怎樣敢謀復辟？可見復辟不復辟完全是自己造出來的，復辟在本身一點沒有力量。我們把資產階級的財產一齊歸了公，斷不怕他們再有什麼陰謀做出來。就是不然，因爲有特別情形不能不照先生所說的辦法行，但我承認他是過渡時代的一種臨時辦法要「久假不歸」的維持下去，成爲一種新政治，我是死反對的。至於先生所說的第二個理由我也很是懷疑。先生所舉克魯巴特金國家論中的自治都市一段來證明，我不敢妄下批評，因爲克先生的國家論我沒有讀過（從前星期評論會譯登過，但我沒有讀；現在又尋不到那星期評論，只好不說這件事了）。但據我的意思，這一層似乎先生的杞憂，與無政府黨的主張無干；因爲無政府黨是主張共產主義，主張廢止金錢，不但生產機關公有，就是消費機關也屬之公有的，那麼資本再何由而來呢？

末後先生又說：「人類本性的確有很惡的部分」；我不知先生何以敢下此斷語？孟子說：「惻隱之心，人皆有之；羞惡之心，人皆有之；是非之心，人皆有之；……」據我的觀察，他老先生這幾句話確是不錯的。「從前受慣了經濟的刺激才去做勞動的工人，現在能除了刺激，又加上從前疲勞底反動，一定會懶惰下來；如此一時社會的工作効率，必然銳減一〇先生既承認了他是一時的現象，那麼施之以强迫勞動——暫時的——自然可以；若因此一時的現象，而遽立永久的法律，我死不贊成。人類有勞動的天性，先生也承認的；那麼决不會因一時的反的動而失去他天性，法律何爲哉！

先生又說：「至於人類基本生活的勞動，至少像那不潔的勞動，很苦的勞動，既然沒有經濟的刺激，又沒有法律的强迫，說是人們自然會情願去做，眞是自欺欺人的話……」所以先生主張非規定法律以强迫不可。我以爲勞動無論其是否爲人類基本生活的，沒有不可使之藝術化的理；而勞動時間能減少至最短程度，也就不會覺得十分苦；至於不潔的勞動，自然不是大家所歡喜，但終能設法用機械代之的。就是不能代，我以爲可以減少其勞動時間：譬如普通人每日勞動三小時，那末這不潔的勞動減少至兩小時，就不愁沒人幹了。反之，如先生所說規定法律來强迫，我倒要請教這法律如何規定？一切人類同樣都是圓顱方趾，那一個人應該做潔的勞動，那一個人應當做不潔的勞動？若說以受教育的高下爲標準；社會上既然有教育不平等，這個社會決不是無政府主義下的社會，還須改革過！倘然這法律上規定：「陳獨秀做大學教務長，鄭賢宗做挑糞夫」；我便要不服：陳獨秀何以要規定他做大學教務長？我何以規定我做個挑糞夫？這個問題請先生解决才是！

最後先生所說的男女問題，我以爲也不是法律所可以解决的事。要防止這種罪惡，惟有從教育方面着眼；而且實行自由戀愛後，這種問題終可減少。還有一層，人類的理性與本能是互相消長的；戀愛是一種本能，他日人類的理性因爲不受政治法律經濟等的牽制，一定能够充分的發達起來，那末這男女問題，自然不致擾亂社會的安甯了。

老子說得好？「民不畏死，奈何以死懼之！」法律只能束縛人的自由，不能禁止罪惡的發生！

先生鑑於現在政治的罪惡，對於俄羅斯的勞農政府不禁油然生欣慕之心，這也是人情於常有的事。當他一種過渡時代的暫時辦法，我也很贊成；但我所主張的終極目的，總在所無國家，無政治，無法律，這便是我不敢苟同先生的所在。倘有意見，幸請賜教！

鄭賢宗

我前次文章發表之後，言論界未曾有贊同或反對的表示，我很爲失望，現在接到先生底辯論，並且是很有價值的辯論，我非常快慰。　我的意思還有一些和先生不同的地方，不得不寫出來請先生指教。

在答復先生底辯論之前，我有幾種信念必須明白發表出來：（一）我以爲在社會底進化上，物質的自然趨向底勢力很大，留心改造社會底人萬萬不可漠視這種客觀的趨向，萬萬不能夠妄想拿主觀的理想來自由改造：因爲有機體的複雜社會不是一個麵粉團子能夠讓我們自由改造的，近代空想的社會主義和科學的社會主義之重要的區別就在此一點。（二）世間有沒有萬古不易的東西（說有萬古不易的東西固然不對，一定說沒有萬古不易的東西，在邏輯上也有毛病）終極的理想是什麼，我們似乎不必作此無益的推敲；我們應該努力去做的有益事業只有說明現在社會裏已有的毛病，建設最近的將來比較善良的社會；倘若迷信很遠的將來，及終極的理想社會才算徹底，而對于現在及最近的將來之改造以爲不徹底不去努力，這種人只算是「候補改造者」，可惜他來到這世界上太早了一點。 我們若單單空想最遠的將來及終極的理想，把現在及最近的將來努力放棄了，那麼世界終極是或者要毀壞的，個人終極也都要死亡的，我們未到終極期間底一切努力豈不是無意識麼？ （三）我們改造社會是要在實際上把他的弊病一點一滴一椿一件一層一層漸漸的消滅去，不是用一個根本改造底方法，能夠叫他立時消滅的；更不是單單在論理上籠統的否認他，他便會自然消滅的。 譬如醫治多年的疾病，縱然有藥到病除底仙丹妙藥，也要有這藥才能夠治病，斷不是在理論上否認這病，這病便自然會好的。因為要治致命的病，有時必須用毒藥，甚至於須用點必然發生副作用的毒藥；都是不可避免的。

我這三條信念先生以為如何？

先生所舉無政府黨反對國家底兩個最大的理由，在第一個理由，我那篇文章裏面明明說：「建設勞動階級的國家……為現代社會第一需要。 後事如何，就不是我們所應該所能夠包辦的了」 我實未曾說過國家是萬古不易的東西。 無政府黨既然承認「國家是進化道上所經過的一種形式，是人類共同生活歷史中某時期的一個制度。」，而在現社會實際的共同生活底需要上，是否眞實證明國家這種形式這個制度（不是國家主義底時期已經過去？在第二個理由，像那些仇視，嫉妬，以及相侵相奪，相殺相害等事，最甚的大部分是資產階級拿國家主義做招牌爭商塲弄出來的，不全是國家本身底罪惡。

像這種侵略的國家主義卽帝國主義，我也是絕對厭惡的：至於普通的國家制度，不過是言語相同的或是歷史，宗敎，利害相同的一種或數種民族共同生活底政治組織；這種組織有時不免現出狹隘的情感，但他是成立在自然的障礙（如言語，歷史，宗敎，利害等，）底基礎上面，根深底固，他成立底基礎不消滅，他是不容易消滅的；若單是消滅了「國家」這個名義，在實質上人類但凡有組織，那因爲自然的障礙而發生民族的衝突，就在無家國無政府時代仍然是不能免的：所以要想免除這種衝突，非先在事實上免除造成衝突底各項自然的障礙不可，各項障礙中以言語和利害關係最重要，空談什麼無國界，什麼世界同胞，什麼大同，都太籠統了，離問題遠得很。

政治與法律也和國家一樣，是有人拿他作惡，（一部分無政府黨所主張的暗殺，暴動，擲炸彈，放手槍，也有人用這些事作惡。）　他本身并不一定就有罪惡。　在無政府黨以爲絕對不要國家政治法律是根本解決，在我以爲是因噎廢食。　譬如國家法律政治是個人身，他到了自然死底時候，那是進化歷程上當然的現象，若只是疾病便當醫治，用「人死病斷根」底方法來解決病底問題，未免有點笑話。　在我那篇文章內，幷沒有說壓制人民的政治束縛人民的法律是好的，只說過要有廢止資本財產私有的法律，要有強迫勞動的法律，要有禁止對內對外一切掠奪的政治法律；先生既然相信無政府主義請你要將資本階級和非資本階級底人民分別一下，不要說些籠統話爲不勞動的資本階級利用！　先生一方面以爲我說他們閉起眼睛反對一切強權，未免有些武斷；一方面又主張人類絕對自由，根本上反對強權；我實有一點不解。　我對於國家政治法律，只承認他們在現今及最近的將來這一個時代裏可以做掃蕩不勞動的資產階級底工具，幷不是把他們當做個主義來信仰：先生一定說他們於人類生活只是有害無利，難道先生所主張的無政府社會未實現以前之暗殺．暴動，炸彈，手鎗，是於人類生活只有利而無害嗎。

我那篇文章內是說舊黨勢力恢復推論到復辟，并非專門拿無產階級的獨裁政治來防備復辟。 先生說「社會革命成功了以後，當然要把資產階級所私有的財產歸之于公，那麼．資產階級也變作無資產階級了．還怎樣謀復辟呢？」 這種理論說話很容易，先生要曉得從革命發生起．一直到私有財產實際歸公，必然要經過長久的歲月；從私有財產在制度上消滅，一直到私有財產在人心上消滅，又必然要經過長久的歲月；在這長久的歲月間，無論何時都有發生陰謀使資本制度死恢復甚至於恢復帝制底可能，我們不可把社會改造看得太簡單，太容易了。 先生既然承認過渡時代應有一種臨時辦法，這便和我的意見相差不遠：但我要請先生注意的，乃是這過渡時代決非很短的時間！

孟子人性皆善底話，只看見性底一面，已為常識所不能承認的了。 主張人性皆惡底人，也可以說：「獨占之心，人皆有之；殘殺之心，人皆有之．嫉妬之心．人皆有之；嗔恐之心，人皆有之；自利之心， 人皆有之；……」或者有人說這些都是習不是性，我第一要問，何以善的現象是性，惡的現象就不是性呢？　第二要問，習慣是不是第二天性，佛教所謂無始不來的薰習是不是和性有同等的力量或者更强一些？讓一步說，惡是習不是性，可以改正的；但長久期間造成的惡習慣惡心理，是不是短少期間可以洗刷淨盡的？　在這惡習慣惡心理未曾洗刷淨盡期間，是由放任主義是否行之有利無害？性善是無政府主義一個重要的基礎，要請先生用科學的方法仔細研究一下。　我所謂一時也决非很短的期間，大概要以疲勞復回了並且有了新的刺激普及人心爲限度。　我所謂强迫勞動的法律决不是永久的，這件事用不着先生死不贊成，我敢說不但現在及將來不會有永久的法律，就是過去的歷史上也未曾有過永久的法律。

我以爲關於人類基本生活勞動底規定，有二種方法：(一)由人類平均擔負(二)不潔的苦的危險的勞動時間可以較別的勞動時間減少。　我所謂用法律勞强迫動，是不許有人不勞動，是不許大家都不肯從事不潔的苦的危險的勞動，因爲若沒有法律强迫，在這機器完全代做和勞動的藝術化未成功以前，我敢說無一人或只極少的人情願去做，并不是說用法律來規定「那一個人應該做潔的勞動，那一個人應該做不潔的勞動。」我不知到先生這種疑問是從何處想起？

我看人類無論理性如何發展，本能是不會衰滅的；假定日後依教育底成績，理性充分發展能夠抑制本能，只望這個來解決男女問題，又不知在何時代。

先生持論底通病是注意在遠的將來，而把現在及最近的將來急待解決之問題放下不管。

惡的自由是應該束縛的 請問先生什麼東西可以禁止罪惡發生？

事實是道理底基礎，假事不過是一種有力的事實，不足以占據我們的全信仰

最後我要忠告先生的，就是先生所說？「這個社會決不是無政府主義下的社會，還須改革過！ 這句話。 先生能斷定到了無政府主義的社會便不須改革了嗎？我不相信世界上有一勞永逸的改革！

獨秀

勞動專政

獨秀先生：

我在新青年雜誌裏，看見你的文章，並且從這許多文章中，看出你的主張和精神。我對於你主張和精神，非常贊成。因為我深信中國舊有的一切制度，的確比毒蛇猛獸，還是利害百倍；他一日存在，這就是我們四萬萬同胞的禍害一日未除，將來受他的虐待，正不知要到什麼地步。咳！可憐！可痛！

但是既到了這個地步，我們不能不同心協力，想一個法子，把這些萬惡制度，同時廢棄，使我們得到眞正的自由，同眞正的幸福。不過中國的青年，受毒太深了；把那創造活動諸本能，雖不能說他已經消滅得乾淨，可是已經被他消滅去一大半。所以我們不說改造則可，一說改造，則必先設法把青年們創造活動的本能，培養起來。但是究竟如何培養，還煩請先生指教！先生在談政治文裏，說國家政治法律不必廢除，及由勞動者執政權的一段文章，實在說得透切。　國家政治法律，自本身沒有什麼能力，何用廢除！　至於資本家推倒以後，確非勞動家執政權不可；不然，則資本家必然要重行發威。　但是我想勞動家執政若干年，資本來都變爲勞動化了；而且他們的野心，都已平服了．那時祇要經濟組織完善．則國家政治法律．自然變成無用。　所以我的意思，以爲國家——法律．我們現在不必想法廢除他；我們現在祇要設法改造經濟組織．征服資本家。　待這些事情都辦好了．天下沒有一個「吃飯不做事」的人了．那麼國家政治法律等等；我們不去廢他．他自會變成無用的。

我在這社會上．以經鬼混十八九年．所受的感觸．也不知多少；今天隨便寫了些．特求先生指數。

何慶施上

現在有許多人拿「德謨克拉西」和「自由」等口頭禪來反對無產的勞動階級專政．我要問問他們的是：(一)經濟制度革命以前．大多數的無產勞動者困苦不自由．是不是合於「德謨克拉西」？　(二)經濟制度革命以後，凡勞動的人都得着自由．有什麼不合乎　德謨克拉西」？　那班得不着自由底財產家，爲什麼不去勞動？　到了沒有了不勞動的財產家，社會上都是無產的勞動者，還有什麼專政不專政？

獨　秀

關於社會主義的討論

陳獨秀

（一）東蓀先生「由內地旅行而得之又一教訓」

有一部分人住通商口岸，眼所見都是西洋物質文明的工業狀態，於是覺得西方人所攻擊西方物質文明的話都可移到東方來，而忘了內地的狀態和歐洲大不相同。

我此次旅行了幾個地方，雖未深入腹地，卻覺得故中國只有一條路，一言以蔽之，就是增加富力。　而增加富力就是開發實業，因爲中國的唯一病症就是貧乏，中國眞窮到極點了，羅素先生觀察各地情形以後，他也說中國除了開發實業以外無以自立，我覺得這句話非常中肯又非常沈痛。」舒新城君嘗對我說：「中國現在沒有談論甚麼主義的資格，沒有採取甚麼主義底餘地，因為中國處處都不够。」我也覺得這句話更是非常中肯又非常沈痛。現在中國人除了在通商口岸與都會的少數外，大概都未曾得着「人的生活」。領山君自美來信，他說美國農夫比中國中等人家還要好得多，可見得中國人大多數都未經歷過人的生活之滋味。

我們若不把大多數人使他得着人的生活，（而空談主義必定是無結果。 或則我們也可以說有一個主義，就是使中國人從來未過過人的生活的）都得着人的生活，而不是歐美現成的甚麼社會主義甚麼國家主義甚麼無政府主義甚麼多數派主義等等，所以我們的努力當在另一個方地。

這個教訓我以為是很切實的，好高務遠的人不可不三思之。

（二）正報記者愛世先生「人的生活」

某報記者說，游歷內地所得的教訓，就是中國多數人未曾得着人的生活，要使中國多數人得着人的生活，只有振興實業一途，此外一切主義，現在的中國都不配講。 我們游歷內地也不止一次，某報記者所得的教訓，我們未嘗無同感。　中國多數人未曾得着人的生活，這句話確是不錯；要使中國多數人得着人的生活，只有從增進物質文明上着手，這句話更是不錯。　但是只顧增進物質文明，卻不講適當方法去分配物質文明使多數人都能享物質文明的幸福，結果物質文明還是歸少數人壟斷，多數人仍舊得不着人的生活：要用適方法去分配物質文明使多數人得着人的生活，只有某報記者從前主張現在卻自己說不配主張的社會主義。所謂人的生活，就狹義的說，總不外衣食住三者能夠充分享用，不至於缺乏；就廣義的說，如個性的伸張，美感的滿足，藝術的享樂等，都包括在人的生活範圍內。　現時中國多數人欲求狹義的生活且不可得，自然說不到廣義的生活上去，所以最緊要的在使多數人得着狹義的生活。　這個問題決非簡單的開發物質文明所能解決，譬如開灤煤礦，京奉鐵道，總算是北方物質上的大工事，不但北方多數人未曾因開灤煤礦，京奉鐵路減少生活的苦痛！而且礦坑燒死工人幾百名，鐵橋壓死工人幾百名，假使沒有開灤煤礦，京奉鐵道，這幾百工人或者還不至一齊慘死；可見只知開發物質文明．卻不用有益於多數人的主義去開發，即令各省都開礦築路，也不能使多數人得着人的生活。 現今官僚的豪華，武人的縱侈，紳士土豪的驕奢淫佚，多數人所以得不着人的生活，都是吃了他們的虧。 假如再聽他們包辦實業，是富者愈富，貧者愈貧，官僚武人紳士土豪的幸福越發增加，多數人的幸福越發無望，多數人除了充官僚武人紳士土豪的奴隸牛馬外，別無生活門徑，恐怕還有求爲奴隸牛馬而不得的。中國官僚武人與紳士土豪互相結托的資本主義，比各國純粹資本家的資本主義還要厲害。人的生活得不着，到底仍然免不了社會革命。 若說中國人不配講社會主義，倒不如向資本主義底下去討生活，正如有人說中國民智不够共和還是復辟的好。 某報記者雖不明言崇拜資本主義，其實所謂不講主義只講發達實業，結局自然要歸到資本主義上而去。 因爲在現代社會裏頭求實業發達，離了資本主義是不行的。 資本主義決不能使多數人得着人的生活，要使多數人得着人的生活；還應該明明白白的提倡社會主義。

（三） 望道先生「評東孫君底」「又一教訓」

昨天時事新報第二張上，載着東蓀君「由內地旅行而得之又一教訓」一個時評，他開頭就說：

「有一部份人住在通商口岸，眼所見都是西洋物質文明的工業狀態，於是覺得西方人所攻擊西方物質文明的話，都可移到東方來而忘了內地的狀態和歐洲大不同。」

我們看了他這段話，極想問他，——你東蓀是不是這一部份裏的一個人？ 如果說不是，那麼，解放與改造第一卷第七號「我們為甚麼講社會主義」底下，為甚麼寫着「東蓀」兩個字？

「我們為甚麼講社會主義」這篇文，固然有些地主不明白；但他有許多地方很顯明地表示出他的態度。譬如第六段裏，有

「……社會主義乃是一種人生觀與世界觀——而且是最進化最新出的人生觀與世界觀。」

第七段又說：

「……社會主義是改造人的全體生活——從個人生活到全體生活，從精神生活到物質生活，都要改造。

「……凡是改造人生而合於社會主義的原則的，社會主義無不把他綜合起來。……」

這樣看來，可見東孫君認社會主義是改造人生的一切態度一切方法底總名了。 既然認社會主義四個字包括改造人生的一切態度和方法，那便只可說，要得着「人的生活」只有高唱社會主義。 為甚麼時評上却說：

「……苟不把大多數．使他得着人的生活而空譚主義必定無結果。」

這話怎講？

東孫君！ 你現在排斥一切社會主義……却想「開發實業」，你所謂「開發實業」難道想用「資本主義」嗎？ 你以為「救中國只有一條路」，難道你居然認定「資本主義」作唯一的路嗎？ 你同情於舒君底話，說「中國現在沒有譚論甚麼主義的資格」，又說「現在中國人除了在通商口岸與都會的少數外，大概都未曾得着人的生活」，你難道以為必須處處都成通商口岸

和都會　總可得着人的生活，總有譚論主義的資格嗎？你竟想造成了「文明」，來改造「文明」嗎？　東孫！　你曾說「社會主義是改造人的全體生活………」，現在你既然旅行過一番，曉得了「大概都未曾得着人的生活」，爲甚麼不把你那「改造人的全體生活」的「社會主義」再行贊美，鼓吹，——反而忍心咀咒呢？

東孫！　你旅行了一番，看見社會沈靜，有些灰心，你想要走舊路了嗎？　這也是人「情之常」，不該過於責備「賢者」；但假使我們都如此，社會將來更要沈靜下去，使你灰心底機會，不是更多了嗎？

我怕東孫君轉向，社會更沈靜；又怕東孫君這時評就是轉向的宣言！

（四）力子先生再評「東孫君底」「又一教訓」

前天東孫君底「由內地旅行而得之又一教訓」，已有望道，江春兩君批評過。　兩君有一相同之點，即都根據東孫君平日主張社會主義的論文，施以反詰，並非憑空撞擊。　我不知東蓀君何以自解？「或者東蓀君要說：「我那個題目，寫得明白，是由內地旅行而得的 我從前住在通商口岸，不知道內地情形，所以主張社會主義；現在我到內地旅行了一踏，受了教訓，所以我又說空譚主義必定是無結果。」」 照這樣說，便祇可算是東蓀君受了教訓而懺悔了。 但我有兩層意思要請問東蓀君·

一 做新聞記者的人要有怎樣的常識？ 對於社會有所主張，應當先有怎樣的寫察·

新聞記者·負有指導社會的天職，不但全國底情形應當處處留意，就是全世界底大勢也沒一處可以疏忽。 所以新聞記者雖然坐在編輯室裏，而眼光直須注射到世界全部分，即使各種詳細的情形不能盡知，而大體總應瞭如指掌。 東蓀君既為新聞記者·雖然「住在通商口岸」而對於「內地的狀態」，總不應全無審察。 我在東蓀君這個時評裏面，細心尋覓他敘述旅行內地所得的狀態，祇有兩句話：一·「中國人窮到極點了」；二，「中國人大多數都未經歷過人的生活之滋味」。 單講這兩句話·真是「誰人不知那個不曉」，東蓀君從前竟全沒知道麼？ 難道住在通商口岸時候·眼光祇注射到高大的洋房·宏廠的商店：而對於民窮財盡的景象，一定要旅行內地以後方才明白麼，其次：我再在東蓀君底時評裏面，細心尋覓他旅行內地所得教訓的本體．也祇有兩句話：一，救中國只有一條路就是增加富力；二，增加富力就是開發實業。這兩句話實在祇是一句，是一般小學生作文時信筆即來的陳言，更是一般通商口岸富商大賈人人常說的門面話．東蓀君豈非到了內地旅行以後全不覺得麼？東蓀君果眞如此，便來做新聞記者，便毅然對於社會所有主張，東蓀君眞膽大了！ 我不相信東蓀君如此，所以我也不能相信東蓀君現在是眞感觸到內地底貧乏，才有這樣一個時評。

二　中國貧乏之原因在那里，譚論甚麼社會主義等是否足爲開發實業的障礙？

這一層的討論最關重要。 因爲「增加富力開發實業」，在譚論社會主義的人，不但從來沒有反對過，並且也認爲必要；不但認爲救現在的中國應當如此，幷且認爲謀人類底幸福本須如此。 社會主義者和資本主義者不同的地方，祇在用什麼方法去增加富力開發實業，而不在應否增加富力開發實業的問題。 現在社會主義者，都能預想到社會主義實行以後工業怎樣普遍發展的情形，並且深信要在社會主義下面的開發實業方纔能使一般人都得着「人的生活」。「貨惡其棄於地也，不必藏於己；力惡其不出於身也，不必爲己」。這幾句話豈可以代表社會主義底神髓。貨不棄於地，力盡出於身，富力還愁不增加麼？實業還愁不開發麼？社會主義，祇反對「貨藏於己……」的資本主義，所以資本主義者當然不免視社會主義爲洪水猛獸，硬說要開發實業便不能談社會主義。這不是資本底愚昧，便是資本家自私自利不得不如此說法；東蓀君難道也認定談了社會主義便不能開發實業麼？中國窮到極點，原因在那里，是由於談了社會主義的緣果麼？振興實業的話，也不知說了多少年，東蓀君不去推求所以至今貧乏的原因，偏要歸罪於一二年來談論主義的人麼？中國除了開發實業以外無以自立，這是小學生也知道的，用不着引用羅素先生底話。羅素先生最要緊的教訓，是中國必須開發實業，而開發實業必不可再蹈歐美資本主義底覆轍。東蓀君不要祇採用他半截話呵！舒君新城底話，很足代表現在一般企業家底思想；但我們卽使讓步，也承認「中國現在沒有談論甚麼主義的資格」，但到了實業開發以後，中國有沒有這資格呢？

羅素先生教訓我們不要再蹈歐美資本主義底覆轍，正是恐怕「有了這資格」以後已是焦頭爛額感受十分痛苦；那麼，現在談論社會主義，至少也可算得「曲突徙薪」，怎能說是「必定無結果」呢？社會主義是真正「開發實業」底方法，是真正「使一般人都得着人的生活」底方法；現在中國窮到極點，和談論社會主義毫不相干，談論社會主義者也正急欲救窮；這種很淺顯的道理，我敢斷定東孫君也是很清楚的。所以東孫君即使真是到了內地才覺得開發實業的必要，也不必牽連到社會主義說是必無結果。

以上兩層意思，假使東孫君無法解釋，那麼，他這個時評底真正動機究在那里呢？

還有一句話，要請教東孫君。「人的生活」四個字究竟怎樣解釋？

我以爲「人的生活」底嚴格解釋，一定要兼顧到精神和物質兩方面。東孫似乎專注重在物質一方，在實，那些「飽煖思淫慾」的人，何嘗能得着「人的生活」？東孫君說：「現在中國人除了在通商口岸與都會的少數外大概都未曾得着人的生活」，我絕不能知道這少數得着人的生活者究在那里？如果單講豐衣足食，難道鄉村間就沒有這種人麼？通商口岸與都會中有多少貧民窟。東孫君也知道麼？陳獨秀先生說日本賀川豐彥是一位有良心的學者，他曾來上海調查貧民窟……………東孫君也能發一發良心麼？　內地底農夫固然很苦，通商口岸底工人何嘗不苦？東孫君區別人的生活與非人的生活，拿是否通商口岸與都會做標準，東孫君真太迷信「西洋物質文明的工業狀態」了。　開發實業，不用社會主義做基礎，我敢斷言都會底表面愈發達而內幕愈愁慘，得着東孫君所謂「人的生活」者愈是少數，而腹地也愈要窮到極點。　在資本主義下面，都會實是罪惡底淵藪。　吸收鄉村間的血汗，來裝點都會底文明；被掠奪的人因物質上的貧乏，固然要陷於牛馬似的境遇，即掠奪階級因精神上的放恣，也何嘗不成了逸居無教的禽獸！　所以我承認現在的中國人都未曾得着「人的生活」——我却不承認通商口岸和內地有分別——而要使中國人得着「人的生活」一定非先有一種主義不可，　明知中國人現在未得着「人的生活」而又要阻斷中國人將來能得着「人的生活」的途徑，還未免太忍心啊？請東孫君再仔細想想！

（五）東孫先生「大家須切記羅素先生給我們的忠告」

羅素先生的人格，我覺得眞可佩服到百二十分了。 我於數天中靜察他的言行，覺得他不單有眞學問而有眞性情， 我方明白必定有眞學問乃能有眞性情。 他到中國以後零星講演雖有好幾次，他對於不十分研究的東西决不亂講。 他不願住闊旅館，他怕應酬，他不說敷衍話，他每天非讀書不可，所以他此次在京所講都是他最近研究有得的科目。 他不願拿常識來對付中國人。 他在俄國很受勞農政府的優待，但是他爲眞理的緣故，他仍舊說勞農政府的辦法是不合理的。 他眞是個學者，眞是個有良心的學者。

因他不說敷衍話，所以報載他在講學會的答辭我覺得很像他的話。 他好像是說中國第一宜講教育，使無知識的有知識，使有知識的更進一層。 第二是開發實業救濟物質生活。至於社會主義不妨遲遲。 我以爲羅素先生觀察中國雖沒有多久的日子，然而已得其訣竅，區區的這幾句話就非常的中肯。 我對於教育與實業兩層自然是完全贊同，至於勞農主義，我以爲不患他不實現，而只患他實現得太早，故很以羅素先生的話爲然。但這種卑之無甚高論的主張就貴在實行，若不實行則和高論又有何區別呢？ 所以大家須切記羅素先生的這番話而要去切實的實行呵。

（六）獨秀致羅素先生底信

羅素先生：　中國人底知識方面物質方面都這樣不發達，所以有心改造中國之人都早已感覺着發展教育及工業是頂重要的事，這是不待討論的；但是有一件要討論的事，就是還仍舊用資本主義發達教育及工業，或是用社會主義？　我個人的意見，以為資本主義雖然在歐洲美洲日本也能夠發達教育及工業，同時却把歐美日本之社會弄成貪鄙欺詐刻薄沒有良心了；而且過去的大戰爭及將來的經濟的大革命都是資本主義之產物，這是人人都知道的，幸而我們中國此時才創造教育工業在資本制度還未發達的時候，正好用社會主義來發展教育及工業，免得走歐美日本底錯路。　但是近來中國有些資本家的政黨的機關報屢次稱讚你主張：中國第一宜講教育，第二宜開發實業，不必提倡「社會主義」，　我們不知道這話真是你說的，還是別人弄錯了呢？　我想這件事關係中國改造之方針很重要，倘是別人弄錯了，你最好是鑒明一下，免得貽誤中國人，幷免得進步的中國人對你失望。

（七）東蓀先生答高踐四書

（前略）至於中國今日之所急者乃在救貧，以中國除少數區城外，本物產不豐，在鎖國時代猶足自給，近則每見愈下。　弟嘗究其貧乏之由來，以爲有二大原因：第一爲遠因，曰物產未開發，而物產未開發之原因則由於資本缺少與不能集中，而資本缺少與不能集中則有數因，曰民力本不甚豐，曰向有不願以財產充資本之習慣，而其最大之原因莫甚於企業者之不道德。　工商業之經理人卽所謂企業者也，而中國之企業者於一方面虐待勞工，於他方面則侵吞股本，故中國無坐食利息之股東。　苟非資本家自兼經理人，則未有不失本者也。　以此之故，視投資爲危途則資本自不能集中。　加以通年兵禍，百業俱停，致實業無法發展。

第二爲近因，曰外貨之壓迫，夫外貨挾資本主義與國家主義之勢而來，自不可抗。　蓋自近世資本主義興，歐洲各國遂爲資本之階級國家。　此種資本家利用國力以征服弱種。　傳達其商戰上營利之目的。 中國經濟力本不足抗衡，而加國力之弱，遂盡爲其所蠶食。 中國至今日所以愈加貧困者，尤在近因。 弟嘗言歐美之資本主義不倒，則中國永無翻身之日。致於中國現有一二資本家，雖寥若晨星，然尙不得謂爲眞正之資本家，以彼等或借外債，或中外合辦，次則買外國機器，用外國資料，蓋在此種外國資本主義大力之壓迫下，中國資本家極不易產生。我儕對於此種非純正之中國資本家止能認爲拾外國資本家之餘剩，補外國資本力之空隙，設有人攻擊中國資本家，弟則以爲彼輩所處之地位已極可憐。而尙欲攻擊，實爲不忍。 須知卽使盡打倒中國資本家，亦不過如在烈日下熄二三盞電燈耳，其結果則外國資本勢力更爲侵入。蓋中國民不聊生急有待於開發實業，而開發實業方法之最能速成莫若資本主義。況外國資本勢力已占優勢，更進一層，易如反掌。一班貧民但求得目前之生活，遑論將來之利害。 故吾知中國資本家倒後外國資本立卽侵入，則一班貧民必歡迎之不暇也。 可知問題不在中國資本家，苟中國物力不發展，外國資本主義不倒，則中國前途必不堪問。 然二者互爲因果，卽外國資本主義不倒，則中國物力不易發達，中國物力不發達，則無絲毫抵抗外國資本主義之力。弟以爲聯絡各國社會黨謀顛覆世界的資本主義固爲上策。然吾民能力甚微，能補助於人者究有若干，未敢自信，則於不得已中惟有在外國資本勢力下乘其空隙以開發實業耳。特吾之開發實業非欲造成強厚之資本主義與國家主義以與外國相抗，吾人固知資本主義與國家主義絕對不能造成，不過吾人之意在培養民力使稍有抵抗之能而已。吳稚暉先生言，人類止有兩種，一種坐轎的，一種抬轎的，吾以爲中國階級果能如此，則社會主義宜可興矣。顧中國現狀猶未到此，乃倘有多數人求爲抬轎的而不得者在焉，弟以爲第一步當使社會上無此種求生不得之人，則始有抵抗能力。他日盡歸納於資本勞動之兩階級，而有階級戰爭，則進一步矣。須知使求生不得之貧民爲勞工，乃進步之現象也。夫在未演成資本勞動之兩大階級之社會，易言之，即在未發生階級戰爭之社會（或稍稍發生而不成形），社會主義之說决不能入人耳而動其心。可以日本之例證之，日本之有社會主義數十年矣，當時如界利彥等恆爲社會所輕視，今則此輩偶出一書，輒風行全國，獲利頗厚，此無他，實因日本利用歐戰期間大擴充實業，實業大發達之結果演成兩極端之階級，同時因教育之普及，受教育者亦降為勞工，勞動階級遂自覺矣。工人能讀此類書籍，故銷行乃廣。若夫中國不但雖價廉至一文，工人亦無錢買，且學生教員之購買力亦有限。近來因雜誌書籍之漸漸增加，而學生之家庭亦多有擔負不起者，則中國一班人民之貧困可想見也，即以馬克思而論，彼之著述不過預料資本主義自身之必倒，然資本主義若未至推車撞壁，恐亦未能即倒。今日歐洲資本主義已推車撞壁，故始呈此末路之現象。以此之故，弟確信中國將來必演成資本與勞動之兩大階級。弟嘗見日人所辦之某雜誌，有調查中國勞動狀態一篇，其結論曰：中國所要求者，非改良勞動，乃創造勞動也，其言殊當。蓋中國資本家不出，外國資本家必入而取代，故弟認中國資本家之有無不成問題。惟中國貧困至此，對於一切皆無力抵抗為可憂耳。故為救急起見，宜設法養成抵抗能力，則莫急於開發實業以增加物產，先救濟物質生活。而開實業之法不外私人企業（即資本家）與共同企業（即協社（Co0peative society）。弟以為對於私人企業可不加妨礙，對於共同企業宜設法創造，而不必拘於理論，當以地方情勢為衡。弟以為近來鼓吹之諸新說，止協社於現在之中國有實現之可能性，其餘概為空譚。　弟向傾心於同業公會的社會主義，近則以為人類原理普汎言之固屬最善。　而在中國則不知須俟何年何月始能實行。　卽以勞農而言，決不能而實現。　第一，以中國地域如此之廣大交通如此之不便，若舉全國而奉行一種主義，勢所不能，則惟有各地自決，各地自決必於勞農主義有妨礙。　第二，縱各地可以自決，然以人民之狃於歷史上無政府思想之慣習，亦決不能藉政權以貫澈主義，勢必聽社會自動，社會自動則與勞動主義之貧民專制相衝突矣。　弟默察中國近十年間之趨勢必為地方自決與社會自動二者，故眞正之勞農主義決不能實行。　所可慮者，在此民不聊生之際，將有一種偽過激主義出現。　弟覺今之青年中大多數以感情上之刺激與經濟上之壓迫，已傾向於此主義，縱不甚了解，而已成一種空氣。　若此種空氣漸漸流入兵界則禍必發作。　現在國內徧地皆兵，而無一人有裁兵之權，兵一日不安頓則禍一日潛伏。　彼時所呈現狀必非吾人所能料者。　此種觀察或弟之神經過敏亦未可知。　惟弟既見到此，卽不願自欺欺人。　此後有教育事業可辦，則擬專心於教育。　否則譯書著書，專研究一二們哲學，決不為政論，亦不為社會運動，頗思靜觀世變也，未識兄何以教之？ 東蓀頓首。

（八） 東蓀先生『長期的忍耐』

頌華兄鑒：來函論旨頗有可商榷處，請爲公陳之，須知現在中國之內地遍地皆兵遍地皆匪，以言建設勞動者階級的國家，現國內以缺少眞正之勞動者故，止能建立兵匪階級的國家，而絕對不能建設勞動階級的國家，此乃事實，願公特別注意者也。至謂保障平民之政治與法律．則現在一班人民不求政治與法律，但求得食與得衣。 其故有二：一曰不知衣食與政法有關．二曰饑寒交迫，實無暇遠慮，彼野蠻人之無高遠觀念者非不爲也，實殆不及也。公謂有二問題曰開發實業是否採集產主義。 曰應否暫時採用 Dictatorship 。吾以爲兩問題卽一問題，蓋所謂集產機關歸諸公共管轄之下。 而所謂公共管轄卽爲政權之行使。 欲以政權行使於經濟方面，則政治方面必有强有力之組織與組織的分子。 故肯定第一問題，卽同時肯定第二問題。 惟中國目前之情形則與第二問題大相矛盾。 夫做 Dictator 不難，而難於得其擁護者。中國之老實的百姓決不知何為擁護，卽擁護焉亦無絲毫之力。然則以兵為擁護者乎？果爾則非 Dictator 乃傀儡耳。今中國無人有 Dictator 之資格，固亦難矣，而況絕無擁護者。正猶軍隊，不在有帥而在有兵，今既無兵而又無帥，則第二問題不能成立也明矣。第二問題不能肯定，則第一問題必隨之而倒，公謂開發實業必借外資，將來人民受兩重乃至三重之壓迫，與吾所見相同。惟吾以為此乃無可幸免，公謂社會革命將莫由興，吾則以為不然。惟其如此，方有社會革命。第一，社會革命必起於富之分配不均，而不能起於富之一班的缺乏。蓋貧乏太甚，則一切舉動皆不能實行。譬如直接行動之罷工等，決非十分貧乏之工人所能為。第二，貧乏之可患甚於不均，不均可由重新分配之法於短時間內救正之，而貧乏則非短期所能救濟。俄勞農政府之辦法對於不均固完全解決矣，而對於貧乏則尙在試辦。羅素所不滿於彼者或亦在此。蓋兩相異之問題，不能用一相同之方法為之解決。故吾敢預言中國眞正社會主義之起，必在由貧乏而進於不均之時代。在此貧乏與知識幼稚之時代，縱有事件發生，必為假借名義此不可不預知者也。

我輩不主張社會主義則已，若主張之，則當有極長期之醞釀。在此期間有不斷發生具社會主義而又易於產生彷彿社會主義之條件之時代中，止可冷靜研究，並宜俟事實證明可行。公此行宜以國內情形時時徘徊於腦際，於是乃能以國內情形與彼土情形相較，然後社會主義及政策相較，若將本土情形完全忘却，則縱考察得彼中辦法與主義，亦徒供參攷而已，未必遂能移用於吾國也。匆匆敬復。

東蓀上

（九）東蓀先生「再答頌華兄」

頌華吾兄鑒鑒：昨上一緘，所述猶有未盡，今再續陳。兄讀宜俟商務所出對管之說記邦一文，當知對管之思想爲相附之三段。曰貴族國家至中產國家，曰由中產國家至無產國家。曰無產國家至無國家。又曰原始經濟至資本主義，曰資本主義至共產主義，曰共產主義至無產主義。其是非姑不論，若以中國言，則 Bourgeois 之政治尚未成，資本主義之經濟迄今未成，比者自治運動開始，謂 Bourgeoisie 方在發端可也。，近來始有二三實業組織，謂資本主義方在萌芽可也。　宜吾輩居今日之中國欲建立勞動者專政而無思勞動者也。

今日中國之大患，一曰無知識（Ignorance）二曰貧乏，（Poverty）。內地大多數人民，大抵蠢然一物，較原始人類之獸態所差未必甚大。　卽以此次旱災而論，平日不知植樹，荒已經年不知呼救，且數百年來難得間年不荒而絕不思絲毫之挽回，對於關係生命之食糧問題尙不動念卽此，則此種但知伸手取食之人民何事可爲。　須知無知與貧乏互相因果，卽因無知而致貧乏，又因貧乏而愈無知，二者雙軌並行，覽陷吾民於求生不得之境，可悲也已。　羅素先生觀察中國未久，卽已洞見癥結。　其言曰，中國目下之所急者止在教育，次則實業。　弟向以爲救中國不在轟轟烈烈之事業，而在堅忍冷靜之事業，意亦在此。　特教育與實業有關，蓋人之精神生活必待其物質生活在最小限度以上而始能維持，衣布衣者與衣綢衣者同等發揮其精神生活・而不得衣者則不能焉，何也，超過最小限度以下故也。　管子云：衣食足知禮義，卽此之謂矣。　今中國人大多數所以不能發揮其精神生活者實由於物質生習之太不講。故教育所以救濟精神生活，而實業所以救濟其物質生活，要在巧爲聯絡以含蓄其利。今當局不可恃，各界不可待，則惟有約少數同志自辦，而尚有學校之工場化一語，仍未實行也。惲君代英提出未來之夢一篇，述其一生之志，在鄉村教育與鄉村實業，而於實業之組織則採資本主義之方法以貫澈社會主義之精神，可謂獨具隻眼。弟以爲苟此種人士而能多，各分頭進行，既不問中央政治，復不問地方政治，亦不謂何種主義，行之數年以後，再聯大同盟，以協定一種具體之主義，不爲遲也。此時若誰者爲出風頭計，爲將來搶土匪來計，未嘗不可目標爲勞農主義者社會主義者，然其實不過個人之招牌，於中國之實際絲毫無關也，弟已看破此層，以爲世人之目吾爲社會主義者與否乃另一問題。若以爲社會主義爲新潮也者，亦可不使人以此目我，此乃好名之事，吾輩必不屑爲。若但求吾名常在新之方面，則他日設有反社會主義出，必又爲反社會主義者矣，爲個人計誠得，其奈事實何。弟自信對於經濟學無甚研究，惟對於（[illegible]）則信之甚篤，以其兼顧（[illegible]）[illegible]之長處故也。此種新制度彼先進民族尚未實行，遑論吾國。故此制之在中國，吾輩乎操諸吾人之兩個問題。　弟之所信既及遊遠，則於現在不能不謀有事業可辦，夫吾儕當誓不爲資本家，不助資本家，不傭於資本家，則實業一途斷矣，唯有從事於教育而已。　實業之經營，不限於資本主義，然不以資本主義之方法決不能競存於現在經濟制度之下，現在經濟制度既無法顛覆，即顛覆亦與民生無利，故止有協社爲可行。　蓋協社即以資本主義之方法而實行社會主義之精神者也。　惜吾輩亦無此種才能。弟日昨致函勵君處要，謂弟以前嘗覺有提倡一種吾輩所託命之主義之必要，近來覺此必要實不甚急迫；蓋吾輩所必要者乃尋常之事業而非新奇之主張，主張愈新奇其去實際愈遠。　鳳冰君謂抄近路或許可能，弟則以爲抄近路絕不可能，吾人當萬分無聊之時，必擇一種主義而信爲靈藥，此特精神上之安慰耳。　弟向爲詹姆士所說之硬心腸人，絕不願藉絕對論以自慰，須知此乃環境太壞之一種反動，此太壞之環境實爲問題之根，吾輩當硬着心腸以向此問題之根而求逐漸改造也。　於此之際，若因階資本主義與焉[illegible]與焉　皆當認爲當然之階級，與其拒之不如留其速來。　入觀中國之問題即世界之問題，此言是也。　此謂世界自解決其問題而能致影響於中國問題之解決，而非謂中國自解決其問題而能致影響於世界。論者皆好以爲中國與俄聯盟，建立勞農國家，以兩民族之力以推翻世界之資本主義今則知其爲夢想矣。蓋吾國於十年內決無建立眞正勞農國之可能，若夫僞勞農國則三五年內或將出現。意在造眞而竟成僞，此計必仍歸泡影。至於十年以後則歐美之資本主義或即自倒，亦未可知。故曰欲以中國問題而解決世界問題必無是處。至於僞勞農國之危險，兄可以想像得之。羅素謂俄國政界第二流人物皆爲舊日帝政時代之官吏，令人可厭。兄試思今中國之主張勞農化者，其不與舊日黨派有關能有幾人。書至此已覺太長，不復縷述。總之，弟之意在靜觀世變，先築基礎，而兄之職在不憚研究，以拓將來，二者實相待相成也。

東孫上言

（十）東孫先生『他們與我們』

我讀了「繼軍閥而起者誰？」一篇，使我冥想了好幾天，我覺得這種觀察眞是透澈。

須知人民愈不聊生，而對於財閥的興起必愈以好感迎之。我今天罵財閥，人民將罵我們太搗亂了。平心論之，我們果真有搗亂的能力倒也罷了，無奈我們實在沒有搗亂的能力。須知現在搗亂的乃是軍閥，礙撓資本主義的發生乃是武力主義。將來必有一天資本主義與武力主義大鬥法，而武力主義又必敗在資本主義手裏。至於我們則沒有絲毫的本領，我們罵軍閥想借自治，這班紳閥而要做財閥的便借了來大吹大擂，得其所哉。我們罵資本主義，一班丘八先生也會借了實行他的「搶產主義」。可憐阿，我們講來說去是替人傀儡罷了。不過我們須知丘八先生的搶產主義，不問他假借何種名義，總是要實現一次的。而紳閥的資本主義挾了外國的勢力在其後面，也是不問如何總是要成功的。所以我們要睜開眼睛自己認一條安身立命的路去慢慢地走。

但我們的走，須得是做事。若專是發言，便無辦法。

我們人在這種預測中看出一條路來，就是覓一個基礎事業而不供雙方利用的，忍着寂寞而實地去幹。

（十）　楊端六先生「與羅素的談話」

（前略）他對於資本制度，我問他要反對呢？　還是提倡呢？　要反對又怎樣反對呢？　並且我還問他，要如何方能把社會弄好，不致有大危險。　他說：「只有發展實業」。　但是他又說要有三個辦法：一，由資本家發展實業。　二，由國家發展實業。　三，由勞動階級自身發展實業。　他還說道三個法子，最好由國家來發展。　因為資本制度會演出歐美今日的危險，已是不好了。　若歸勞動階級，又恐怕程度太低，不能得頂好的結果。　但我接着告知他道，中國政府如此腐敗，只有破壞的能力．沒有建設的思想．天天在那裏擴招軍隊，爭權奪利，還爭不清，那有閑工來發展實業呢？　他說照樣看來國家既靠不住，結果仍歸到資本家。　看你贊成中國的資本家，還是贊成外國的資本家？　不過將來要想平均經濟，外國資本家很難處置，中國的還容易商量，我又說：資本度制總之都不好。　他說：那末，可輸入外國勞動階級。　但中國工業程度又如此低下，亦必須中國資本組合起來，才能容納。

我可以參一句話，無論用資本制度成勞動階級，還是要從教育下手。要使人人明了這種道理，將來才可以處置一切。

但又有人說：與其實業發達之後，勞動階級與資本家必生猜忌，弄出亂子來，不如不發展實業，還可以過安全日子咧。但我可有兩個答案：

一，發達實業，才有收入，才有經費創辦其他各事業。比於湖南現在倘若實業發達了，收入必增加，必不致創辦一種事，都沒有錢。

二，[illegible]布爾札維克在俄國失敗的原因，就是俄國原來實業不發達，一旦外人封鎖，不供給貨物，便難支持。並且中國地大物博，東西洋的原料漸漸不夠用了。中國人自己不趕快把實業開發，別人須來開發，那是阻不住的。

這樣講來，資本家必定要經過的。世界上幷沒有不經過此階級而能達到社會主義的，如俄國未經過資本階級，所以很難成功。中國若想社會主義實現，不得不經個資本主義。不過中國的資本家深藏不肯拿出資本來，因此我就聞及羅素，新銀團對於我國投資的事情

。他說這是些資本家的野心，想壟斷中國政權，束縛中國政權，束縛中國生死，眞是將來不好辦的一件事。（後略）

（十二）東蓀先生致獨秀先生底信

獨秀先生：得你的質問，具答如下：

我以為中國現在貧窮到極點了，第一個急務就是增加富力。至於增加富力的方法，或用（Cooperation）或用資本主義，不妨各據當地的情勢而定。在這種現狀之下，中央政府與地方政府（省與縣（絕對不會變成強有力；政府而不能強有力，則勞農主義永遠不能實行。所以我們不能拿歐洲何種現成的主義來無條件地應用。

至於說不是抬轎的人即是坐轎的人，以現狀論，抬轎的人不以為苦，而反以不得抬轎為憂，則其窮苦可知。今我們執抬轎的人而告以人格，他必笑我為迂了。而此種窮困實為一般物力缺乏的結果，換言之，即國民經濟全般的不足，而非僅由資本家的搾壓。所以我們的注眼處宜廣及經濟界全體。　總之，我的意見如下：

一，我不相信以地域如此廣大交通如此不便之中國，能實行一種主義。　我以為中國以後總不外乎地方自決。

二，勿論地方如何自決，而以中國民族的根性與時代的趨勢，決不會產生強有力的地方政府。　無強有力的政府，則勞農主義不能全部實行。

三，中國物力太窮乏，而窮乏的原因不是純由於資本主義。　故救窮乏也不當專在打破資本主義一方面下工夫。

四，但我深信外國的資本主義是致中國貧乏的唯一原因。　故倒外國資本主義是必要的。若以倒國內資本主義而為倒外國資本主義之手段，其間是否有密切的關係，我尚未敢斷言。

東蓀　上

（十三）獨秀先生復東蓀先生底信

東蓀先生：前次質問先生底信有兩個要點：（一）社會的工業有沒有成立底可能性？（二）先生所謂在通商口岸與都會裏得着「人的生活」的，到底有多少人．這班人屬何階級．他們是否掠奪他人之勞力而得此較好的生活？ 先生來信對於我質問底這兩要點沒有回答一字，却把論點移到地方自決．物力缺乏．外國資本主義上去．我實在有點失望。

我見了幾篇駁先生底文章．我以為是多事，就是我這封信也算是畫蛇添足。 何以呢？因為先生新受洗禮的資本主義已被先生自己所說的三句話打得片甲無存，正不必旁人攻擊了。 這三句話是什麼？ 就是：

（一）我們也可以說有一個主義，就是使中國人從來未過過人的生活的「都」得着人的生活。

（二）實業之興辦雖不限於資本主義。

（三）我深信外國的資本主義是致中國貧乏的唯一原因。 故倒外國資本主義是必要的。

通觀先生前後幾篇文章，先生所謂人的生活，自然是專指必不可少底衣食住等生活費。按資本生產制一面固然增加財富，一面却增加貧乏，這是稍有常識的人都應該知道的。歐洲機器初與資本初發達的時候，失業者衆多的恐慌．這種歷史的事實，無人能夠否認的。就是現在有名的倫敦神戶底貧民窟．正是資本生產制的必然現象。　卽以此時中國而論，都會中新富豪挐資本到鄉間購買田地的一天多似一天，農民失去地權受掠奪壓迫的一天多似一天。　富豪拿資本在通商口岸與都會辦工廠，機器所到的地方手工業之破壞好像秋風掃落葉一般，且因資本生產制造成物價昂貴底結果，中產社會漸漸都淪爲無產者而且是失業者。因爲資本家兼幷土地和資本家利用機器（由外國資本家用機器製造的輸入商品包含在內）打倒手工業底緣故，社會上困苦的失業者已普遍都會與鄉間了。　這種現象是資本主義生產制下機器工業代替手工業時必然發生的．因此可以說資本主義生產制一面固然增加富力，一面却也增加貧乏。　先生所謂中國人除通商口岸與都會的少數外．大概都未曾得着人的生活，這正是因爲機器用在資本主義生產制下必然的結果；就是在通商口岸與都會，眞是先生所謂除少數外都未得着人的生活，所謂少數就是掠奪階級的資本家（含中外人而言），那被掠埠的勞動者實在未得着人的生活，先生若到閘北或營盤口貧民窟裏去看看那些勞動者「非人的生活」，必定比內地旅行可以得到更好的教訓。　這種多數人過不着人的生活之狀況，正是資本主義生產制下必然的狀況，不是資本家個人的罪惡。　若說中國窮困是一般的物力缺乏，非僅中資本家擠壓，我便有兩個質問：（一）既然是一般的物力缺乏，那通商口岸與都會少數人過的「人的生活」幷且是「奢華的生活」，是從那里來的？　當眞他們的運命比多數得不着人的生活的好些嗎？（二）中國對歐美比較一般的貧乏是什麼緣故？　這一般的貧乏能否逃出資本主義制下機器工業打倒手工業時必然造成多數失業及物價昂貴底公例：　即讓一步說中國一般的貧乏是完全由外國資本主義制下機器工業造成的，於中國資本家絲毫無涉（其實國內資本主義底掠奪方法同外來的是一樣，不過是程度上的區別。）；但是我們所謂資本主義不應該分別內外，若果資本主義能使中國人都得着人的生活，大家既然不以抬轎爲害，反以不得抬轎爲憂，便是外國的資本主義也應該歡迎的；若果資本主義不能使中國人人都得着的生活，就是排除了外國資本家，造成一班中國資本家，也不過使中國人中之少數人免了貧之，多數人仍然是一般的貧乏；所以先生所主張的使中國人「都」得着人的生活，非廢除資本主義生產制採用社會主義生產制不可。因資本主義生產制下，無論資本家是外國人，或是本國人，決不能夠使多數人「都」得着人的生活。

如果說中國貧窮極了，非增加富力不可，我們不反對這話；如果說增加富力非開發實業不可，我們也不反對這話；如果說開發實業非資本不可，且非資本集中不可，我們不但不反對這話而且極端贊成；但如果說開發實業非資本主義不可，集中資本非資本家不可，我們便未免發笑。資本和資本家不同，季陶先生曾在星期評論一段短評上說的很清楚，茲錄如左；

教不變的蠢才，無論怎樣蠢的小孩子，教他識字，總只要三五遍都可以跟着讀，惟有一班新第一階級和舊日好男不當的東西，真是不容易教變。五日報載松滬護軍使的布告上說：「國家實業之發達，全賴資本與勞力的調劑：資本家與勞動家須有互助之精神，不能有對抗之態度」。到今天還是持這種態度，真可謂教不變的蠢才。等著！我再教訓你們一次。「要發達實業，非有資本與勞動不可，但是幷不是非有資本家不可。資本，是資本，資本家是資本家。勞動力是生在勞動者身上的，是拆不開的，資本不是長在資本家身上的，是拆得開的。惟是中國的實業不振興，所以我們要求資本，惟是中國眼前沒有很多的大資本家，所以更不應該製造資本家」。（後略）

以先生底知識當然能分別資本與資本家不是一物，但資本與資本家既非一物，卽不應因爲開發實業需要資本便牽連到需要資本家幷資本主義。先生自己也說實業之興辦雖不限於資本主義，可見別的主義也有開發實業底可能性，實業開發了，照先生底意見自然能救一般的貧乏！那麼，以何因緣，先生到了一回湖南，便看出救濟中國底貧窮非歡迎資本主義不可？

楊端六先生「與羅素的談話」中，也說資本制度會演出歐美今日的危險，己是不好了。又說資本制度總之都不好。但楊端六先生羅素先生雖然不相信資本主義完全是好，同時又覺得政府及勞動階級都不可靠，結果仍歸到資本家，仍只有希望資本家來開發實業，好補救國民一般的貧困，而且不經過資本主義的階級，不能實現社會主義。　就是先生底意見也是如此。　我對於這種意見有三個質問：(一)同是中國人，何以政府及勞動階級都不可靠，只有資本家可靠呢？　資本制度是制度不好，不是分子不好；政府和勞動階級不可靠，是分子不好，不是制度不好；分子不好可以改造，制度不好便要廢除了。　諸君何以不想想法子努力改造政府或訓練勞動階級來施行新的生產制，而馬上便主張仍歸到資本家呢？　改造事業是要經過萬苦千辛的努力才有希望，不像政客獵官利用權門不費事便可得現成的。　民國以來，政客先生不思努力創作改造，專想利用權門得現成的，這種人實在可鄙，真的改造家應該不應該作此苟且的思想。　(二)由資本主義漸漸發展民國的經濟及改良勞動者的境遇以達到社會主義，這種方法在英法德美文化已經開發政治經濟獨立的國家或者可以這樣辦，像中國這樣知識幼稚沒有組織的民族，外面政治的及經濟的侵略又一天緊迫似一天，若不取急進的 Revolution，時間上是否容我們漸進的 Evolution 呢？　(三)諸君既不贊成用革命手段集中資本來行社會主義的生產制，而楊端六先生所謂「中國的資本家深藏不肯拿出資本來」。先生也說「向有不願以財產充資本之習慣」。「最大原因莫甚於企業者之不道德，個……視投資為危途，則資本自不能集中」。如此看來，先生等所迷信的資本主義，仍是一……空中樓閣，而先生等又不歡迎外國資本主義，將以何法來開發中國底實業呢？

資本主義果然是好的，無論中外都應該歡迎；若是壞的，無論中外都應該反對。我們急於要排斥資本主義，本來不限於中國人，大部分還是因為外國資本主義壓迫我們一天緊迫似一天，真是羅素先生所謂「束縛中國生死」了，

中國勞動者沒有組織，沒有階級的覺悟，不能作階級的爭鬥來抵抗資本家，所以生活極苦而工價極賤，造成外國資本家拿來掠奪底好機會；他們始而是經濟的掠奪，接着就是政治的掠奪，漸漸就快做中國底主人翁了。按諸產業競爭的原理，手工業遇着機器工業必然要失敗的，小規模的機器工業遇着大規模的也是要失敗的；以組織力薄弱的中國資本家遇着組織力偉大的歐美資本家，那能夠不失敗，將來那能夠不降入勞動階級。所以我曾說過，我們中國人則輕視勞動者，不久我們都是外國資本家底勞動者；我又說過，那是革中國資本

家命的，不是可憐的中國工人，乃是可怕的外國穆耦初虞洽卿先生們。　這種狀態，除了中國勞動者聯合起來組織革命團體，改變生產制度，是無法挽救的。　中國勞動（農工）團體為反抗資本家資本主義而戰，就是為保全中國獨立而戰。　只有勞動團體能夠達到中國獨立之目的。　所謂中國資本家都直接或間接是外國資本家底買辦，只能夠幫着外國資本家來掠奪中國人，只望他們發達起來能夠抵制外國資本家，能夠保全中國獨立，再過一兩世紀也沒有希望。

前文所論三項，雖然不過是就先生底立論添點蛇足，却是或們重要的爭點。　此外還有幾句枝葉上的話也要請教於先生：

中國底貧困在先生辦解放與改造以前就是如此，何以先生到了湖南聽了羅素觀察未久幾句主觀的說話，才知道呢？

先生很佩服舒某「中國現在沒有談論甚麼主義的資格，沒有採取甚麼主義的餘地。」　這種妄言，何以先生自己仍然大談而特談甚麼「使中國人都得着人的生活主義」甚麼協社主義甚麽基爾特社會主義和甚麽資本主義呢？

先生屢說不贊成採用歐美現成的主義，但不知先生所歡迎的資本主義是不是歐美現成的？

先生說：「中國無坐食利息之股東」。請先生去問問招商局，開灤礦務局，大生恆豐厚生德大等紗廠，商務印書館，他們的股票是否都歸經理人所有？

先生說中國資本家可憐，請問死在開灤礦洞的幾百人可憐不可憐？

馬克思固預料在果上資本主義必倒，但未嘗教人在因上要故意造成推車撞壁的必倒狀況，先生既然覺得資本家可憐，何必更教他們推車撞壁，而不教他們曲突徙薪呢？

先生說中國地域如此之廣大，交通如此之不便，不能奉行一主義，請問俄國如何？交通不便天然不可改變的嗎！

先生既主張「惟有各地自決」，又主張「不妨各據當地的情勢而定」，則全國中大的工業都陷於無政府的生產狀況，豈不和先生倒外國資本主義底主張相衝突嗎？

先生預料十年內不能實行勞農主義，便取不贊成態度，不知先生所謂「我輩不主張社會主義則已，若主張之，則當有極長期之耐性」，作何解說？

先生一方面預斷僞過激主義必然發生，一方面又主張幷宣傳事業亦可少做，請問既是必然發生，宣傳還有何壞處呢？　先生所反對我們所贊成兩方所爭論都是指那眞的，於僞的有什麼相干呢？　果然如先生所料僞的必然發生，只有趕快努力宣傳那眞的來糾正他，豈是顢頇官僚的閉關政策所能了事的嗎？

先生說：「現國內以缺少眞正之勞動者故止能建立兵匪階級的國家而絕對不能建設勞動階級的國家」。　又說：「宜吾輩居今日之中國欲建立勞動者專政而患無勞動者也」。　我以爲先生若欲在理論上擁護非勞動者的先生們專政，反對建設勞動者的國家，還可說彼此各有一是非；至於顯然的事實却不可以任意顚倒，請問怎樣才是眞正之勞動者？　請問中國若無勞動者，先生吃的米穿的衣住的房屋乘的車船，是何人做出來的？　先生所辦的報，是何人排印出來的。

先生以爲近來始有二三實業組織，資本主義方在萌芽，應該先經過Bourgeois的政治及資本主義的經濟，然後才説得到社會主義，然這樣完全聽著自然的Evolution而不加以人力的Revolution，馬上在中國成立的Bourgeois階級的是不是中國人？

在全社會底一種經濟組織生產制度未推翻以前，一個人或一團體決沒有單獨改造底餘地，試問福利耶以來的新村運動，像北京工讀互助團及惲君的未來之夢等類，是否眞是癡人說夢？ 既然還沒有何種主義的區別。全中國人就是一個大同盟，另外謀什麽大同盟呢？

先生說：「若但求吾名常在新之方面，則他日設有反社會主義出，必又爲反社會主義者矣，爲個人計誠得，其奈事實何！」，這話說得眞痛快，但請先生自省已否犯了這個毛病？

在外國得一博士還要努力用十年工夫，先生因爲十年內決無建立眞正勞農國之可能，便明白宣布拋棄從前「中國與俄聯盟，建立勞農國家，以兩民族之力推翻世界之資本主義」底主張，是不是太想得現成的，是不是日本留學生底速成思想也傳染給先生了呢？

先生說：「今中國之主張勞農化者，其不與舊日黨派有關能有幾人」？ 我要請問先生的，今中國之主張資本主義者，其不與舊日黨派有關能有幾人？ 同是舊日黨派，究竟那一個是進步的？

我們總問先生幾句話，現在的社會是不是要改造？ 改造社會是要跟着社會現狀走，還是要打破現狀？ 打破現狀是不是要自己努力，是不是可以只望利用他人做出現成的，是不是可以存速成的思想？ 先生說「中國無人有 DiOtatOr 之資格，……正猶軍隊，不在有帥而在有兵，今既無兵而又無帥。」： 請問先生只望何人來做出現成的 DiOtatOr 做出現成的兵和帥，好供給先生解決中國底問題？

通觀先生底議論，是不是處處都犯了『只望利用他人做出現成的』和『速成無望便要改變方針』兩大毛病？

社會主義批評

（在廣州公立法政學校演講）

陳獨秀

(六一) 爲什麼要講社會主義?

古代所講的社會主義，都是理想的；其學說都建設在倫理上面．他們眼見得窮人底苦惱是由貧富不均，因此要想把全社會底貧富弄得絕對的平均或相對的平均；至於用什麼方法來平均貧富，都全是理想，不曾建設在社會底經濟的事實上面，所以未能成功；因爲已成的社會都有他已成的經濟的事實在那裡做改革進化底障礙．我們固然不應該跟隨着他維持現狀，然而也斷乎不能夠妄想把社會當做米粉團子由我們任意改造。 近代所講的社會主義，便不同了；其宗旨固然也是救濟無產階級底苦惱，但是他的方法却不是理想的簡單的均富論，乃是由科學的方法証明出來現社會不安底原因，完全是社會經濟制度—即生產和分配方法—發生了自然的危機，要救濟他的危機，先要認明現社會底經濟的事實（譬如無政府主義者往往拿從前人口稀少農業時代的理想來改造現代人口發達的工業社會，便是未曾認明現社會底經濟的事實。），在這個事實的基礎上面，來設法改造生產和分配底方法。 因此可以說馬格斯以後的社會主義是科學的是客觀的是建設在經濟上面的，和馬格斯以前建設在倫理上面空想的主觀的社會主義完全不同。

現代生產方法底缺點在那里？　爲什麼要改造？　現代生產方法有二大缺點不得不急圖改造的：(一)是資本私有。　現在大工業時代和從前農業時代手工業時代不同，不是簡單生產工具可以生產的了；資本既然是私有，結果有資本的人才有工具做工生產．並且自已還可以不做工，只拿出資本來雇人替他做工生產：沒有資本的人便無產可生，只能賣勞力給有資本的人替他做工生產。　其結果生產事業越發達，雇人的游惰階級和被雇的勞苦階級底分離越發顯著。　(二)是生產過剩。　自從自由派的經濟學說得勢以來，現代產業界完全放任資本家自由競爭，陷於無政府狀態．關於生產品底種類額量，不受國家之統計調節，資本家乘時投資，爭加產額．一旦供過於求，遂至生產過剩發生經濟界之危機。　救濟這二大缺點，只有採用社會主義的生產方法：資本歸公，人人都有工作生產底機會，社會上一切生產工具——土地，礦山，機器，房屋等——誰也不能據爲已有．誰也不能租給他人應取利益，這樣才可以救濟第一個缺點：一切生產品底產額及交換都由公的機關統計調節或直接經營，務使供求相應，不許私人投機營業，這樣才可以救濟第二個缺點。

現代分配方法底缺點在那里？爲什麽要改造？　缺點就是剩餘價值，工人血汗所生產所應得的．被資本家用紅利底名義掠奪去了。　例如前年上海有一家紡紗廠，資本一百萬元，一年賺了淨利一百萬元，用工人二千，平均每個工人每月工錢八元，一年工價全額不過十九萬二千元，再加上總理以下各職員底薪水至多不過十萬元，再就算上資本家底官利二分二十萬元，共總只有四十九萬二千元，其餘的五十萬零八千元，都變了資本家底財產了。　這個紡紗廠底二千工人和一班職員勞力所做的生產品底全價值是一百萬元，是應該歸他們全收的；但他們只取得生產品之一小部分價值二十九萬二千元，其餘一大部分七十萬零八千元，都變了資本家荷包裡的剩餘價值。　像這種不平均的分配方法，是社會主義時代所不許的；因爲社會主義的國家，縱然不能馬上完全撤廢工銀制度，終要取消私人營業的利息制度，對於勞動者所生產的價值，不是直接使勞動者全收，也是由國家收取一部分仍間接的用在勞動者身上，決不會變爲資本家底私有財產。

總之：在生產方面廢除了資本私有和生產過剩．在分配方面廢除了剩餘價值．才可以救濟現代經濟的危機及社會不安的狀況．這就是我們所以要講社會主義之動機。

（二）為什麽能講社會主義？

我們無論主張什麽，第一步是問要不要．第二步是問能不能。若是不能，那「要」仍然是一個空想。若問現在能不能講社會主義，是要研究現在能不能用社會主義的生產分配方法來代替資本主義的生產分配方法。關於研究這個問題，先要明白資本主義底來歷，進而考察現代資本主義底危機，然後才達到結論。

近代資本主義發達之最大原因有二：（一）由於交換方法之進步　古代物物交換，資本不易積聚，由資本而得的利益，譬如一萬担穀或十萬張牛皮，便不易於轉移堆積了；後來發明了以金錢代表實物，小小的一塊銀可以代表幾担穀幾十張牛皮，交換方法進了步，資本主義也跟着進步．；後來又發明了以紙幣代表金錢，薄薄的一小張紙可以代表一千元一萬元，交換方法更進一步，資本主義也跟着更進一步，到了銀行制度發達起來，交換方法充分便利，無論多大數目的資本轉移，只要銀行記一筆賬出一張票子便得，這種便利的交換方法，比起古代拿多少担穀換多少張牛皮眞是天淵之別，所以近代資本底積聚和資本主義底發達，眞是古人夢想不到的事。（二）由於機器盛行在手工業時代，有一把斧頭一副墨斗便可以做木匠，有一套網便可以打魚，有一架紡線車便可以紡紗，有一架織布機便可以織布，有一把刀便可以刻字印書，人人都很容易得着這等簡單的生產工具做一個獨立生產者，所以在手工業時代，那僱人的資本階級和被僱勞動的階級是不大分明的；在這時代就是資本家自備工具僱人做工，那掠奪剩餘價值來增加他們私有財產的速度也是很慢，例如每人用一機，每日織布一丈，價格一元，除去原料房屋等六角，人工二角，資本家所掠奪的剩餘價值不過二角，一百架機用一百工人做工，資本家所掠奪的剩餘價值，每日也不過二十元；若用蒸汽機，一百人做的工五個人就够了，資本家只付工價一元，其餘九十五個人工價十九元都被資本家掠奪去了，這時一日的剩餘價值由二十元增至三十九元，這時工人與資本家所得乃一與三十九之比，推而至於五十人做工，資本家所獲剩餘價值乃至三百九十元，五百人做工，剩餘價值乃至三千九百元，五千人做工，資本家一日掠奪的剩餘價值乃有三萬九千元之多。　近代資本之所以如此集中，資本主義之所以如此發達，資本家之所以如此強有力，都是機器幫忙替資本家造成剩餘價值漸次積聚起來的，機器積聚剩餘價值既這樣的迅速，交換方法又這樣的便利，所以近代資本主義之發達，迥非手工業時代所夢想得到的了。　一方面資本主義隨着機器工業發達，機器工業復隨着資本主義擴張，互為因果，一天一天的興旺起來，一方面因為機器工業底生產品成本輕貨色又好，他所到的地方，手工業之破壞好像秋風掃落葉一般；這時候的勞動者所得工資只能糊口，那里還有錢買機器．無機器不能做工不做工，不能生活．所以世世子孫只有賣力給資本家做勞動者：資本家占有了機器土地及其他生產工具，所以世世子孫都是資本家；因此自近代資本主義發達以來，勞資兩階級日益分明，而且資本階級底勢力日見雄厚，勞動階級日見壓迫，除忍受安命以外幾乎無路走了。

資本主義既這樣強盛，壓迫得勞動界無路可走，何以還說能講社會主義呢？噫不然不然；正因為剩餘價值替資本階級造到怎樣強盛的地位，而資本階級必然崩潰不可救的危機也正含在這剩餘價值裡面。　馬格斯說：「有產階級鍛鍊了致自己死命的武器」，正指資本階級是剩餘價值造成的，將來破壞資本階級的也就是剩餘價值。　一定有人說，資本家占了剩餘價值，資本無限增加，機器無限增多，生產品無限產出，豈不是很好的現象嗎？　豈不深合生衆食寡爲急用舒的孔門經濟學說嗎？　殊不知在共產社會裏生衆食寡爲急用舒或者是好現象，在資本制度之下可就不然了。　在資本度制之下生產品增多，剩餘價值也隨着增多，此種無限增加的剩餘價值復變爲資本，不能用爲社會公共增加福利，乃爲少數的資本家所私有，於是乃由剩餘價值造成生產過剩，由生產過剩造成經濟恐慌（一二三），所以說生衆食寡爲急用舒在資本制度之下不一定是好現象。　上面的話或近於抽象了，再詳細說一下，在理論看上起來，社會上最怕的是貧乏，生產品多多益善，生產過剩是生產額超過了需要額許多許多，本算是好現象；但這種生產過剩的好現象，在資本制度之下反成變了社會底危機，乃是因爲生產額超過了需要額，這就叫做供過於求，還使發生銷路底困難，過剩的額越大，發生的困難也越大；例如社會上需要的布只一千疋，現在產出一千五百疋還不大緊要；若是產間到二千疋或至三四千疋，生產過餘額到了這步，社會上必然發生經濟恐慌。　因爲資本制度之下的產業狀況是極端自由的，是無政府的，無論何項產業資本家都可以自由聯合自由投資增加生產品，不加以法律限制的；生產品賣出的大部分利益，又被資本家自由收爲自己的餘價值，勞動者所得僅足糊口，生產額需要過餘了幾倍，資本家雖可以奢侈些，也斷不能把同樣的銷費品陡然增加幾倍，例如平常需布千疋，因資本階級底奢侈，需要至多增至一千五百疋，勞動界因購買力不增加，不能多銷，那生產過　的二三千疋布，乃至發生滯銷，跌價，停工，社會的經濟恐慌。這是必然的現象。　這種必然的現象總括說起來，乃是資本制度之經濟的自然結果，因爲資本制度的生產方法是無政府的，是自由增加不加以法律限制的，所以才有生產過餘的事發生；因爲資本制度的分配方法是太過不均的，是承認資本家占有剩餘價值的，資本家占有了剩餘價值則勞動界底購買力便無從增加，勞動界購買力不增加則社會上消費量便不能和生產量同等增加，生產量和消費量不同等，所以生產過餘反要發生經濟恐慌。

一定又有人說：資本制度既然是自身造成了必然崩潰的危機如馬格斯所指示，而馬格斯身後數十年資本階級何以不但未曾崩潰幷且日見强盛呢？我以爲這不過是因爲殖民政策一時的救濟，幷不是馬格斯學說失了效驗。各國資本家拚命占據了剩餘價值，拚命推廣製造業，拚命尋求殖民地將所有的剩餘生產送去銷售了，才能夠彌縫一時表面上沒有十分現出危機來。所以近百年來，甲國與乙國戰爭，或是直接征服殖民地，銷費了許多生命財產，結果所求得的不過是幾條通商條約。因此資本主義便不得不和軍國主義結了不解之緣，因爲鎭壓殖民地或與他資本國爭奪商場都非有强大的海陸軍不可。名爲自衛，或是愛國，或是民族的向外發展，這都是騙人的話，其實都不外銷納剩餘的生產品，好免國內的經濟危機好維持資本階級底權利；試看前幾年歐洲大戰，美其名曰民治與强權底戰爭，其實只是英國利用各國打倒德國，爲保全他的世界海運權及亞非兩洲底商權罷了，這完全和日本利用武力擴張在中國朝鮮底商場，還美其名曰保全東亞和平是一樣。有許多人一面反對軍國主義而一面卻贊成資本主義，還眞算糊塗極了，資本主義的生產和分配方法一天不廢，使界的軍國主義如何能夠廢掉。　美國威爾遜總統十四條大言是怎麼失敗的呢？正因爲他不懂得資本制度是國際侵略及戰爭底根本原因，不變因，求變果，豈有不失敗底道理。　當日巴黎和會席上的英法當局，幷不是良心特別比威爾遜壞些，乃因爲他們的國家組織都立在資本主義上面，若是放棄了侵略主義軍國主義，他們國裡的大批剩餘生產如何銷納，如何救濟經濟危機，如何維持他們資本階級底他位呢？　威爾遜總統不過說得好聽點，如果他美國當眞拋棄了軍國主義，他美國在國外底殖民地和商場拋棄不拋棄？　如果拋棄了，國內底餘剩生產怎麼樣？所以威爾遜總統底主張不但在巴黎和會失敗了，幷且此時美國底海陸軍備仍然是有加無已。　日本驗於美國底情勢，恐怕失了太平洋西岸商業底威權，也不能不竭力增稅擴張海陸軍備到現在一倍以上，日本當局非不知道稅太重了全國底工人農民小學教員下級軍官底困苦和不平是可恐的危機，但是他們更知道沒有充分的武力保護商業不能輸出餘剩生產乃是更大的危機，所以明知道擴張軍備是毒藥也不得不吃．明知道擴張軍備是陷阱也不得不從上面走過去。　資本制度一天不倒．各資本制度的國家保護商業的軍備擴張也一天不能停止，互相競爭擴張軍備是無限的．相互爭得的殖民地或商場是有限的；我相信生產過剩的弊害資本家終是沒法救濟，非弄到破裂不止，我更相信軍備無限的擴張是資本階級殺人適以自殺的利器；我相信當初資本階級是拿殖民政策或國外商場救濟了國內生產過剩的危機，我更相信將來資本階級正因爲互相爭奪殖民地或商場．釀成國際資本階級大傾覆的更大危機；我相信歐戰底結果．國際資本階級底基礎已經大大的動搖．我更相信將來再經過一二次美日或英美戰爭．到便了資本階級底末日．卽國際的崩潰。 因此我們可以斷定資本主義的生產分配方法不良．已到了自身不能救濟自身底危機必然崩潰的運命，代他而起的自然是社會主義的生產分配方法，才能免剩餘價値，剩餘生產等弊．所以我們可以說現在能講社會主義。

一定又有人說：資本主義在歐美是要崩潰的了，是可以講社會主義了；我們中國資本制度幷不甚發達．更沒有到崩潰的地步．如何能講社會主義呢？ 像這種似是而非的話．恐怕很有許多人相信：其實他最大的缺點，是忘記了現代人類底經濟關係乃國際的而非別國的了。 如果他斷定歐美資本制度要崩潰能講社會主義，他便不應該說中國不能講社會主義仍要採用資本制度。　因爲交通便利，需要複雜底緣故，有許多事都漸漸逃不了國際化，經濟制度更是顯著；各國資本制度都要崩潰，中國那能夠拿國民性和特別國情等理由來單獨保存他；到是各國資本制度底崩潰還未實現以前，中國單獨完全採用社會主義的生產分配方法．恐怕免不了資本主義各國經濟上政治上的壓迫，這層事實上的困難，我們到不能不承認的。但是我們確有幾個理由可以說明努力打破這層困難底必要及可能：(一)是救濟中國斷不能不發展實業，但採用在歐美已經造成實業界危機的資本主義來發中國實業，未免太無謀了：(二)中國全民族對於歐美各國是站在勞動的地位，只有勞動階級勝利，才能救濟中國底危急及不獨立：(三)是現代國際化的力量固然很大，但是制度底改變，必先由於國別的提倡，冒着困難使新制度漸漸現實，漸漸成國際化，那時新的制度便確立了；(四)是歐戰以來，資本制度已經大大動搖了，我們正應該聯絡各國底同志作國際的改造運動；(五)是在不完全破壞外資相當的利益範圍以內，由國家立在資本家的地位經營國內產業及對外貿易，也未必不能免絕對的干涉．

據這五個理由，此時我們中國不但有講社會主義底可能，而且有急於講社會主義底必要。

(三) 應講何種社會主義

社會主義既然有講底必要與可能，但是他的派別分岐，我們應該擇定一派，若派別不分明，只是一個渾樸的趨向，這種趨向會趨向到資本主義去；若覺得各派都好，自以為兼容并包，這種胸無定見無信仰的人也不配談什麽主義。除了「廢止資本私有」為各派社會主義共通之點以外，從來學說不一，至今尚留存的，有力量的，可分為五派：

一，無政府主義
二，共產主義
三，國家社會主義
四，工團主義
五，行會社會主義

在述五派之中，工團主義算不得一種特別獨立的學說，乃是由馬格斯和無政府兩派合演出來的。工團主義最重要的精神有二：一，主張階級戰爭，是出於馬格斯；二，不要國家及政權，是出於無政府。他的缺點正是受了無政府主義幻想的病；勞動者本來沒有國家沒有政權，何待你不要，你儘管不要，資本階級他是要的，他是要拿國家及政權來壓制勞動的；工團主義者以爲國家政治總會侵害工人底自由，試問呻吟於資本家政權之下的法國工團他們的自由在那里呢？

行會社會主義，即基爾特社會主義，也非一種特別獨立的學說，他一方面主張經濟組織由行會管理，是受了工團主義工業自治的影響，然失了工團主義階級戰爭底精神；一方面主張政治組織由國家管理，是受了國家社會主義不反對國家存在的影響，然失了國家社會主義由國家干涉生產事業底作用。行會社會主義者自以爲他的理想在各派社會主義中算是最圓滿最穩當的了，他以爲拿行會代表生產者底權利，以國家代表消費者底權利，這樣公平的調和，可以免得劇烈的革命了。這種調和的理想是英國人的特性；其實他有兩個不可掩蔽的缺點：(一)把壓制生產勞動者底國家政權法庭海陸軍警察完全交給資本階級了；(二)政治事業和經濟事業有許多不能分離的事件，例如國際貿易之類是也。

所以我們最要注意的是前三派。

無政府主義在中國也算有點萌芽，北京上海四川廣東都有一小小部分青年相信。但我以為相信一種主義，不應該空空洞洞的盲從，必定要知道他的精髓所在；如果指不出他的精髓，就不配說信什麼主義，也不配批評什麼主義。無政府主義雖然也分為幾派，我以為各派共通的精髓所在，就是尊重個人或小團體底絕對自由。這種偏重自由的精神，最好是應用於藝術道德方面；因為藝術離開了物質社會的關係，沒有個體自由底衝突，所以他的自由是能夠絕對的，而且藝術必須有絕對的自由，脫離一切束縛，天才方可以發展；道德重在自律自動，法律的作用完全不同，不自由的道德很少有價值。若論到政治經濟方面，無政府主義便完全不適用了。無政府主義乃建立在先天的人性皆善和後天的教育普及上面，政治經濟制度正因為人性不皆善教育未普及而起，我們只應該漸漸改良政治經濟制度，使人性漸趨於善教育漸能普及；此時離教育普及還遠得很，就是將來教育普及了；人性能否改變得皆善還是一個大大的疑問，那能夠病還未好，便早早的把藥廢了，并且要起來和强健人賽跑呢？　先就經濟而言：現代工業發達，一個工廠往往有數千數萬人；而無政府主義要保護人人絕對自由，不許少數壓多數，也不許多數壓少數，九十九人贊成，一人反對，也不能執行，試問數千數萬人的工廠，事事怎可以人人同意，如不同意，豈不糟極了麼？　而且個人或小團體絕對自由，則生產額可以隨意增減，有時社會需要多而生產少，有時需要少而生產多，因為沒有統一機關用强制力去干涉調節，自然會發生生產過剩或不足的弊端。　但無政府主義者必定說：我們可以自由聯合，公議生產事業，斷不至有這樣過剩或不足的情形發生；那知一面贊成絕對自由，一面又贊成聯合，是不對的，也不能成功的，我常要說絕對自由就不能聯合，要聯合就不能絕對自由，這是不易的道理。　因為各個生產團體各個利害不同，若是沒有一個統一機關用强制力去干涉調節，　各個產生團體主張各個的絕對自由，這樣能聯合不能？　無政府主義者用這種沒有强制力的自由聯合來應付最複雜的近代經濟問題，試問怎麼能够使中國底農業工業成爲社會化？ 怎麼能够調節生產只使不至過剩或不足？怎麼能够制裁各生產團體使不至互相衝突？ 怎樣能够轉變手工業爲機器工業？ 怎麼能够統一管理全國交通機關？ 再就政治方面而言：他主張人不干涉人，要根本廢除法律，這件事也是很錯的。 因爲我們固然不滿意現在的法律，但將來只可以把他修改，不能絕對的廢除，如果絕對的廢除，便發生種種困難。 凡有社會組織，必有一種社會制度，隨之亦必有一種法律保護這種制度，不許有人背叛，就在無政府時代也必須是如此。 發瘋的人，任何時代都是有的 我想不會有人主張放任發瘋的人去殺人放火，倘若干涉他，把他拘管起來，便是壓制他的自由。 不過發瘋是極端的現象，由發瘋以至最輕的精神病者或强漢，都應該受法律之制裁。 又如兩性戀愛，以兩男戀一女，或二女戀一男，彼此便會發生衝突，衝突劇烈的時候， 又怎樣裁判呢？ 再從事實上着想， 像中國人賭錢吸鴉片烟這等惡習，是不是應該有法律禁止呢？ 社會制度初變更的時候， 應受教育的人而不肯受教育， 有勞動能力的人而不肯勞動，要不要加以法律的干涉呢？ 監守公物而自盜，强力迫脅不悅己的婦女，這種人無論到何時代恐怕都有，應不應加以法律的制裁呢？ 所以我敢說：無政府主義在政治經濟兩方面、都是走不通的路；明知此路不通，還要向這條路走，非致撞得頭破額裂不可，這是何苦呢？

五派中底一四五已經畧批評過，再進而將共產主義和國家社會主義比較的討論一下。這兩派原來都出於馬格斯，馬格斯主義在德國變爲國家社會主義，因爲他的精神他的實質都是社會民主黨，所以也叫做社會民主主義，因爲他主張利用有產階級底議會來行社會主義，所以也叫做議會派：內中無論是柯祖基底正統派或是柏倫斯泰因底修正派，都不過是大同小異罷了。 在俄國才還了馬格斯底本來面目叫做共產主義，其初在俄國也叫做社會民主黨，隨對黨中分爲急進溫和兩派：溫和的是少數派，叫做敏什維克黨；急進的是多數派，叫做布爾什維克黨，其後多數派革命成功，改稱爲共產黨。 共產主義和國家社會主義雖同出於馬格斯，而兩派底主張彼此却正相反對如左表：

共產主義底主張
- 階級戰爭
- 直接行動
- 無產階級專政
- 國際運動

國家社會主義底主張
- 勞資携手
- 議會政策
- 民主政治
- 國家主義

第一，德國底社會民主黨在理論上雖未曾明白的標榜勞資携手，而在實際上已令勞動者從事選舉運動，已利用資本階級底政府國會採用社會政策改善勞動底地位，已實行與一切資本階級的政黨提携，已反對無產階級共同團結了。反之俄國底共產黨是主張絕對的階級戰爭的，是不獨反對與資本階級妥協而且是反對與一切不主張階級戰爭的溫和派提攜的。馬格斯底共產黨宣言自第一頁到最末頁都是解釋階級戰爭歷史及必要的講義，可惜自稱為馬格斯派的德國會社民主黨竟然忘記了！

第二，不贊成階級戰爭的人自然要向議會討生活；但我們要知道議會制度本是資產階級專為供給及監督他們的政府底財政而設立的，要拿他來幫助勞動者，來廢除資本私有制度，豈不是與虎謀皮嗎？　選舉底怪現象各國都差不多，就是實行普通選舉，勞動界能夠選出議員，有多大效果呢？　所以馬格斯底著作無一不是主張無產階級對於有產級階取革命的行動，沒有一句主張採用議會政策的，可惜自稱為馬格斯派的德國社會民主黨竟然忘記了！

第三，無產階級專政就是不許有產階級得到政權的意思，這種制度乃是由完成階級戰爭銷滅有產階級做到廢除一切階級所必經的道路。　德國社會民主黨問俄國共產黨：有產階級的人也是國民，何以單單主張無產者一階級專政？　俄國人答道：你們何以不主張全國民都加入無產階級？　德國社會民主黨又問道：一階級專政豈非不合民主制度？　俄國人答道：你們所謂民主政治底內容是不是有產者一階級專政呢？　柯祖基著書文攻擊俄國底無產階級專政，說不合乎民主政治，說不是馬格斯主義；其實馬格斯在哥搭綱領批評中明白的說；「在資本主義的社會和共產主義的社會底中間，有一個由這面推移到那面的革命的變形的時期。而這個時期．政治上的過渡時代就爲必要。　這個政治上的過渡時代，不外是無產階級底革命的獨裁政治。」在共產黨宣言上更是大聲疾呼的說：「（一）糾合無產者團成一個階級．（二）顛覆有產階級底權勢，（三）由無產階級掌握政權」又說：「無產階級的革命，第一步是在使他們跑上權力階級的地位……，既達第一步，勞動家就用他的政權漸次奪取資本階級的一切資本，將一切生產工具集中在國家手裏，就是集中在組織權力階級的勞動者手裏」。　可見無產階級專政明明是馬格斯底主張．可惜自稱爲馬格斯派的德國社會民主黨竟然忘記了！

第四；俄國底共產黨和德國底社會民主黨雖然同一不反對國家組織，是他們不同之點有三：（一）生產機關集中到國家手裏，在共產黨是最初的手段，在社會民主黨是最終的目的；（二）德國社會民主黨帶着很濃的德意志國家主義的色采，俄國共產黨還未統一國內，便努力第三國際的運動；（三）社會民主黨所依據的國家是有產階級的國家，共產黨所依據的國家是無產階級的國家。所以有人說馬格斯當初所主張的俄國現在所實行的都算是國家社會主義，這話是不對的。共產黨宣言中，雖主張將一切生產機關交通機關信用機關都集中在國家手裏，這不過是社會革命時最初的手段，所以同時又說：「無產階級都沒有絲毫國民的特性存在，「各國無產階級在他們國裏爭鬥的時候，共產黨一定脫出一切國家的界限，替無產階級全體指示共通的利害。「勞動階級如果握得政權，那些東西（指國民的差別和國家的對抗）都要消滅得更快，因爲各國底聯合政策，是勞動階級解放底一種首要條件。」共產黨宣言最後的名言正是！「世界勞動者團結起來呵！」。馬克斯所主張的國際運動的色采是何等濃厚，可惜自稱爲馬格斯派的德國社會民主黨竟然忘記了！

由以上四點看起來，只有俄國底共產黨在名義上，在實質上，都眞是馬格斯主義，而德國底社會民主黨不但忘記了馬格斯底學說，幷且明明白白反對馬格斯，表面上却掛着馬格斯派的招牌，而世界上一般心盲的人，也往往拿德國社會民主黨底主張代表馬格斯派社會主義，這眞是世界上一件不可解的怪事。

我們中國人對於這兩種社會主義，究竟應該採用那一種呢？　我以爲中國底改造與存在，大部分都要靠國際社會主義的運動幫忙，這是不容諱飾的了；國內的資本階級雖尙幼稚，而外國資本主義底壓迫是人人都知道的，因此階級戰爭的觀念確是中國人應該發達的了；再睜開眼睛看看我們有產階級的政治家政客底腐敗而且無能和代議制度底信用，民主政治及議會政策在中國比在歐美更格外破產了；所以中國若是採用德國社會民主黨的國家社會主義，不過多多加給腐敗貪汚的官僚政客以作惡的機會罷了。

討論無政府主義

（一）區聲白致陳獨秀書

獨秀先生：

先生前天在法政學校講演，對於無政府主義批評，弟有很多懷疑的地方，茲特列舉出來與先生指教。

……先生說經濟方面：現在工業發達，一個工廠往往有數千數萬人，而無政府主義要保護人人絕對自由，不許少數壓多數，也不許多數壓少數，九十九人贊成，一人反對，也不能執行：試問數千萬人的工廠，事事怎能可以人人同意．如不同意，豈不糟極了麼？據我所知到無政府主義的社會，是自由組織的，人人都可自由加入，自由退出，所以每逢辦一件事，都要得人人同意，如果在一個團體之內，有兩派的意見，贊成的就可執行，反對的就可退出，贊成的既不能强迫反對的一定做去；反對的也不能阻碍贊成的執行，這豈不是自由嗎。　若照先生說「九十九人贊成，一人反對，也不能執行。」就是以少數壓服多數．無政府黨人是絕將不敢贊成的。　但是先生所批評的，不知是鄉一種無政府主義？　如果是個人的無政府主義者，無抵抗的無政府主義，我們共產的無政府主義，有組織的無政府主義者，也是極端反對的，我很希望先生聲明一句。

二………那知一面贊成絕對自由，一面又贊成聯合，是不對的，也不能成功的，我常說要絕對自由就不能聯合，要聯合就不能絕對自由，這是不易的道理。

我現在舉一個最簡單的例證。中國有一種舊習慣，每逢一地方遇了火警，各地方的居民都很踴躍前往救援，無論在冬天雪夜，一聞告警，即爭先恐後。 跑到患災的地方救災的時候，無論怎樣危險，亦沒有畏避的，患災者對於他們 亦沒有什麼酬報，社會亦沒有替他鑄銅像。大總統又沒有給他一個嘉禾章。又沒下過一度命令各地方居民如不聯合救火的就殺無赦，法律又沒有規定不救火的罰一年以上五年以下的監禁，如果是鄰近的，尤可說是恐怕連累，但是很多在城中由極東跑到極西的。 因一處地方的災難。各地方的居民竟能以一最短促的時間，自由聯合起來，可見聯合與自由是完全沒有衝突的。 又如五四運動。一天之內。而聯合數萬的學生，齊集天安門，舉行示威運動，更聯合全國之學生各地方之工商各界舉行罷課罷工罷市，以對抗北京政府，這都是自由聯合的。 法律沒有規定，如不聯合就要處無期徒刑，又沒有軍隊來強制他。如不遵從就格殺勿論。 不特是這樣。能够以法律繩人，軍隊壓人的北京政府，竟要屈服。　於此更可證明法律之無用，軍隊之無能，而自由確可以聯合，有聯合就不能自由一言之不足信。　至於不顧社會的福利，祇要個人有絕對的自由，還是個人的無政府主義者所主張，共產的無政府主義者所不敢贊同的，我很願意先生把無政府主義各派別分清一下，再下批評。　總之無政府黨人所持的態度，是科學的，進化的，卽如巴枯寧之主張由未善而至於較善；克魯泡特金之主張由較未幸樂而至於較爲幸樂，亦卽是由最不自由而至於較爲自由。　若是先生作說的「絕對的自由」不知是那一個無政府黨人之所主張，還望指敎。

三……再就政治方面而言：他主張人不干涉人，要根本廢除法律，這件事也是很錯的。因爲我們固然不滿意現在的法律，　但將來只可把他修改，不能絕對的廢除，　如果絕對的廢除，便發生種種困難。　但凡有社會組織，必有一種社會制度，隨之亦必有一種法律，保護這種制度，不許有人背叛，就在無政府時代也必須是如此。　卽發癲的人，任何時代都是有的，我想不會有人主張放任發癲的人去殺人放火，倘若干涉他，把他拘管起來，便是壓制他的自由。不過發癲是極端的現象，由發癲以至最輕的精神病者或强漢，都應該受法律之制裁。又如兩性戀愛，以兩男戀一女，或二女戀一男，彼此便會發生衝突，衝突劇烈的時候，又怎樣裁判呢？再從事實上着想：像中國人賭錢吸鴉片烟這等惡習，是不是應該有法律禁止呢？無政府黨所不干涉的人，是善人，不是惡人。如果無論善人惡人都不能去干涉他。那麼；無政府黨人之暗殺官僚、推翻資本家，是什麼意思呢；先生所批評的想必又是無抵抗的無政府主義，我們主張反對强權的無政府主義者，也不敢贊同的。至於先生恐怕法律廢止之後，如有發癲的人就怎麼辦，這是很容易的事，把他送到癲狂院醫治便得了，因為發癲是由於生理上的關係，沒有甚麼罪過，若果疾病都要受法律制裁，那民生主義的國家又沒有這種的法律。至於强漢之殺人放火，我們准可以善言勸導他，並且送他到學校去教訓他使他悔悟。假使先生問這時沒有政府沒有法律，怎能夠處置他呢？人類是活的，不是死的，不是沒有政府，沒有法律，便連飯不會吃的，我舉一個例，比方五四運動後，北京大學有少數不良分子，想破壞大學，後來經共同的意思，把他拘禁起來，這是不是法律。總之無政府主義的社會，雖然沒有法律，但是有一種公意，凡事皆由公衆會議解決，公意是因事實之不同，而可隨時變更的，不像法律是鋼板鐵鑄的，由幾個人訂定不管他人如何一定要他人遵守的。且訂法律的時候也沒有得遵守法律之人的同意，這是不對的。由此可以證明無政府之不難實現，若果依照自由自立自主的原則向前進行，沿途都是康莊大道，除了盲目的人外，斷不致撞得頭破額裂的。

(二)　陳獨秀答區聲白的信

聲白先生：

在羣報上看見你的來信，對於我的意見加以糾正，我很感謝。先生所見也有些和我不同的地方，茲條復如左：

(一)，照先生的意見「在一個團體之內，有兩派的意見，贊成的就可以執行，反對的就可退出，贊成的旣不能强迫反對的一定做去，反對的也不能阻礙贊成的執行，還不是自由嗎？」

我現在要設一個例請問先生依無政府主義應如何辦法：有一條大街住戶一百，內有數戶的住屋，因公共利益的關係必須拆毀，而此數戶的住民因爲他們自己交通或職業或特別嗜好之關係，決計不願遷移；這時候若不拆屋，那主張拆屋的多數人之自由在那里？這時若竟拆屋那不顧遷移的少數人之自由在那里？無政府主義既不主張多數壓服少數，更不主張少數壓服多數，請問上列的這件事如何辦法呢？

先生說「贊成的就可以執行，反對的就可退出」我現在假定反對的不取消極的退出手段，而取積極的固執主張；兩派的意見絕對不同而兩派都不肯退出，請問先生，無論何種事業在這種狀態之下，依無政府主義如何處置呢？若因爲兩派有重大的意見，并且由於兩派的同意，退出一派，這種不幸的事，就是資本主義之下的生產或他種團體也是有的，并不須到了無政府時代才有這種妙法，但是我們要曉得這不是產業界的好現象，偶一爲之，已經不妙，若是事無大小都要人人同意，那不肯同意的少數人，不肯犧牲自已的意見服從多數，除了退出無他辦法，照這樣常常紛亂起來，大規模的生產團體裡，一日之內不知有多少事務，一日之內便不知道多少人退出，多少人加入，在事務和技術的經驗上熟練上秩序上看起來，非鬧到由停頓而衰滅不止，我所以說無政府主義完全不適用於經濟方面。

再進一步討論，我們的社會乃由許多生產團體結合而成。一團體內各人的有各人的意見，人人同意也不易得；一社會內各團有各團意見，人人同意更是絕對沒有的事；一團體內意見不同的份子還可以說自由退出，我不知道一社會內意見不同的份子或一團體，有何方法可以自由退出？

我們要明白，我們無論如何反對現在所生存的社會制度，在我們未曾用我們的力量把現存的制度推翻以前，我們仍舊要繼續為現存的我們所反對的社會制度所支配，除非自殺或是單獨一人逃到深山窮谷沒人跡的地方，絕對沒有方法可以自由逃出；所以就是對於資本制度深惡痛絕的無政府黨或社會黨，在社會革命未成功以前，仍然是資本制度支配他們的生活，沒有方法可以退出。因此我們應該覺悟，我們唯一的使命只有改革社會制度，否則什麼個人的道德，新村運動，都必然是無效果的；因此我們應該覺悟，非個人逃出社會以外，決沒有絕對的自由，决不能實現無政府主義。

先生反對個人的無政府主義，及反對無抵抗的無政府主義，我以爲無政府主義以經由先生打得粉粹了。因爲我不相信有人人同意及可以自由退出的社會；我更不能相信有不用强力及「絕對不贊成多數壓服少數或少數壓服多數的」抵抗的無政府主義

(二)．我所說「要絕對自由就不能聯合，要聯合就不能絕對自由，」的道理，上面已經說過—因爲聯合無論大小，都要有一部分人犧牲自己的意見，才能够維持得比較的長久一點；若常常固執個人或小團體的絕對自由，自己退出，自由加入，東那西變，仍是一堆散沙，還種散沙的現象，至少也不適宜於大規模的生產事業。 先生舉出兩個自由組織的例，一個是救火，一個是五四運動，實在是妙想天開了：

先生要曉得救火是一樁偶然突發的事，他的目的極其簡單：五四運動是一時的羣衆運動，若是拿這兩個方法用在社會組織，和生產事業．來證明無政府主義的自由聯合，無政府主義眞是破產了。 人間社會是何等複雜，其間感情利害目的是何等紛歧，至於生產事業上時

間的適應及分業的錯綜更是何等麻煩，拿一時突發的狀況和羣衆運動的方法去處置，我以爲是常識所不許。因爲社會組織和生產事業，都必須有持續聯合的方法，决不是一時烏合的妥當。

再進一步討論，即以救火說，七手八脚的各人自由行動是否比有組織的救火會更爲有効？五四運動發生之前，各校各班的學生是否有組織，組織時是否人人同意？五四運動發生以後跟着有許多必然要做的事，是否都是用毫無組織的羣衆運動做出來的？五四運動後的學生聯合是否人人同意，是否有多數同意用法律的形式懲罰少數不同意的事？由此可見先生所引的自由聯合的例，純然是用在偶然突發的事件和政治問題之羣衆運動，尙且不盡是自由聯合；何況是重組織尙秩序關係複雜的經濟方面，生產事業上，自由和聯合更是不相容的了。

先生說：「至於不顧社會的福利，祇要個人有絕對的自由，這是個人的無政府主義者所主張，共產的無政府主義者所不敢贊同的，」這幾句話我十分贊成，我希望先生認淸了這個觀念，切勿貪圖超越這個觀念以上的空想。　但先生要注意，先生主張對於不顧社會福利的個人，或擴充至少數人甚至擴充至多數人！在先生僅僅是不承認他個人的自由．在他是個人受了多數人的壓服了；先生若說因爲他不顧社會福利，他便說，自古受人壓服的人都是被人說不顧社會福利呵！自古壓服人的人都是說爲了社會福利呵！先生既不贊成這種個人的無政府主義，但不知在先生眼中，不顧社會福利的少數人與不顧社會福利的個人有何分別？　依先生所謂共產的無政府主義，對於這不顧社會福利的個人或少數人，一概予以自由，還是加以裁制呢？

（三）先生說：「無政府黨所不干涉的人，是善人不是惡人。」　這句話我也十分贊成；不但無政府的社會，自古以來，無論如何專制暴君時代．也未曾訂過一條法律要干涉善人；我們所以不贊成絕對的廢除法律，也正爲要干涉惡人；先生既不反對干涉惡人，可見也不是主張絕對廢除人干涉人的法律，彼此意見相同．便不須討論了。　我們對於法律的觀念，是由社會上有選舉權的人多數意思，決定幾條必要的法律，好維持社會上公共的安寧秩序。

先生的法律觀念，是臨時的一種公衆意見，這就叫做「自然法」。按自然法多由羣衆心理造成的，這種法律却是萬分危險。過於鋼板鐵鑄的法律不適應社會的需要，這種法律當然要修改，但不能拿這個做絕對廢除法律的理由；至於先生所謂隨時變更的公意，却實在不敢領教了。第一，我們實在沒有這種預知的天才能夠適合隨時變更的公意而不違背；第二，隨時變更的公意完全是羣衆心理造成的，這種公意有時固然能爲善，有時也能作惡；在這運動我們固然可以說是善的，但義和拳和荷蘭市民迫害斯賓那薩，巴黎市民殺死桑勒以爲歐洲中古虐殺異教徒，像這類羣衆心理所造成的公慣，未見得常加於社會上的惡人。若照先生主張用這種盲目的羣衆心理所造成之隨時變更的公意來代替法律，實在要造成一個可恐怖的社會，先生還說是康莊大道，還說是除了盲目的人斷不至撞得頭破額裂。我們實在不敢附和。

（三）區聲白答陳獨秀書

一．來書云「有條大街，住戶一百，內有數戶的住屋，因公共利益的關係必須拆毀，而此數戶的住民因爲他們自己交通或職業或特別嗜好之關係，決計不願遷移；這時候若不拆屋，那主張拆屋的多數人之自由在那里；這時若竟拆屋，那不願遷移的少數人之自由在那里？無政府主義既不主張多數壓服少數，更不主張少數壓服多數，請問上列的那件事如何辦法呢？

我前次不是向先生說過嗎？「至於不顧社會的福利，祇要個人有絕對的自由，這是個人的無政府主義所主張，共產的無政府主義者所不敢贊同的，」巴枯寧說「人之窮居獨處，不得謂自由；人之自由，乃衆人以人視之以人待之，故自由非獨處乃連合。自由者乃人羣也，人將來不維持以强力，而維持協約」我們藉社會方能生存，個人爲社會之份子，故欲求個人之自由，當先求社會之自由。來書既云「因公共利益的關係」便是社會的自由。又云「因爲他們自己……之關係」便是個人的自由，我們自然贊成社會的自由，而反對妨碍公共利益之個人的自由，這種個人主義的頑固派，施之以善良教育，達到無政府共產實現的時候，一定很少很少。假使遇了這種人，我們準可用誠懇的態度把正當的理由告訴他，主張拆屋的多數居民可因他們的需要而互助他，如因交通上之關係，附近熟識之居民，如不與交通上有重大之關係，可自行遷移而讓與之，至於職業上之關係，則共產之世，人人共工作，相同的工作，無論什麼地方都有，爲什麼一定要住在這一條街上總能夠工作，遷移了後便不能工沒有作嗎？ 至於特別嗜好不知指什麼，建築好麼？ 同一的建築一定很多，住空氣好麼，那一處相同的空氣，如此仍不遷移．便甘與羣衆爲敵，雖爲衆人所屏斥亦奚足惜。 有人難我說「你們主張自由，這豈不是侵犯他人的自由嗎」？ 不知這種不顧公共利益的個人的自由，並不是自由，而且是自由的大敵，資本家何嘗不自由，我們爲什麼反對他，就是因爲他奪大多數工人之自由，以爲一己之自由；官吏何嘗不自由，我們爲什麼反對他，就是因爲他奪大多數人民之自由，以爲一己之自由；總之無政府之世，衆人協約而爲羣，既志願而爲一羣，則必共守信約（自由契約是共同訂定共同遵守的，與幾個人訂定強他人遵守之法律不同）共同工作互相協助。 出之於感情，其中之人，亦恐爲衆人所不諒，或衆人之干涉，即設有不肖，斷不敢犯衆怒！若有不踐行信約的，可爲衆人所屏斥，總之無政府黨人既然能推翻政府和資本制度，那麼，遷移的小事，是很容易解決的，我們何必過慮呢？

二，來書云「我現在假定反對的不取消極的退出手段，而取積極的固執主張；兩派的意見絕對不同而兩派都不肯退出，請問先生，無論何種事業在這狀態之下，依無政府主義如何處置呢？」

我們如何能夠合起來做事，合起來做事的時候是不是有一個共同的目的，既然有了共同的目的，便可共同訂定一種契約，如果違反了契約的，當然要退出，比方我們欲組織一個大工廠，我們就找一班人來，彼此相約說「我們每天作工四小時，如果贊成的，就請加入，以後如有不踐行信約的聽受衆人所屏斥，」他們既然能合起來做事，豈有不履行信約的。且這種契約是共同訂定的，願意的，自由的，不是强迫的，那麼，先生所憂慮紛擾的現象，斷不發生的，一團內各人之聯絡是這樣，一社會各團之聯絡也是這樣，更何紛擾之足云。

三．來書云「我們要明白，我們無論如何反對我們所生存的社會制度，在我們未曾用我們的力量把現存的制度推翻以前，我們仍舊必然為現存的我們所反對的社會制度所支配，除非自殺或是單獨一人逃到深山窮谷沒人跡的地方絕對沒有方法可以自由逃出………因此我們應該覺悟，我們唯一的使命只有改革社會制度，否則什麼個人的道德，新村運動，都必然無效果的：因此我們應該覺悟，非個人逃出社會以外，決沒有絕對的自由，決不無實現無政府主義。」

先生以上所講這一段說話我十分贊成，但是不免有點誤會，我所講的自由，是指推翻了現存的制度而說，不是處於現存之制度就能夠實現自由，處於各種惡制度之下，一舉一動，都不能自由，所以欲得自由，就要推翻現存的制度，至於「個人的道德，新村運動」這種消極的手段，斷不能有達到社會改造的目的，我也不贊成的，所以共產的無政府主義者，多置身於工團派的運動，且用革命的手段，以撲滅現存的制度，實現無政府主義，斷不是想個人逃出社會，以實現無政府主義，先生請勿誤會。

四，來書云「先生反對個人的無政府主義，又反對無抵抗的無政府主義，我以為無政府主義已經由先生打得粉碎了。因為我不相信有人人同意及可以自由退出的社會；我更不能相信有不用强力及「絕對不贊成多數壓服少數或少數壓服多數的」抵抗的無政府主義。我確是反對個人的及無抵抗的無政府主義，但是我不反對一切的無政府主義，然先生竟說我把無政府主義打的粉碎，於理論上實在講不去，北方袁世凱是人，我反對袁世凱，然不是反對人，先生竟因我反對袁世凱，便說我反對人，我是不能承認的。　先生既不相信有人人同意及可以自由退出的社會，我沒有强力一定要先生相信，先生亦沒有强力使我不信，但是如果做事不必人人同意，那麽，陳獨秀可以和王敬軒合起來辦雜誌，康有爲可以和孫中山合起來組織政府，眞是妙極，既然意見不同，還不許人自由退出，你想他人服從你，他人也想你服從他，相爭不下，必至於殺戮，這獨悲慘之現象，吾實不忍言，不堪言。　至於先生不相信「絕對不贊成，多數壓服少數或少數壓服多數的」無政府主義，我也不能不懷疑，因爲先生在女子師範演講（演說辭見正月廿四日羣報）先生說「我的意思，以爲物質上的生活，能够做到平等自由，便是正當的人生，因爲人人都是人類，不應該受他人的壓迫，如果我壓迫人，或人壓迫我，都是不正當的人生，」又說（正當的人生，就是我不壓人，亦不受人所壓），這幾句話眞可爲無政府黨人的格言、我請問先生物質上的生活和政治上經濟的生活有什麽分別？爲什麽「物質上的生活，能够做到平等自由」政治上經濟上的生活，便不能够做到平等自由？」「不施壓於人・亦不受人所壓」和「多數壓服少數或少數人壓服多數」又有沒有衝突？

自由之與聯合絕對的沒有衝突，我前函已經證明了，但是先生還沒有十分明白我的意思，今再爲之說明，克魯泡特金在麵包略取第十一章自由契約說，「吾人自由團結，做共同的事業，其結果很是莊嚴，比方歐洲十七萬五千里鐵爾，縱橫如網，四通八達，自馬得利地，到彼得堡，自加立師到君士担丁，不停留，也不換車；更便宜的，是旅客如有携帶的零碎東西，僅用一方紙片，寫明去處，投於車站，再不費什麽手續，就可給你帶到目的地了。建設鐵路的方法，就是依自由契約，互相討論，使各路線彼此聯絡，這不是政府的命令，也沒有政府的監督，和與什麽道路大臣，獨裁宜，大陸會議，調理委員會，都不相干的，萬事全由諸小社會的契約，就成功了。」克魯泡特金又在無政府共產主義他的根據和原理說「十九體組還有一個令人驚異的狀態，幫助這同樣的無政府趨勢，他就是自發的力量，逐漸廣大，大的組織，一天一天發達，結果便全用自由契約。 歐洲蛛網一般的鐵道，始初是由各處自己建築，後來才聯絡一氣，運載搭客和商品，直接經過許多路線，卻未嘗有一個歐洲鐵路的中央部去管理他。 這是那些以契約而做出來的最動人的實例。 如果五十年前，有人敢預說那怎麼多的分立公司所築的鐵道，最後能措成一個完全的網形，如今日一樣，他必定被別人目爲獃子了」。 這是自由聯合適宜於大規模的生產事業的鐵證。 旣然有了一種自由契約，那麼如果兩方合意，便可聯合。 聯合一年也可兩年也可，何得云東離西變·一堆散沙，如果他違反了自己承認的契約，便失信於社會，不用你去懲罰他，他自己也站不住。就現在而論，凡經營商業的人，全靠契約來維持，很少有胆敢破約的。 所以維持社會秩序最好的東西是「信權」不是「法權」中國的孔老二也知到「民無信不立」，這是一個例啊！然且自由乃相對待的名稱，巴枯寧說「人之窮居獨處不得謂自由」必要以一己之自由尊重他人之自由方得謂之自由，所以人與人相交，你不侵犯我的自由，我也不侵犯你的自由，便是眞自由，個人與個人結交，互相敬重其自由，便是個人的自由，團體與團體相聯合，互相敬重其自由，便是社會的自由，所以孤立便不能自由。　以上反覆申論，自由與聯合不特沒有衝突，我可簡直說：「惟聯合才能自由，惟自由方能聯合」，這是一定不易的道理！

五，來書云「五四運動發生之前，各校各班的學生是否有組織，組織時是否人人同意？…………五四運動後的學生聯合是否人人同意，是否有多數同意用法律的形式懲罰少數不同意的事？

總上幾句說話，先生都以為無論做什麼事都是斷難得人人同意，這也是我所承認的，但雖然不同意，有一部分能夠願意犧牲自己的意思以就他人，不用武力，也不用法律，還是自由的同意。　我見五四運動的時候，各幹事都是自由認定的，如果不幹又沒有人用法律懲治他的，還是我親眼的事實。　至於學生聯合，確是人人同意，如不同意，就不能聯合，所以去年廣東就有兩個學生會。

六，來書云「先生既不贊成這種個人的無政府主義，但不知地先生眼中，不顧社會福利的少數人與不顧社會福利的個人有何分別。 依先生所謂共產的無政府主義，對於這不顧社會福利的個人或少數人，一概予以自由，還是加以裁制呢」？

凡是只享權利而不盡義務，或是祗顧一己之自由而侵犯他人之自由，都是叫做個人主義。」凡是主張個人主義的是個人主義者，並不是指一個人而言，無論他是少數人或是多數人或是一個人，都不贊成。 如資本家掠奪工人之幸福以為一己之幸福，如官吏掠奪人民的幸福以為一己之幸福，這都是個人主義。 我們之反抗他，並不是干涉他人的自由，因為他們侵犯他人的自由，就是違反自由的原故；我們之剷除他就是為自由之保障。 至於無政府共產之世，此等人就是絕對的沒有，縱有亦是很少數；我們唯有用善言勸導他，說明共產主義不能生存的道理；如果仍不覺悟，我們就可對他說：「朋友，我們和你合作的事，你偏偏不盡責任，且常侵犯他人的自由，我們和你共事的人因此不能不和你分開，去罷，去找尋那不管你偷閒及受得你氣的人去罷。」 先生一定問我，如果他不肯去就怎樣辦？ 因為人人都有廉恥的，斷沒有受人驅逐還不去的道理。

七，來書云：「自古以來，無論如何專制暴君時代，也未曾訂過一條法律要干涉善人，我們所以不贊成絕對的廢除法律，也正爲要干涉惡人；先生既不反對干涉惡人，可見也不是主張絕對廢除人干涉人的法律，彼此意見相同，便不須討論了。

我確是主張干涉惡人，惡人不過是侵犯他人自由之人，我們之所以干涉他，完全是正當之防衞，斷不能說是干涉他人之自由，但是先生竟因我主張干涉惡人，而疑我不主張廢除法律未免近於武斷。　法律不過是部份之人要來壓制他部份人之一種方法，未必能夠干涉惡人，有時反侵害善人，是不公道的，不平等的，所以無政府黨人主張廢除法律而代之以自由契約，必要共同合意才訂立的。　因爲將來之社會團體，如蛛網之密布，各團體均有一種自由契約，由各會員共同訂定共同遵守的，不像法律是一部分人訂立要他部分人去遵守的。　法律禁止姦淫，而執立法者可以宿娼納妾；法律禁止搶掠，而官吏可以大扒特扒。　陳獨秀反對安福部要受法律制裁，吳佩孚反對安福部則可領大功；張勳反對共和而主張復辟，而可以逍遙法外，陳獨秀主張共產，就要被逐出境；約法上大書特書人民有言論出版集會之自由。

無政府可以隨時干涉人民言論出版集會之自由。照此看來，政府之法律，可謂一點的價值都沒有，我們斷不可再作法律萬能的夢想罷。

八，來書云「五四運動我們固然可以說是善的，但義和拳和荷蘭市民迫害斯賓那薩，巴黎市民殺死柔勒以及歐洲中古虐殺異徒，像這類羣衆心理所造成的公憤，未見得常加於社會上惡人，若照先生主張用這種盲目的羣衆心理所造成之隨時變更的公意來代替法律，實在要造成一個可恐怖的社會。」

先生所舉出的幾個例，皆由宗教迷信迫之使然，科學進步，便可消滅，在近日已經很少見，何況是在科學昌明之無政府時代，因為無政府黨人所提倡的是科學眞理，所反對的是宗教迷信，所以無政府主義進一步，科學也進一步，到了實現的時候，盲目的羣衆心理，斷沒有出現的，而先生舉宗教迷信之羣衆心理比方科學昌明之羣衆心理，未免時代錯誤了。

（四）陳獨秀答區聲白書

聲白先生：

前次[illegible]，現在再略陳鄙意如左：

，先生不贊成個人絕對自由，我很佩服先生的見解；[illegible]政黨好像[illegible]會上見過許多文章，一面說他們是共產的無政府主義不是個人的無政府主義，個人無政府主義他們曾反對過；一面又口口聲聲說：「我們主張極端自由，不是多得少得」，我們既贊成安那其，而要求絕對自由。」但是先生所主張對於這種個人主義的無政府派之辯論，我也有點懷疑：一，你說施以善良教育，遇到無政府共產實現的時候，一定很少很少，我請問照你的說法，善良教育未普遍以前無政府主義是不能實現的了，那末，在私產政府之下有何法徧人施行，普遍的善良教育呢？這才真叫做走途無路了！二，你說假使遇了這種人，我們準可用誠懇的態度把正當的理由告訴他，我請問照這樣告訴他，他仍然固執，那便怎麼樣呢？　即以你對嶺南學生痛論，你總用最誠懇的態度把正當的理由告訴他們，效果如何呢，先生說，「便甘與羣衆爲敵，雖爲衆人擯斥亦奚足惜。「不顧公共利益的個人自由，是自由的大敵。「旣志願而爲一羣，則必共守信約」。這些話我們都很以爲然，因爲若不共守信約擯斥一羣之敵。便不能保這羣底組織及利益。換一句話說，信約旣定之後，我們便不能容認不顧公共利益的少數人有「主張極端自由」「要求絕對自由」之餘地了。先生所謂信約，也可以說就是法律，不過是名稱不同。但先生說信約是共同訂定的，法律是幾個人訂定的，這種全稱肯定，在邏輯上殊欠妥當。因爲自來共同信約不見得盡是全體共同意思．並且有時還是一二人煽動羣衆盲行的：反之，自來法律底實質多半根據在全社會的習慣及心理底基礎上面，至於成立法律底手續，幾個人訂定法律底時代，不用說歐美，就是中國和日本也過去數十年了．

二，天下事始而贊成繼而反對始而願意繼而不願意的情況很多，愛情的夫婦還有決裂離異的時候，何況別的事。先生說：「旣然能合起來做事，焉有不履行信約的」我便問你：若是不履行信約，怎麼辦？　若是取退出的辦法，那末，一個家庭一個學校一個工廠還可以退出，試問社會如何退出？

三，在這一段，先生和我的意見不甚相差，便不必討論了。　但先生要注意的，我們意以為工團派的組織不適於革命，然從無政府主義看起來，工團派已不免有權力集中的傾向，其實權力集中是革命的手段中必要條件。

四，先生一方面不贊成個人的無政府主義·一方面又贊成人人同意及人人可以自由退出的社會；一方面不贊成無抵抗的政府主義，一方面又贊成不以多數壓服少數的社會；請先生自已想想矛盾不矛盾·一切無政府主義都已經打碎了沒有？　人人可以自由退出社會·這是何等極端的個人主義！抵抗主義中是否含有壓服多數人或少數人的意思？　（我原文是「我意不能相信有不用强力及絕對不贊成多數壓服少數或少數壓服多數的抵抗的無政府主義」）·先生改為「不相信絕對不贊成多數壓服少數或少數壓服多數的無政府主義」·刪去抵抗的三字·語意大不相同·請再細心看下。

反乎自由的事三種：（甲）一階級無理的壓迫他階級．一個人無理的壓迫他個人，好像資本家之於勞動者男子之於婦女．這種無論在精神上物質上都是不應該有的；（乙）爲一羣或一團體之意見無法一致，而又當不能分裂或不宜分裂的境況．不得已只有少數服從多數的辦法；（丙）爲社會公共利害不得不壓服少數頑固派．甚至於有時還要壓服多數的頑固派。我們所討論的是（乙）（丙）兩種．我在女子師範演說的是（甲）種．先生如何幷爲一談呢？ 自由平等雖是好名詞．但不可當做萬應丸到處亂用呵！譬如資本家之自由也是先生所不承認的了。

先生所引克魯泡特金的兩段話．儘是說明「聯合」之可能，未曾說明「聯合而且自由」之可能。 歐美各國間在資本家管理之下大規模的生產聯合很多，試問其中辦事都須得人人同意的嗎？ 都是自由而無强制執行的事件嗎？ 倘然能夠這樣，便不必無政府主義，就是資本主義也足令先生謳歌崇拜了！

五，法律底作用在消極的制止，我們未曾主張幷且自古也少有訂一條法律積極的要人做一件什麼事。 廣東有兩個學生會，是好的現象嗎？這正是自由便不能聯合底好例，李謝先生舉出。 一切社會一切生產機關如果都像廣州學生會那樣不同意便自由分離，大團結大聯合如何能成立呢？ 可見一方面主張人人同意及自由，一方面又說主張大團結大聯合，直是自欺欺人！

六，先生說人人都有廉恥，受人驅逐的必定走，我要請問：倘若他不顧廉恥堅不肯去，怎麼辦？ 我還要請問：驅逐他到什麼地方？

七，契約是各團體一部分的人私約，法律是全社會衆人底公約，範圍作用都大不相同。自在社會學上，團體羣衆社會這三樣大有分別，萬萬不可以混同。 各團體內雖有自由契約的裁制，而無關係之各團體間及個人之於其他團體抵觸時，法律的需要便發生了。 法律的大作用只是保護社會公共的安寧利益及裁制侵犯他人法律上的自由。 至於他的名稱，叫做法律叫做公約叫做契約都沒有什麼大不可。 藉法律侵害善人，執法者不守法律，法律本身都不受過，凡是這等弊病，就是公約契約都不能免。 因北京政府的法律之無價值，便可以推定現在及將來各國底法律都無價值嗎？ 因爲法律不是萬能的便可以絕對廢除嗎？ 世界上凡不是萬能的東西都應當絕對廢除嗎？ 無政府主義萬能嗎？科學萬能嗎？ 教育萬能嗎？ 世界上何物萬能？

八，有羣衆便有羣衆心理，並不是古代或宗教時代特殊的現象。 法人殺死柔勒及五四運動和宗教迷信有什麼關係呢？ 羣衆心理都是盲目的，無論怎樣大的科學家，一旦置身羣衆，便失了理性，還是心理學說及我們眼見的許多事實可以證明的。 用一二人可以利用的羣衆心理一時感情所造成之公衆意見來代替那經過長久時間理性的討論及多數議決之法律，不能說不是無政府主義最大的缺點之一。

（五）區聲白再答陳獨秀書

一，來書云（你說施以善良教育，達到無政府共產實現的時候，一定很少很少：我請問照你的說法，善良教育未普遍以前無政府主義是不能實現的了，那末，在私產政府之下有何法何人施行善良教育呢？　這才眞叫做走途無路了。

無政府共產實現是不是要等到善良教育普遍之後，我雖不能斷定；但是在無政府共產實現的時候，假使善良教育還沒有普遍，我們對於不良好的份子，就要請他去受善良的教育，因爲用教育來訓練他，使他悔改，使他覺悟，總比用法律懲治好得多；但是施行善良教育，現在就要去做．還是教育家之責任．不必要等到私產政府傾覆之後。　即如蔡元培陳獨秀胡適之在處發腐敗頑固北京政府的底下．都可以施行他的善良教育．不必要等到蔡元培陳獨秀胡適之一班人通通做了大總統閣員後．纔能够施行善良教育。　假使他們做了大總統閣員．一班教育家的頭腦還沒有改變．他是沒有用的。　即如處於現在私產政府之下．就要去宣傳社會主義．不必要等到社主義的政府成立後纔去宣傳社會主義。　若果說處於私產政府之下，不能去宣傳社會主義，一定要等到社會主義的政府成立後纔能够宣傳社會主義．等到無政府共產實現後．方能够施行善良教育．這才眞叫做走途無路了．現在各國的無政府黨社會黨，車載斗量．這都是人民宣傳的力量．各國私產政府沒有設立幾千百個社會主義學校．無政府主義學校製造出來的：施以善良教育，也都是我們人民的責任，不必倚靠政府的。

二，來書云你說假使遇了這種人，我們準可用誠懇的態度把正當的理由告訴他；我請問照這樣告訴他，他仍然固執，那便怎麼樣呢？　即以你對於嶺南學生而論，你總用過誠懇的態度把正好的理由告訴他們，效果如何呢？

人之所以固執，皆因沒有知識，和不知合羣的道理的緣故；如果與公衆沒有妨礙的，準可聽他自由。但是如果與公衆有妨礙的，就拉他到學校去教訓他，對於教育上更要加倍的注重，不過三兩個月他便不固執了。　至於我對於嶺南學生用誠懇的態度把正當的理由告訴他們總比用武力強迫他們信從我的主張效果大得多；因為我對於他們用一種誠懇的態度，他們對於我便有感情，既有感情，那麼我所講的說話，他們便可相信，若果我對於他們怒目相視，他們對於我必發生一種惡感，那麼我無論講什麼他都不聽了。

三，來書云「先生所謂信約，也可以說就是法律，不過是名稱不同。　但先生說信約是共同訂定的，法律是幾個人訂定的，這種全稱肯定，在邏輯上殊欠妥當；因為自來共同信約不見得證是全體共同意思，並且有時還是一二人煽動羣衆盲行的：反之，自然法律底實質多半根據在全社會的習慣及心理底基礎上面，至於成立法律底手續，幾個人訂定法律底時代，不用說歐美就是中國和日本也過去數十年了」。

信約（或自由契約）和法律完全不相同，斷難混合為一：信約之英字為（contract）他的定義為（an agreement between two or more persons兩人或多數人的合意）法律之英字為law他的定義為（a rule of action prescribed by the ste of state國家最高權力所制定的行為規律），所以信約一定要經過守約的人之同意，法律是沒有經過守法的人同意，如果法律有經過守法的人同意，為什麼守法人未出世以前，法律已先他而存在？至於信約一定要經兩方同意方能訂立，斷沒有一方面可以訂立的；如果祗有一方面的創制權，這就是法律，不是信約了。　先生說我說法律是幾個人訂定在邏輯上殊欠妥當，我請問先生立法權是不是放在幾個代議士之手中，抑或在於人民全體，先生既說「法律底實質多半根據在全社會的習慣及心理底基礎上面，」更要使各地方及各團體自行訂定自由契約，好過定一種全國死板板的法律，因爲各地方的社會習慣常有相差很遠，若強一地方以從他地方之習慣實爲人生之最大苦事，如不遵從就要受法律所制裁：且各地方的人民常因天時氣候地理之關係心理也不一樣，以心理不一樣的人民，一定要遵守同一樣的法律，你說有道理沒有？　至於先生說「幾個人訂定法律時底代，不用說歐美，就是中國和日本也過去數十年了，」我請問先生滿淸的法律是誰人定的，就是現在的中國和日本是不是代議制度？　代議制度是不是議員才有立法權？　幾個代議員能够代表人民全體否？　不知代議制度在二十世紀已經破產，先生反去崇拜謳歌我實在不敢附和。　我更問先生中國和日本的治安警察法是不是政府幾個人訂定的，抑或人民全體定的，治安警察法有根據於社會的習慣和心理的基礎上面沒有？　可知政府所制定的法律，都是保護政府治安罷了，什麽保護人民都是欺人的說話。

四，來書云「若是不履行信約，怎麽辦？　若是取退出的辦法，那末，一個家庭一個學校一個工廠還可以退出，試問社會如何退出？」

無政府的時代沒有法律，維持社會的秩序全靠信約，如果有人一旦瘋狂起來，破壞了他們自己所定的契約，若是出於不得已的我們準可原諒他；但是如果有意的，我們就可以宣布說某人破壞契約以後大家請勿上他的當便得了。因謂現在之不顧廉恥，甘犯衆怒者，皆因私產制度迫之使然，到了共產之世，這種人—除了瘋狂的—當可絕跡，縱有亦居極少數，斷不能與大多數的人爲敵的，萬惡的資本制度都可推翻，少數之破壞份子，亦何難解決。如果他一定要甘與社會的幸福爲敵，極其量我們就用對待資本家的手段對待他便得了。先生又問社會如何退出？凡是合一羣人而有一種共同的目的共同的契約不論人數之多少，都可叫做一個社會，不必要人類全體纔可叫做社會；如果社會不能退出，我請問先生社會是不是一個地球抑或一個監獄？

五，來書云「我們還以爲工團派的組織不適於革命；然在無政府主義看起來，工團派已不免有權力集中的傾向，其實權力集中是革命的手段中必要條件。

我看法國「勞動總聯合會」會章第二十七條本會（總聯合會）以聯合主義及自由底原則爲根

據，保障及尊重加入各團體底完全自治權（見新青年八卷四號），與權力集中完全相反，先生所說不知何所據而云，然至工團派的組織爲什麼不適於革命，和爲什麼權力集中是革命的手段中必要條件？　先生沒有說明理由，我不明白，還望指教。

六，來書云「先生一方面不贊成個人的無政府主義；一方面又贊成人人同意及人人可以自由退出的社會，一方面不贊成無抵抗的無政府主義，一方面又贊成不以多數壓服少數的社會；請先生想想矛盾不矛盾；一切無政府主義都已經打碎了沒有？　人人可以自由退出社會，這是何等極端的個人主義。

個人的無政府主義是主張個人絕對的自由不承認有所謂社會，更不承認有他人的意見，我既說人人同意可見得不是以一人之意見，而侵犯他人之意見。　又有社會可以自由退出，因爲個人主義是不加入社會的，所以沒有社會可退出，可見得我所主張的是有社會的無政府主義，不是個人的無政府主義；反之以一方面之意見。　不許他人自由退出，如日本之不許朝鮮獨立，祗顧一已之權利，以侵犯他人之權利方算個人主義。　無抵抗的無政府主義，是任由他人壓服都不抵抗的，我不贊成多數壓服少數的社會，所以我就不贊成無抵抗的無政府主義，請先生想一想何嘗有矛盾，何嘗把一切的無政府主義打碎。

七，來書云「抵抗主義中是否含有壓服多數人或少數人的意思？　我原文是我更不能相信有不用强力及絕對不贊成多數壓服少數，或少數壓服多數的抵抗的無政府主義」先生改爲「不相信絕對不贊成多數壓服少數或少數壓服多數的無政府主義」，刪去抵抗的三字，語意大不相同，請再細心看一下。

先生原文確有「抵抗的」三字，一時忽畧，很是抱歉。　但是抵抗和壓服完全不相同，抵抗是把被人奪去的權利取回來，壓服是要把他人的權利據爲已有，即如朝鮮現在爲日本所征服，他們一旦起革命脫離日本而獨立，也不過是取回朝鮮的自治權，何嘗有壓服日本的意思。　又如一個盜賊把我的東西奪去，我祇要奪回自己的東西，豈有把賊所有的東西都要奪爲已有的道理。　一方面反對人做賊，一方面自己又想去做賊，這種以暴易暴的辦法，實在不敢附和。

八，來書云「爲一羣或團體之意見無法一致，而又當不能分裂或不宜分裂的境況，不得已只有少數服從多數的辦法：「又云」爲社會公共利害不得不壓服少數頑固派，甚至於有時還要壓服多數的頑固派。」

不知先生說「人人都是人類，不應該受他人的壓迫，如果我壓迫人，或人壓迫我，都是不正當的人生。」先生之所謂「人」是全稱的，不是特稱的，斷沒有一羣或團體以外之人纔算是人，一羣或團體以內之人便不算是人，凡是二人以上之集合都可叫做一羣，如果除了一羣之外便祇有一個人，一個人怎能彀說（不施壓於人，亦不受人所壓），可見得先生之所謂（人）是指一羣或團體以內之人，並不是指一羣或團體以外之人，或請問先生（不施壓於人，亦不受人所壓）和（多數壓服少數或少數壓服多數）有沒有衝突？ 至於在一團之內因意見之不同，有時我犧牲意見來就你，有時你犧牲意見來就我，這都是很平等的，如果講到壓服，祇可有一部份人的意見，不管他部份人的意見怎麼樣的了。 比方一學校之內，校長發表强迫學生遵守的命令，還可算是壓服；如果學生自治會的決議案，學生大家去遵守，這種便不能叫做壓服，因爲討論的時候，各各人都可參加在內，沒有指定那一個應該服從那一個，所以犧牲一己的意見以就他人也是很公道的，因爲今日我可以犧牲意見來就你，他日你也可以犧牲意見來就我，沒有壓服與不壓服。至於校長的命令便不同了，因爲他祇有一己的意見，沒有經過學生討論過，且學生一定要服從他的意見，他可以不服從學生的意見，這方算是壓服。至於對待少數頑固派的辦法，我上文已經說過了，若社會上還有多數的頑固派，則社會革命斷不能成功，所以社會革命以後，祇有少數的頑固派斷沒有多數的頑固派。

九，來書云「先生所引克魯泡特金的兩段話，僅是說明「聯合」之可能，未有說明「聯合而且自由」之可能。歐美各國間在資本家管理之下大規模的生產聯合很多，試問其中辦事都須得人人同意嗎？都是自由而無强制執行的事件嗎？倘然能夠這樣，便不必無政府主義，就是資本主義也足令先生謳歌崇拜了」！

克魯泡特金所引出各種的聯合都是以自由契約而聯合的，既以自由契約而聯合，便可依照自由契約而行使他的自由，這是人人都曉得的。比方我說「把東西放在口內吞落肚下去我雖不說明「吃」字人人都知到是吃了。 先生既承認這種聯合有聯合之可能，便可以不必再行討論了。 我不過証明自由聯合之可能，並沒有說過惟資本家方能夠聯合。 至於處在僱傭制度的資本主義之下，勞動者不滿意於其主人，都可以解辭職務，到了共產主義時代各團體之份子反不能自由退出，先生想必以爲現在僱傭制度的資本主義罪惡未深嗎？

十，來書云「廣東有兩個學生會，是好的現象嗎？是正是自由便不能聯合底好例，多謝先生舉出，一切社會一切生產機關如果都像廣州學生會那樣不同意便自由分裂大團結大聯合如何能成立呢」？

先生既多謝我把兩個學生會不能聯合底例舉出，但是有一件事先生還要多謝我的，就是這兩個學生會沒有經過武力，現在因得兩方的同意，又自由聯合起來了（見三月四日羣報，）可見得大團體大聯合一定要同意及自由纔能夠成功的，如果祇有一方面的意見，怎能夠聯合呢？若不是自由的聯合，如日本之併吞朝鮮．英國之滅亡印度，陸榮廷之掠奪廣東，這是好的現象嗎？那麼，軍國主義帝國主義先生以爲如何？

十一，來書云「先生說人人都有廉恥，受人驅逐的必定走，我要請問：倘若他不顧廉恥竟不肯去，怎麼辦？我還要問：驅逐他到什麼地方？」

我又請問比方先生在北京提倡新文學的時候，被惡氣所壓迫，爲什麼先生又肯去呢？姑退一步講，祇是先生纔能夠有廉恥心，在別人一定堅不肯去，我們就用幾個人抬他出去，誰人抬呢，阿保，阿勝，阿茂，阿壽。 抬到什麼地方？就是抬到由於和他有關係的人之團體外頭使得了，如果他再來，就給他一個閉門羹。

十二，來書云「各團體內雖有自由契約的裁制，而無關係之各團體間及個人之於其他團體抵觸時，法律的需要便發生了。」

個人與個人間既以自由契約集合而成小團體，團體與團體間也是以自由契約集合而成更大的團體，無關係之各團體及個人於其他團體有衝突時，就可找第三者之團體出來就理排解，如有恃强欺弱的，我們就可聯合起來干涉他像協約國之對待德國一樣便得了。 將來各地方各團體之聯合，也如協約國一樣，不必要有一中央統治機關來干涉他的，所以不必要一國壓服那一國，一地方壓服那一地方。如果自由就不能聯合，為甚麼英法日都能夠聯合呢？可見聯合是不必要武力的，祇求兩方契約便得了。

十三，來書云（羣衆心理是盲目的，無論怎樣大的科學家，一旦置身羣衆，便失了理性，還是心理學說及我們眼見的許多事實可以証明的。用一二人可以利用羣衆心理一時感情所造成公衆意見來代替那經過長久時間理性的討論及多數議決之法律，不能說不是無政府主義最大的缺點之一。）

先生所說的一二人是什麼人？為什麼一二人可利用羣衆，大的科學家就不能利用羣衆？反要置身羣衆便失了理性？未免自相矛盾了。總之：我主張固定的事，就用一種自由契約來維持；一時的事，就由公衆的意見來解決。法律是死板板的，不能更改的，如果隨時都可以由人民自己修改，這就成為一種公意，不是法律了。天下之事，千變萬化，定法律的人怎能夠有預想的天才，知到將來有什麼事情發生呢？這又不能不藉公衆的意見來解決了．此又不能說不是無政府主義最完善的地方。

(六) 陳獨秀三答區聲白書

聲白先生：

你在民聲上答復我的話，越想越支離了不能不再詳細告訴你一次。

一，這般裏面，有一句原文爲「在私產政府之下有何法何人施行普遍的美良教育呢？」聲報上脫了「普遍的」三字。我的意思是：在私產制度之下的教育，無論倚靠政府不倚靠政府，全體，至少也是百分之九十九有意或無意維持資產階級底勢力及習慣，想在這種社會狀況之下實現善良教育而且是普遍的，我想無人能夠相信。蔡元培陳獨秀胡適之在北京所辦的教育卽或假定是善良的，然後靠這一點星星之火，慢慢地達到你所說「這種個人主義的頑固派，施之以善良教育，達到無政府共產實現的時候，一定很少很少。」的狀況，眞是河淸難俟了。

據你的話，可見善良教育未曾普遍以前，這種個人主義的頑固派一定很多很多，試問你如何處置他，這便未免是實行無政府主義的大障碍了。 如此看來，請你還是快去努力施行善良教育，且慢談無政府主義。 你說「假使善良教育還沒有普遍，我們對於不良的份子，就要請他去受善良的教育；因爲用教育來訓練他，使他悔改，使他覺悟，總比用法律懲治好得多。」你這種說話和孔子「道之以政，齊之以刑，民免而無恥。」的意思相近，但孔子還不過是說政刑之效不及德禮，幷不曾主張絕對廢止政刑；因爲維持社會底方法不限於一端，政刑教化用各有當，不可偏廢；我們也相信教育的功效好過法律，我們且相信教育是改良社會底最後最好的工具，但不能迷信教育萬能更不能妄說教育的力量還未減盡惡人以前即可以教育代替法律，因爲若有許多許多個人主義的頑固派一定不肯去受善良教育，請問你又如何辦？

我想你們無政府黨又要說我：「是以現世的頭腦去考慮進化的無政府社會；以現世的眼光去觀察無政府社會，他所預防的弊病—不可能的證據，完全是被現世的景象駭昏了所致。」這幾句話正是你們無政府主義者致命的病根底病根所在。 我只簡單請問：你們所說進化的無政府社會，是用人力從這現世的萬惡社會漸漸改造出來的，還是用符咒把現世的社會沉到海底突然另外現出一個嶄新的無政府社會和現世的景象沒有連續的關係罷？　無政府教育不必倚靠政府，現時資本家私立學校都做得到，這并不待無政府黨底指教。　你所謂「人民的責任」，請問這人民若兼指資本階級，他們的教育可會有真是善良的一日？　這人民若單指無政府黨社會黨，善良的教育一時又何能普遍？

二，我問你在嶺南的效果如何，不過希望你實地感覺「用誠懇的態度把正當的理由告訴他」，不見得人人都肯聽從，因此可以悟得有時不得不用勢禁以濟理喻之窮，（能理喻自然更好）并不是勸你以武力強迫怒目相視對待嶺南學生。　嶺南學生對於你誠懇的傳播主義反對宗教等說話果有感情，果然相信嗎？　這件事何劉陳諸君都知道，說謊話是最可恥的事阿！

三，自狹義的契約說起來，和法律底範圍作用都大不相同，前函已說過，你何以未看清楚？　但自廣義說起來，法律也可以說是一種契約，有人稱法律是社會的契約（或稱民法），前函所以說：「法律是全社會衆人底公約，可說：「至於他的名稱，叫做法律叫做公約叫做契約都沒有什麼大不可。」　你所說的契約和法律底不同，更足證明法律底必要；因爲若無國家最高權力所制定統一的法律以爲各個人各團體間契約底標準及監督，便必然會發生兩個弊病：第一是沒有監督無以制裁違背契約底責任者；第二是沒有標準無以制裁侵害甲種人權利的乙種人底契約發生。　救濟這第二個弊病，正是近代發達的國家制定進化的統一的法律之大功，這種法律進化的大功在我們人類進化歷史的過程上是斷然不應該蔑視的。　古代各部落各地方有種種不同的生活狀況和信仰習慣，遂有種種不同的法律，因此遂發生種種衝突種種戰爭，後來因爲國家進化法律進化，這種部落的法律地方的法律含有地方性的國家法律漸漸消滅，國內的衝突戰爭也跟隨着漸漸減少，所以近來頗有人主張建設統一世界的大國家，訂立更進化的更統一的有强制力的國際法律（現有的國際法因爲非國家最高權力所制定，設有强制力，所以無效。），好漸漸消滅國界消滅國際戰爭；我們應該承認這個理想是進化的，而且不是不可能的。　我們眞想不到你們竟然生今之世反古之道，竟然以爲全國統一的法律不好，竟然主張使各地方及各團體自行訂定自由契約！難怪有人說無政府主義是退化的學說，因爲照他的主張實行起來，在經濟上必然要回復到手工業時代，在政治上必然要回復到部落時代。 卽讓一步，依你所說國家所訂定違反可地方的習慣心理強制各地方一體遵守的統一法律不好，要依各地方的習慣心理自行訂定自由契約才對；我們現在要研究的，第一是這種地方自行訂定契約底性質，第二是他的效能。 第一關於性質方面的研究：(一)請問你既然力說法律和契約不同，爲什麽稱國家訂定的是法律，各地方自行訂定的是契約？ (二)你若說有制裁力使人必須遵守的才是法律，我們眞不明白任人不必遵守的契約是一種什麽東西？ (三)若說國家統一的法律是不能盡合各地方的習慣心理的，我請問各地方內各村落各團體各個人間底習慣心理是否都是一樣？ (四)若以是否經過同意分別法律和契約底不同；代議制是你們不贊成，那末，個人間團體的契約還容易經過人人目接的同意，若地方的契約(其實就是地方的法律)要經過人人直接的同意，豈是容易的事？ (五)卽令可以經過人人直接的同意，試問又如何經過定契約時還未曾出世之人的同意？ (六)卽說不避麻煩，凡在一個地方範圍以內有一個新出世的人都要徵求他的同意通過一次，那末對於還不會說話的兒童如何徵求他的同意？ (七)如果不經過他的同意，別的契約不用說，關於兒童直接身受的童兒規約，是否也和你所謂只有一方而創制機的法律相同？（八）若說契約底同意權應以相當的年齡為限，現像怪極了；因為你們主張對於未出世的人還不能剝奪他的同意權，試問為什麼已出世的人反來要到相當年齡才有同意權，這種規定年齡的契約又是不是只有一方面的創制權呢？　第二關於效能方面的研究：（一）在無政府社會裏，倘有一地方一團體自行訂定契約准許吸鴉片煙或賭博，別的地方別的團體對於這種自由契約底效能怎麼樣？　（二）在無政府社會裏，倘有一地方一團體自行訂定契約擁戴出一個皇帝選舉出一個總統，別的地方別的團體對於這種自由契約底效能怎麼樣？　（三）倘有一地方一團體自行訂定契約有損於他地方他團體底利益或有害於他地方他團體，他地方他團體對於這種自由契約底效能怎麼樣？　照以上兩層研究，在性質方面，你所說的地方的契約，實質上就是地方的法律，無論是否好過你所謂全國死板板的法律，還是地方法和統一法頁否比較的問題，不是根本上法律應否存在的問題，你拿他來否認法律，算是文不對題；在效能方面，正賴有國家最高權力所制定統一的法律，以為各個人各團體各地方契約底標準及監督，才可以維持各種契約底效能。　你說立法權是放在幾個代議士手中，不在人民全體；請問瑞士及美國都有全民直接投票的創制權，是否立法權都放在幾個代議士手中？　請問你們所急於實現的無政府制度，是否必須得人民全體底同意？　代議制度是永遠不能廢掉的，你何所証明代議制度在二十世紀已經破產，真是跟着一般淺見的人瞎說！不但沒有可以容納全世界人全國人全省人全城人開會的會場，就是全民投票也不是常常可以舉行的事。　全國交通開會議時，若全體人員到會，豈不因之交通斷絕？　又如你們若開全世界無政府黨大會，果能全體黨員列席嗎？　所以除了用代議制度沒有辦法。　你有何種理由可以舉出一個中國和日本底治安警察法便全稱肯定所有政府制定的法律都不是保護人民的？　你說：「法律是沒有經過守法的人同意，如果法律有經過守法人的同意，為什麼守法人未出世以前，法律已先他而存在？」　你主張全體同意竟極端到這樣可笑，我且問你：你們所急於實現的無政府制度，是否必須一一得到未出世人的同意，是否不許無政府制度先他而存在？　你倘沒有充分的理由回答我，我便不能不可憐你腦筋壞了！

四，你說！現在之不顧廉恥，甘犯衆怒者，皆因私產制度迫之使然，到了共產之世，這種人當可絕迹。　我說：這種人不絕迹如何能够到真正共產之世。　我再正告你一次，共產之世仍舊是我們這萬惡的私產之世漸漸改造出來的，并不是用符咒把這腐敗的舊私產之世沉到海底，突然另外現出一個新的共產之世與舊的私產之世沒有連續的關係呵：你說：如果他一定要甘與社會的幸福爲敵，極其量我們就用對待資本家的手段對待他便了。　我們不知道你所說對待資本家的手段是什麼？　用手槍炸彈對待他，未免小題大做了；用刑法制裁他，你們是反對刑法的；收沒他的財產，那時已無私產了：剝奪他的選舉權，你們是反對代議制度的；用誠懇的態度勸告他，他是不聽的；拉他到學校去受善良教育，他是不肯去的；送他去到遠方，未免是以鄰爲壑，終有沒有辦法，只好任他爲惡而已。　你所說的乃是合一羣人而有一種共同的目的共同的契約，不論人數之多少，都可以叫做一個社會，這是團體不是社會，你是學哲學的人，難道團體與社會還分不清楚嗎？　一個社會裡可以包含許多團體許多機關，社會和單一的有界限的家庭學校工廠學會黨派等團體不同，也正和單一的有界限的國獄等機關不同，所以不能退出。若但是退出這個社會，跑到遠方，遠方那裡也有社會；除非跑到空山無人的地方或是自殺，才算是退出了社會。

五，你只看見第二十七條自由自治等含昧的名詞，你可曾注意到第三條加入底限制及課各團體底義務？　又可曾注意到第四條所說「本總聯合會由一個國民委員會支配之」？　又可曾注意到第五條所說！管理委員會是由國民委員會指命的，各團體間底衝突是由管理委員會裁判的？　又可曾注意到第九條所說「國民委員會實行各國民大會底決議干涉關於勞動者階級的一切問題，決議一般性質的一切問題」？　這是不是有一點權力集中的傾向？　我們正因為他僅僅只有一點權力集中的傾向，而猶迷信各團體底自由自治，未能完全權力集中，所以不適於革命。　勞動團體底權力不集中，想和資本階級對抗尚且不能，慢說是推倒資本階級了；因為權力不集中各團體自由自治起來，不但勢力散漫不雄厚，并且要中資本階級離間利用各個擊破的毒計，我所以說，權力集中是革命的手段中必要條件。

六，我原來知道你不是相信 Stirner 派個人無政府主義的，但你却是相信人人同意人人可以自由退出社會，這種思想仍舊建築在個人的自由權上面，係這樣一面贊成社會的聯合一面又主張個人的自由之矛盾思想，不但是你，克魯泡特金正是如此；我看還是 Stirner 反社會的思想徹底得多圓滿得多，因為有了社會的組織，個人的自由便要減削，社會的組織越龐大越複雜，個人自由減削的分量越多。 我原來知道你也不是相信 Tolstoi 無抵抗的無政府主義的，但你却是相信不以多數壓服多數的；像這樣矛盾思想，不但是你，克魯泡特金正是如此，我看還是 Tolstoi 無抵抗的思想徹底得多圓滿得多，因為抵抗便需要強力，便會發生多數壓服少數，甚至於少數壓服多數的事；例如主張無政府共產革命的人，在一個社會裡無論是多數或是少數，當然要抵抗資本階級，當然要壓服了少數或多數頑強擁護政府及私有制度的資本階級，然後無政府共產社會才能夠現實的。 假定我如果相信無政府主義，我寧肯相信斯悌納和托爾斯泰而不相信克魯泡特金：因為斯悌納否認社會的組織，在理論上才算得把個人自由底障礙根本除去了；托爾斯泰看穿了抵抗，強力，政府，國家，法律，軍隊，這些事是必然相因而至的東西，他又看穿了個人的自由在農業手工業時代多過機械工業時代，大交通大工業越發達，法律的强制力之需要也跟着發達，個人的自由必跟着滅削，所以他極力反對工業交通等一切物質文明。 這兩人底學說思想是否向着人類歷史進行的線路逆行，還是另一問題，可是他們的學說思想都是一貫的而不自相矛盾，才是眞的無政府主義。 至於克魯泡特金，一面迷信個人的自由，一面又贊成社會的組織；一面提倡大規模的交通工業，一面又主張人人同意權及人人自由退出社會；一面主張抵抗的革命的行動，一面又反對强力反對以多數壓服少數；這種矛盾的學說，不但不是眞的無政府主義，幷實在沒有什麼存在的價值。 你若眞相信無政府主義，我勸你還是相信斯悌納和托爾斯泰才對，因爲要實行無政府主義，只有求救於反社會的個人主義及無抵抗主義，若離開了個人主義和無抵抗主義，那强力，政治，法律等，一切抑制個人或團體自由的事便必然不免，所以克魯泡特金的無政府共產主義已百孔千瘡的露出破碇來了。 我所以說你若是反對個人的無政府主義和無抵抗的無政府主義，便是把無政府主義打得粉碎。

七，抵抗必須强力，只這一點已經使你們克魯泡特金的無政府主義露出很大的破碇。

你現在說抵抗和壓服完全不同，幷舉朝鮮獨立及奪回賊贓爲例：請看朝鮮已經抵抗了日本幾次，若不由抵抗達到壓服日本的程度，日本如何肯讓他獨立？　你若不能壓服盜賊，那能奪回自己的東西？　你既然不敢附和（以暴易暴的辦法），那末，將來推倒資本階級以後，你們無政府黨一定反對以資本階級壓服勞動的辦法壓服資本家了，難怪有人說無政府黨是資本階級底好朋友！

八，我在女師底演說是：「我的意思以爲物質上的生活，能夠做到平等自由，便是正當的人生，因爲人人都是人類不應該受他人的壓迫」，這幾句話分明是指物質的生活上普通事項而言，前函已分析說明這是屬於反平自由的（甲）類，是指一階級無理的壓迫他階級，一個人無理的壓迫他個人，好像資本家之於勞動者男子之於婦女，幷且珍重告訴你，現在討論的是（乙）（丙）兩種，女師底演說是（甲）種，言非端一，義各有當，你如何仍舊幷爲一談？　政治上革命者壓服頑固黨，敎育上敎育者壓服受敎育者，和物質的生活上人人不應受無理的壓迫，試問有何衝突？　在一群之內，人人能爲社會公共利益犧牲自己的意見以就他人，那自然極好；我所問你的是：若在一羣之內處於萬萬不宜分裂的境況，而少數的頑固黨對於一個關係一羣存亡的問題，堅不肯爲社會公共利益犧牲私見以就他人，拉他去受善良敎育，不但他不肯去，而且也來不及了，請問此時除了壓服他以外，還有什麽別的好方法？　有史以來革命成功的，無一不是少數人壓服了多數人，你有何種証據斷定社會上若有多數的頑固派，則社會革命不能成功？　又有何種証據斷定社會革命後沒有多數的頑固派？　俄國底十月革命是不是少數人的運動？　現在他革命以後，在國民全體上看起來，是不是頑固派仍居多數？　我們中國倘有一萬萬人獻身社會革命運動，你想能否成功呢？　你是否反對以一萬萬人壓服三萬萬人呢？

九，你這一段話我大部分莫明其妙，所說的比方，我想多數讀者也都莫明其妙。　我並未曾說你說過推資本家方能夠聯合，我只說：「倘然能夠這樣（卽指資本家的產業聯合而自由而人人同意而無强制執行的事），便不必無政府主義，就是資本主義也足令先生謳歌崇拜了」！　我曾問你：克魯泡特金的兩段話僅是說明「聯合」之可能，未曾說明「聯合而且自由」之可能•；歐美各國間在資本家管理之下大規模的生產聯合很多，試問其中辦事都須得人人同意嗎？都是自由而無强制執行的事件嗎？　你既然理屈詞窮，最好是一字不答；我真想不到你竟然說出！「既以自由契約而聯合，便可依照自由契約而行使他的自由，這是人人都曉得的」。　這樣可憐的含糊搪塞的話來，將我問的資本家生產聯合裏辦事是否人人同意及有無强制執行等話，一字未答；并且你自己便說這種聯合有聯合之可能，便可以不必再行討論了。你雖不敢再行討論，我還是要再討論；我還是要嚴重的問你：資本家生產聯合裏辦事，是否有須得人人同意的自由及無强制執行的自由？　倘能夠這樣自由，便不必無政府主義，就是資本主義也是合你謳歌崇拜了；倘不能夠這樣自由，這種聯合而不自由的自由聯合，（近代資本主義之下，自由貿易，自由競爭，自由投資，自由契約，自由聯合，都是資本家底不法自由，資本家產業聯合是自由的，聯合起來辦事的條規是不能自由的）。　在你引來證明你「自由之與聯合絕對沒有衝突」的主張上，試問有何意義？　在雇傭制度的資本主義之下，勞動者用去勞力的最大部分是替資本家做工，不但可以解辭職務，就是怠工罷工都是合理的；

在共產主義時代勞動者完全是替社會和自己做工，不但無正當理由不應該自由退出，而且怠工罷工都應該受相當的制裁；你們倘不能了解這個道理，你們倘以為這樣不自由的辦法比現在僱傭制度資本主義的罪惡還深，你們還是去跪在資本主義腳下享受那奴隸的自由罷！

十，廣州兩個學生會現在已經聯合起來沒有，不是我們要討論的問題，我們所討論的問題如是：一切社會一切生產機關一切交通機關，如果都像廣州學生會那樣不同意便自由分裂，分裂之後不同意再分裂，分之又分至於個人而後止，如此小團結小聯合都不成，大團結大聯合更怎能夠成立呢？　即令廣州兩個學生會已經聯合攏來了，這因為他是學生會還不得罪，倘若是生產機關或交通機關，那分裂到再聯合起來期間的紊亂損失，誰能夠否認。我們并非有意反對人人同意自由聯合的理想，乃因為這理想在許多事實上分明是不可能的，為大團結大聯合的目的計，不得不承認有強制那不合理的不同意部分服從那合理的部分之必要。　這種情實和軍國主義帝國主義的侵略鄰國及陸榮廷之掠奪廣東蹂躪一類，何得擬以為喻？

十一，社會和團體不同，不是單一的，不是有界限的，不是有門可閉的，拈出紐能有關係的人之團體外頭，還是不曾離開我們的社會；若說送到遠方，把這種（常不盡責任而且常侵犯他人自由的）人送到遠方底社會，豈不是以鄰爲壑嗎？

十二，個人與個人間的契約，尚可望拿道德名譽信用來維持，有許多人不顧名譽道德信用，還是有法律制裁之必要；至於各團體間及各人與其他團體有衝突時，這便複雜了，便非道德名譽信用所可維持的了。 找第三者排解，這本是現在的社會中常有的事，正爲有恃強欺弱的人不容排解，所以才有法律制裁的必要。 照你說：「我們就可聯合起來干涉他們協約國之對待德國一樣」。 那末，你雖反對法律的制裁，卻很贊成武力的制裁了；因爲協約國若不用武力，如何能干涉德國？ 你說：「將來各地方各團體之聯合，也如協約國一樣，不必要有一中央統治機關來干涉他的；所以不必要一國壓服那一國，一地方壓服那一地方」。

我對你這段話有三個疑問：（一）協約國果然未曾壓服那一國嗎？（二）協約國之上倘沒有一個中央統治機關——強有力的中央統治機關，國際的強弱吞噬紛爭豈不可以減少一點嗎？(三)將來各地方各團體之聯合，果然也和協約國一樣嗎？　將來政治上的自由聯合，你舉協約國為榜樣；將來經濟上的自由聯合，你引克魯泡特金所舉歐美資本家的共同企業為榜樣：恐怕有人聽了你這些說話，會以為無政府的自由社會已經在歐美各國實現出來了。

十三，可以利用羣衆心理的一二人，乃是置身羣衆之外，有自動的意識來利用羣衆之野心家；大的科學家一旦置身羣衆中，個人的意識為羣衆心理所壓迫，往往失了理性，被動的無意識的隨着羣衆走，所以不能利用羣衆：請問這有何矛盾？　我們始終所討論的，是法律可不可以絕對廢除的問題，不是法律有沒有萬能的問題，這一層你要弄清楚。　固定的事，自由契約的力量能維持，爲自然無問題；現在的問題，乃是自由契約的力量不能維持時如何辦？　我輩於絕對廢除法律的疑問就在這一點。　一時的事，或為法律條文未備的，或法律條文已與現社會生活狀況不相應而一時未及修改的，也不是絕對沒有就公衆意見來解決的先例。　但這種公衆的意見，非萬不得已斷然不可以輕用，其理由有三：(一)是因為公衆究竟是什麼？　有何標準範圍？　(二)是因為所謂公衆的意見，是否野心家在那里利用羣衆心理？（三）是因爲多數知識淺的人所發眞的公衆意見，是否合乎其是非也是一個問題。拿這種惝恍迷離不負責任的公衆意見偶然來補助法律，已經是非常的革命的現象了：倘拿他來代替有固定性的比較可信的法律，眞是大錯而特錯。天下事雖是千變萬化，法律也是進化的不是一成不變的；定法律的人雖沒有預想的天才，但他也不能禁止後人以相當的手續加以修改的，未經相當的手續修改以前，法律自然是應該死板板的不能更改，這種死板板的固定性正是法律的好處；倘毫無固定性，隨時都可以由人民自已修改，所謂人民到底是些什麼人多少人，如此野心家爛仔都可隨時以人民的名義修改於自已不便的法律，無政府黨主張以公衆的意見代替法律之大缺點正在此處，你如何反說這是無政府主義最完美的地方？

以上討論的範圍以外，有二點不得不附告讀者：

（一）聲白雖相信無政府主義，卻也極力贊成階級戰爭和革命的行動；現在和我討論的大半是遠的將來社會組織問題和終極的法律存廢問題，若勞農俄國現行制度，他也認為革命時代之自然現象，並不加以非難。（二）聲白底思想是信仰克魯泡特金的，不是中國式的無政府主義，所以什麼虛無主義無抵抗主義個人的無政府主義，他一概反對；他的行為算得是一個純潔的青年，絕不像一班「下品的無政府黨」，我很為中國無政府黨可惜少有聲白這樣的人！

馬克思學說

陳獨秀

（一）剩餘價值

馬克思是一個大經濟學者，他的學說代表社會主義的經濟學和斯密亞丹代表個人主義的經濟學一樣，在這一點無論贊成馬克斯或是反對者都應該一致承認。

馬克思底經濟學說，和以前個人主義的經濟學說不同之特點，是在說明剩餘價值之如何成立及實現。二千幾百頁的資本論裏面所反覆說明的，可以說目的就是在說明剩餘價值這件事。斯密亞丹也曾說過：「在土地未私有資本未集聚的最初狀態，勞動者所生產的東西全屬勞動者自己所有。」（見原富一卷六六頁。）又說：「勞動者自己享有全部生產品的最初狀態，土地私有資本集聚之後便不行了。」（見原富一卷六四頁。）這兩段明明說因為土地和資本私有底緣故，勞動者不能得着所做的生產品全部分，只得着一部分。那剩餘的部分歸了何人呢？照馬克思底學說，這就叫做剩餘價值，是歸了資本家底荷包，資本家奪取了勞動者底剩餘價值，做為他私有的資本，再生產再掠奪，以次遞增。資本是這樣集聚起來的，資本制度也就是這樣發達起來的。話雖這樣簡單，但是要真實明白剩餘價值是什麼，以及他是如何成立如何實現和分配的；本是一件很煩難的事，現在不得不略略說明一下。

要明白馬克思所說的剩餘價值是什麼，首先要明白馬克思所指的價值是什麼，其次要明白馬克思所說的勞動價值是什麼及勞動價值如何定法。斯密亞丹以來的經濟學者，對於凡物之價格都分為自然價格（Naturl Price）市場價格（Market Price）兩種。剩餘價值所指的價值，是自然價格所表現的抽象價值，不是市場價格所表現的具體價值，我們千萬不可弄錯。　勞動價值也分二種：(一)勞動力自身之價值，即是勞動者每月拿若干工錢把勞動力賣給資本家之價值；(二)勞動生產品之價值，即是勞動者每月做出若干生產品之價值。這兩種勞動價值是如何定的呢？照馬克思底意思是說：凡兩件貨物互換，這兩件貨物一定有什麽相同的地方，譬如拿若干布疋換若干麵粉，這兩樣貨物形式不同，物理的性質不同，用處不同，他們相同的地方祇是都為勞動所作的結果；因此所費勞動相等的貨物價值亦相等，用十二小時做成的貨物，價值比用六小時做成的貨物高一倍，一個茶碗價值二角，一個茶壺價值一元，壺底價值比碗大四倍，是因為做壺所用的勞動力比做碗的多四倍。所以馬克思說「一切用勞力所製造的商品(就是貨物)之價值，乃是由製造時所需社會的勞動分量所定。」(勞動分量，就是勞動時間長短的意思。　社會的勞動，是與個別勞動不同的意思：個別勞動有個別勤惰巧拙以及工具精粗的差異，所謂社會的勞動，是指在一定時代的社會狀況之下，將這些個別的差異都作為平均程度，因此社會的勞動也叫做平均的勞動。) 勞動者把勞動力賣給資本家，因此勞動力自身也是一種商品，所以馬克思說：「勞動力這種商品底價值，乃是由培養他所需的勞動分量，也就是製造勞動者及其家族生活品所需的勞動分量而定。」馬克思所謂製造一切商品所費的勞動分量乃是兼「生的勞動」（製造該商品時所費的勞動。）和「死的勞動」（製造該商品時所用原料工具建築等以前所費的勞動。）二種而言，這也是我們不可忽畧的。

馬克思的價值及勞動價值公例，略如以上所說，以下再說剩餘價值是什麼。

剩餘價值究竟是什麼呢？乃是貨物的價值與製造這貨物所費的價值（兼生的勞動之價值及死的勞動之價值而言。）之差額：例如費一萬元生產一萬五千元的貨物，在這貨物一萬五千元的價值中，除去生產這貨物所費一萬元的價值，所剩餘的五千元就是剩餘價值。 說詳細一點，當分爲剩餘價值之成立及剩餘價值之實現和分配二部分：

剩餘價值是如何成立的呢？ 照馬克思說：剩餘價值是在生產過程中成立的，不是在流通過程中成立的，這個意思十分重要，我們也千萬不可弄錯。 此話怎講？ 因爲馬克思所指出的剩餘價值，雖然要在流通過程中才能够實際歸到資本家底荷包，但是奪取底方法和剩餘價值底本質，都不是指流通過程中一件一件生產品的賣價，乃是指生產過程中勞動者為資本家所做「剩餘勞動」的價值。「剩餘勞動」又是什麼呢？　是因為近代利用機器，製造業底規模一天大似一天，手工的生產品比機器的生產品貨色不好價錢又貴，因此手工業一天衰敗似一天。　於是由手工工業時代變了機器工業時代，由家庭工業時代變了工廠工業時代，由獨立生產時代變了共同生產時代，這就叫作「產業革命」。　自產業革命以來，所有生產所必需的工具（土地，礦山，房屋，機器，原料等）都為資本家所占有，資本家以外的人，除了將自身底勞動力賣給資本家，便做不成工，便得不著生活費用。　資本家給他們多少生活費用（即工錢）呢？　照馬克思的價值公例，一切商品之價值常與製造此商品時所費的勞力相等，勞力（也是一種商品）之價值（即工錢）也常與培養這勞力所需的勞動（即製造勞動者所必需的生活品之勞動）相等：那麼，譬如一個勞動者每日所需的生活品值六小時的勞動分量，照理他每日做工六小時便以產出他生活品的價值；然而資本家往往要勞動者每日做工十二小時，所給工錢只值六小時的生活品，其餘六小時，在實際上勞動者未曾得著工錢，是替資本家白做了，這白做的六小時就叫作「剩餘勞動」；生產品之全部價值都是勞動者做出來的，而勞動者所得只一部分與六小時勞動價值相等的工錢，其餘一部分由六小時剩餘勞動而生的價值，就叫作「剩餘價值。」

剩餘價值是如何實現和分配的呢？　剩餘價值雖然成立在生產過程中，但是必須到了流通過程中才能夠實現。　資本家僱用勞動者產出一定價值的貨物，剩餘價值的本質及作用固然已經包含在這貨物之中；然必待將這貨物賣給消費者，把這貨物底價值變成市場價格，剩餘價值變成貨幣歸到資本家底荷包，這時剩餘價值才算實現。　譬如一資本家費價值五成的勞動工錢，造成價值十成的棉紗，這時剩餘價值五成固然已經由剩餘勞動五成在生產過程中成立了；然必待將棉紗賣給消費者，將價值十成的貨物變成價格十成的貨幣歸到資本家底荷包，那時五成剩餘價值才算實現了；這是因為生產者不能將貨物直接賣給最後消費者，中間必須經過販賣者之手，販賣者須得一定資本及勞力之報酬，於是生產者不得不在價值以下的價格賣出他的貨物。　譬如用價值五成工錢造成價值十成的棉紗，因為販賣者之報酬，價值十成的棉紗至多只能賣得價格八成的貨幣，因此五成剩餘價值中，製造棉紗的資本家只能得着三成，其餘二成是歸了販賣棉紗的資本家；製造棉紗的資本家若是向他資本家借過資本，便須拿一部分剩餘價值付他資本家的利息；紗廠底地基若是向他主租的，又須拿一部分剩餘價值付地租；剩餘價值大概是如此分配的，各種資本家分配所餘才是製造棉紗的資本家實際得着的剩餘價值。所以說：剩餘價值是在生產過程中成立的，是在流通過程中實現的。

資本家底資本是奪取勞動者乘餘價值變成的，剩餘價值是剩餘勞動之價值變成的；工作時間越長，剩餘勞動越加多；工錢越少，剩餘勞動也越加多；出產能力越提高，剩餘勞動也越加多：所以資本家想擴張剩餘價值，天天在那裏提高出產能力，天天在那里反對增加工錢反對減少工作時間，拿剩餘價值變成貨幣，又拿貨幣製造商品增加剩餘價值再拿剩餘價值變成貨幣，如此利上生利，這就叫作「資本主義的生產方法」。　資本主義的生產營業底規模一天大過一天，掠奪兼幷底規模也一天大過一天，加以交通機關一天便利過一天，殖民地新市場一天擴大過一天，精巧的機器一天增多過一天，大銀行大公司便一天發達過一天，從前的小工業都跟隨着這些制度之發展，逐漸被大工業吸收了壓倒了。這種吸收壓倒底結果，便是把全社會的資本聚集在少數人手裏，這就叫作「資本集中」。在從前小工業時代，資本不集中，因此產業不能發達，所以資本集中使生產能力增加產業規模擴大，資本主義的生產方法好過以前的生產方法只在這一點。但是在財產私有制度之下，把全社會的財產大部分集中在少數資本家手裏，便自然發生以下各項結果：(一)無財產的傭工漸漸增多；(二)生產能力增加而無產傭工的購買能力不能隨之增加，因以造成「生產過剩」的結果；生產過剩又必然造成「市場縮小經濟恐慌」和「工人失業」兩種結果。合起這幾項結果，無產傭工的困苦一天比一天沈重，而他們的人數却一天比一天增多，他們的團結也就一天比一天廣大，這樣隨着資本集中產業擴張而集中而擴張的無產階級，必有團結起來，奪取國家政權，用政權沒收一切生產工具為國有毀滅資本主義生產方法之一日。

像以上所說資本主義的生產方法怎樣利用機器對手工業起了產業革命，怎樣奪取剩餘價值集中資本，怎樣造成大規模的產業組織，同時便造成了大規模的無產階級，又怎樣造成無產階級對於資本主義革命之危機，這種種歷史上經濟制度之必然的變化，在馬克思學說裏叫作「經濟的歷史觀察」，又叫作「唯物的歷史觀察」。

（二）　唯物史觀

馬克思的唯物史觀學說雖然沒有專書，但是他所著的經濟學批評，共產黨宣言，哲學之貧困三種書裏都曾說明過這項道理。　綜合上列三書中所說明的唯物史觀之要旨有二：

其一　說明人類文化之變動。　大意是說：社會生產關係之總和為構成社會經濟的基礎，法律政治都建築在這基礎上面。　一切制度，文物，時代精神的構造都是跟着經濟的構造變化而變化的，經濟的構造是跟着生活資料之生產方法變化而變化的。　不是人的意識決定人的生活，倒是人的社會生活決定人的意識。

其二　說明社會制度之變動。　大意是說：社會的生產力和社會制度有密切的關係，生產力有變動，社會制度也要跟着變動，因為經濟的基礎（即生產力）有了變動，在這基礎上面的建築物自然也要或徐或速的革起命來，　所以手臼造出了封建諸侯的社會，　蒸汽製粉機造出了資本家的社會。一種生產力所造出的社會制度，當初雖然助長生產力發展，後來生產力發展到這社會制度（卽法律經濟等制度）不能够容他更發展的程度，那時助長生產力的社會制度反變爲生產力之障碍物，這障碍物內部所包涵的生產力仍是發展不已，兩下衝突起來，結果，舊社會制度崩壞，新的繼起，這就是社會革命：新起的社會制度將來到了不能與生產力適合的時候，他的崩壞亦復如是。但是一個社會制度，非到了生產力在其制度內更無發展之餘地時，决不會崩壞。新制度之物質的生存條件，在舊制度的母胎內未完全成立以前，决不能產生，至少也須在成立過程中才能產生。

馬克思社會主義所以稱爲科學的不是空想的，正因爲他能以唯物史觀的見解，說明資本主義的生產方法和資本主義的社會制度所以成立所以發達所以崩壞，都是經濟發展之自然結果，是能够在客觀上說明必然的因果，不是在主觀上主張當然的理想，這是馬克思社會主義和別家空想的社會主義不同之要點。

有人以爲馬克思唯物史觀是一種自然進化說，和他的階級爭鬥之革命說未免矛盾。其實馬克思的革命說乃指經濟自然進化的結果，和空想家的革命說不同；馬克思的階級爭鬥說乃指人類歷史進化之自然現象，並非一種超自然的玄想；所以唯物史觀說和階級爭鬥說不但不矛盾，并且可以互相證明。

馬克思底好友恩格斯曾述說馬克思的意見道：「在歷史各時代，必然有他的生產分配之特殊方法，又必然由這種特殊方法造出一種社會制度，那時代的政治和文明之歷史，都建設在那個基礎上面，依據那個基礎說明。所以人類全歷史是階級爭鬥的歷史，即是掠奪階級和被掠奪階級，壓制階級和被壓制階級對抗的歷史。這些階級爭鬥的歷史相連相續，構成社會進化之階級，到了現在又達到一種新階級，被掠奪被壓制的階級（即無產勞動者）要脫離掠奪壓制階級（即紳士閥資本家）的權力，將自己個放出來；同時還要將一切掠奪壓制和階級差別階級爭鬥完全剷除，永遠把社會全體解放出來。」這一段話可以說是把唯物史觀說和階級爭鬥說打成一片了。

（三）　階級爭鬥

一八四八年馬克思和因格斯共著的共產黨宣言，是馬克思社會主義最重要的書，這書底精髓，正是根據唯物史觀來說愛階級爭鬥的。 其中要義有二：

（一） 一切過去社會底歷史都是階級爭鬥底歷史。 例如在古代有貴族與平民，自由民與奴隸；在中世紀有封建領主與農奴，行東與傭工，這些壓制階級與被壓制階級，自來都是站在反對的地位，不斷的明爭暗鬥。 封建廢了，又發生了近代有產者與無產者這兩個階級新的對抗，新的爭鬥。

（二） 階級之成立和爭鬥崩壞都是經濟發展之必然結果。 例如歐洲在封建時代的工業組織之下，生產事業是由同行組合一手把持的，到了發現了印度中國等市場和美洲非洲等殖民地的時候，便不能應付新市場需要底增加了，於是手工工場組織應運而生，各業行東遂被工場製造家所擠倒，接着市場日漸擴大，需要日漸增加，交通機關和交換方法都日漸發展，這時手工工場組織也不能應付了，於是又有蒸汽及大機器出來演成產業革命，從此手工工業又被大規模的近代產業所擠倒，近代的有產階級便是這樣成立的。近代產業建設了世界的市場，有了這些市場，商業航業陸路交通都跟着發達，這些發達又轉而促進產業發達，產業商業航業鐵路既這樣發達，有產階級也跟着照樣發達，資本越加多，產業越擴大，將中世紀留下的一切階級那都盡情推倒了。由此可知近代有產階級乃是長期發達和生產及交換方法迭次革命底結果。由此可知做有產階級基礎的生產和交換方法，是萌芽在封建社會裏面，這種生產和交換方法發展到一定地步，封建社會的生產和交換制度（即農業手工封建的制度）便不能和那已經發展的生產力適合，這種制度便成了生產力底障礙物，便必然要崩壞，結局果然崩壞了，封建的制度倒了，自由競爭的制度代之而興，適合這自由競爭的社會及政治制度也就跟着出現，有產階級底經濟及政治權力也就跟着得到了。有產階級得勢以後，造成了極雄大驚人的生產力（像工業，農業，輪船，鐵路，電報，運河等），惹起這般大規模生產及交換的社會，將人口財產及生產機關都集中了，建設了許多都市，將鄉村人口移到都市，使鄉村屈服在都市支配之下，使多數人民脫離了樸素的鄉村生活，使野蠻和未開化國屈服於文明國，農業國屈服於工業國，東洋屈服於西洋。

但是到了有產階級底生產力發展到了與有產階級

社會底制度不適合的時候，社會制度就成了社會生產底障礙物，有產階級及有產階級社會底制度也是必然要崩壞的。崩壞底徵兆就是商業上的恐慌，這種恐慌隔了一定期間便反復發生，一回兇過一回，常常震動有產階級社會底全部。這恐慌發生底緣故，是由於資本主義的生產方法所造成的生產過剩，是由於有產階級社會底制度過於狹小，不能包容那過於發展的大生產力。有產階級救濟這種恐慌的方法，不外一面開闢新市場，一面盡量剝削舊市場，這只能救濟一時，終是朝着更廣大更兇猛的恐慌方面走去，如此，有產階級顛覆封建制度的武器現在却向着有產階級自身了。有產階級不但造成了致自己死亡的武器，還培養了一些使用武器的人，這些人就是近代的勞動階級，也就是無產階級。

無產階級是跟着有產階級照同一的比例發達起來的；近代產業發展的結果，一般小資產小商人小工業家，一方面因為他們的專門技能為新生產方法所壓倒，一方面因為他們的小資本為大規模的產業所壓倒，都不斷的降到無產階級；可是一方面產業愈加發展，一方面無產階級不但人數愈加增多，而且漸次集中結成大團體，因為生活不安，對於有產階級漸次增長階級抵抗底覺悟，發生爭鬥，始於能工，終於革命。　有產階級存在根本底條件，是在資本成立及蓄積：資本底重要條件，是在工錢制度；工錢制度，全靠勞動相互競爭；但有產階級既已促進了產業進步，使已經使勞動者從競爭的孤立變成協力的團體了；近代產業發達，使有產階級的生產及占有之基礎從根破壞；有產階級所造成的首先就是自身的墳墓，有產階級之傾覆及無產階級之勝利，都是不能免的事。

馬克思說明階級爭鬥大略如此，我們實在找不出和唯物史觀有矛盾的地方。

(四)　勞工專政

從前有產階級和封建制度爭鬥時，是掌了政權才眞實打倒了封建，才完成了爭鬥之目的；現在無產階級和有產階級爭鬥，也必然要掌握政權利用政權來達到他們爭鬥之完全目的，還是很明白易解的事。　所以馬克思在共產黨宣言裏說：

「從前一切階級一旦得了政權，沒有不拚命使社會屈從他們的分配方法，鞏固他們已得的地位。

「有產階級發達一步，他們政治上的權力也跟着發達一步。……自他們成爲有產階級後，近代代議制度國家底政權被他們一手把持。

「勞動階級第一步事業就是必須握得政權。

「勞動階級革命，第一步就是使他們跑上權力階級的地位，也就是民主主義底戰勝。既達到第一步，勞動階級就利用政權漸次奪取資本階級的一切資本，將一切生產工具集中在國家手裏，就是集中在組織爲支配的階級勞動者手裏；……其初少不得要用強迫手段對付私有財產和資本家的生產方法，才得達到這種目的。

「原來政權這樣東西，不過是一個階級壓制一個階級一種有組織的權力；勞動者和資本家戰鬥的時候，迫於情勢，自己不能不組織一個階級，而且不能不用革命的手段去占領支配階級的地位，不得不用權力去破壞舊的生產方法。」

他又在所著法蘭西內亂裏說：

「勞動階級想達到自己階級之目的，單靠掌握現存的國家是不成功的。」

他又在所著哥達綱領批評裏說：

「由資本主義的社會移到社會主義的社會之中間，必然有一個政治的過渡時期。這政治的過渡時期，就是勞工專政。」

馬克思派社會主義

李達

一　馬克思主義之分派

馬克思學說出世以後，從前的空想社會主義變而為科學的社會主義；于是社會主義就為馬克思主義所代表，一說社會主義，就曉得這是馬克思主義了。但是近來各派社會主義發生，範疇複雜，竟有所謂馬克思派社會主義和非馬克思派社會主義的名稱，馬克思主義就不能代表社會主義嗎？

馬克思派社會主義，究竟是包含一些什麼主義，恐怕還有一些研究社會主義的人弄不淸楚的，他們自己要提倡馬克思泒社會主義，却自己不知道，倒反指摘別人所提倡的馬克思主義爲過激主義，加以過激派的頭銜，使別人害怕，不敢公然主張。揣他們的心理眞是可笑之極，也許是不懂得馬克思主義的派別所致，我覺得有就這中間的派別說明的必要，所以作一篇馬克思泒社會主義的文字。

從前說馬克思主義的泒別的人，多半列舉正統派和修正派兩種，至於工團主義和組合社會主義，(Syndicalism)(Guild socialism)却不當作馬克思主義看的。若提到多數主義(Bolshevism 中國人多譯過激主義或勞農主義，我主張譯爲多數主義)那更不消說了，一般人不特不承認這是馬克思派社會主義，反說是無政府主義，這事正和北京政府中人說「勞動俄國」卽是「無政府主義」的話，是一樣的無識可笑！

所以我特在這裡把馬克思派社會主義分爲五種範疇。卽是：一，正統泒社會主義；二，修正泒社會主義；三，工團主義；四，組合社會主義；五，多數主義。

一 正統派社會主義

既說是「正統派」當然是純粹的馬克思主義了，但是我却不敢這樣說。「正統派」的名稱是在十九世紀末葉柏倫斯泰因一派倡修正說的時候才發生的。 正統派的代表柯祖基，因為要保存馬克思主義的本體，和修正派爭論非常激烈，世上的人就是到現在都承認他是馬克思主義代表的學者。 但是據我看來，我們只可說正統派社會主義中所保存的馬克思主義的質量以修正派為多，却不能說就是純粹的馬克思主義。 因為在正統派和修正派分裂的時候，當時的馬克思主義，似乎完全變了德國社會民主黨的社會民主主義，已經不是純粹的馬克思主義了。 所以我說正統派社會主義不是純粹的馬克思主義，不過是馬克思派社會主義中一個分派。

馬克思主義的本質怎樣？這一層我曾在新青年八卷五號馬克思還原一篇文字上說明了，而且在這裏也無贅說的必要，所以只就各派別發生的歷史和內容，敘述一個大概。在十九世紀七十年前後，馬克思社會主義輸入歐洲各國，各國相信馬克思社會主義的人，都很熱心運動，希望社會革命的早期實現。 他們要實行馬克思的學說，盡最善的努力，排斥妥協，直接行動。他們曉得確認資本家特權，妨害社會主義的發展；他們曉得社會黨，應該歸純粹無產階級組織：他們的目標在根本的社會改造，不在現存制度的改良；他們的手段，是結合無產階級，行組織的階級爭鬥；所以要行革命的政治運動，在共產主義基礎上，建設共產社會；所以反對溫情主義，反對勞動救濟的立法，反對和資本階級攜手，反對共同運動，反對工會運動。綜和起來說，這時候馬克思社會主義者的運動就是要用無產階級的直接行動，實現無產階級的共產社會。所以這時候的社會運動者，很能徹底實行馬克思主義的。

可是這裏有不可掩的事實，社會革命，完全是無產階級的事，全靠無產階級自己覺悟，革命運動才有進展的希望。在這個時候，資本主義雖然日見擴張，勞動階級的人雖然日見增多，可是勞動者階級的自覺和階級的心理，尚屬十分幼稚，所以勞動者的組織和運動還沒有十分發達。因為這個理由，所以當時的產業雖然進化雖有集中的傾向，卻沒有照馬克思的豫言那樣急速成就。小產業中產業似乎增加了；農業方面的實驗，也和馬克思的豫言相反，地主之數不特不減少，而且增加了；商業上的恐慌也似乎不多見了。社會主義者看見了當時的狀況，不曉得自己對於促進勞動者階級的自覺的努力不足，反以爲馬克思的學說不易奏效，於是就改變方向，在實行和理論上發生變化了。 譬如德國的社會民主黨，在這時候早就改變方針，採用了議會主義。 所以在表面上德國社會民主黨雖然奉行馬克思主義，而在實際上已成了民主主義了。 後來愈演愈進，到了十九世紀末，當時的馬克斯主義者之間，發生衝突於是就有正統派和修正派分立起來了。 正統派自然是標榜純粹馬克斯主義的，在當時的人固不消說，就是現在的人也很有人承認正統派是馬克斯主義的嫡派。 但是正統派有一種根本的謬誤的地方，就是誤解馬克斯的學說，堅守民主主義，支持議會政策。馬克斯主義是否採用民主主義和社會政策，還是馬克斯派中一個新近發生的最重要的問題。

關於這個問題的討論，有柯祖基和列寧脫洛基兩派人的著書和辯論；我想凡是研究了馬克斯主義，又讀過這兩派的著作書的人，一定能夠了解誰是眞正的馬克斯主義者

二　修正派社會主義

修正派的代表，首推柏倫斯泰因（Edward Bernstein）。 他於一八九九年脫離正統

派，關于實行社會主義的手段，主張逐漸的受國家干涉。他著了很多修正馬克思學說的論文，要從社會主義內部，改革社會主義。他對于馬克思的「惟物史觀說」「剩除價值說」「資本集積說」「資本主義崩壞說」「階級爭鬥說」都加了嚴格的批評，要大行修正運動。他還稱主張，也得了一部分人的信仰，而尤以德國社會民主黨人受影響的最多，這是不可掩的事實。

修正派運動，同時在英法兩國，也發生了。法國雖然有喀特(Guesde)一派，堅守正統說；可是又有米勒蘭(Millerand)一流提倡改良主義。米勒蘭主張實行社會主義最好要和一切政黨攜手，他排斥馬克思派的意見，反對無產階級共同團結，來行無產階級革命。所以他反對喀特派，又反對梭列(Gaures)。梭列主張勞動者地位改善，在某種程度，雖然可以和國家妥協，却不願社會黨和別的政黨攜手，換句話說，他就是希望繼續階級爭鬥，推倒中產階級的國家。喀特也是主張用階級爭鬥來實行社會革命的。

英國也是一樣，正統派的社會民主同盟的勢力衰弱以後，獨立勞動黨的勢力增大起來了。

獨立勞動黨是從費邊主義產生出來的，即是修正派。

德國的柏倫斯泰因法國的米勒蘭英國的韋卜這一流人，都把進化的思想，注入本國社會黨的綱領之中，社會主義，就變成了進化的或改良的主義了。

總合這些修正派的學說，雖然有種種不同的地方；可是這個進化的社會主義的特徵，可分為以下五項。（一）產業協會或消費協會之發達，（二）助成產業歸市有或國有的傾向，（三）組織地位改善的工會，（四）使勞動者獲得選舉權，（五）由國家徵收累進的所得稅。

進化的社會主義運動，其目的或對象，在學說上和馬克思派社會主義並無不同。即是，兩派的主張，都是要推倒私有的現時個人的私有制度，把生產機關移歸社會管理，來組織新社會的。　但是進化的社會主義，在學說上雖然有了這個目的，而在實際上，正統派的呼聲較高，修正派運動的態度，卻是非常冷淡的。

到了近年來，馬克思還原的呼聲，一天比一天高了，這一派的學說，在事實上，已不能引起我們的注意。

三　工團主義

一千九百〇七年國際社會黨在巴黎開會的時候，討論了社會主義和工團主義的關係的當時演說的人，多指定工團主義的發生是社會主義復興的新傾向。他們猛烈的批評那進化的社會主義或議會的社會主義·已經漸漸地消失了階級爭鬥的思想；說明了眞正的馬克思主義已不存在，而自稱本純粹馬克思主義的人，都採用議會主義去了。但是工團主義是什麼呢？工團主義的名詞，本有勞動組合主義的意思。法國的勞動組合，最初分兩派，一是改良主義，一是革命主義。前者的目的在減少工作時間，增加工錢，改良勞動狀態；後者的目的專在革命，並不希望減輕資本主義的弊害，而在根本的改革社會組織。但是後者比前者勢力較大，到了廿世紀初期以後，就支配了法國全部勞動運動的精神。

工團主義根本的思想是階級鬥爭。依工團主義者的意見，社會是由掠奪者和被掠奪者兩大階級而成。壓者和被壓者的利益完全相反。所以勞動者應當和那些握有生產機關的資本家，繼續鬥爭。但是勞動者要得經濟的解放，就要憑藉自身的力量，在經濟上行有效力的戰鬥，所以按照以前的經驗，信賴議會政策，專從事投票的競爭，不惜和別的階級妥協，反失掉革命的精神。 所以工團主義反對民主主義；他們不重在態度冷淡的多數，而重在有「自覺的少數」。 工團主義反對生產機關集中在國家手裏，以為國家是束縛個人的。

工團主義的理想，在使勞動者有自主的「自由工場」，主張勞動階級的解放，由勞動階級自動。 工團主義反對專從事改善勞動者地位的運動，主張行自然的總同盟罷工，而不主張準備能工的基本金。

工團主義以直接行動為主，說社會常在戰爭狀態，資本勞動兩階級之間，有最大的隔閡，利害完全相反。 所以勞動要用一切手段征服資本階級，繼續努力奮鬥，末了行總同盟罷工，一舉而實現社會革命，變更一切社會組織。

工團主義一方面固可以說是馬克思主義的反動，一方面又可以說是馬克思主義的還原。

工團主義不相信資本家社會自然的破滅，不相信社會是自己的運命的結果所產生的。 只相信根本的變革，是勞動階級多年犧牲和爭鬥方能做到的。馬克思說：，力是舊社會孕育新社會的必要的產姆。工團主義却主張把這力提早運用的。在這種地方，工團主義似與馬克思主義相反，但是工團主義者却自稱保存馬克思主義的神髓的。據 Lagardelle 說；「階級爭鬥若包含社會主義的全部，社會主義全部就包含在社會主義之中，工團主義以外階級鬥爭是沒有的」。G.sorel 也曾說過「馬克思主義在工團主義的形式復興起來了」。

工團主義也不描寫理想中的社會，據法國著名的一個工團主義者說：「若要將目的確定，就惹起無窮的爭論，有人說，我們的目的在實現無政府的社會；或者說，我們的目的在實現善於統治善於經營的社會。這兩種意見正確與否，我沒有斷定的責任。譬如我要到某地方去，總要等到旅行完了之後再定，到這時候旅行的目的地方自然明瞭的」。

工團主義相信大革命的時候，勞動階級一定要起來統治社會。勞動階級就會要掌握從來資本家所有的一切生產機關。他們會要組織協會管理工場鑛山鐵道，各協會聯合組成中央大協會，開全國會議決定許多職業和產業的關係，盡統治的責任。

工團主義的國家也有統治的人。各職業的全國會議選出代表開總會議，決定各協會會員所應得之分配額。　有餘裕的協會，又可以補助沒有餘裕的協會。

工團主義，否定政治的方法，但是依工團主義看起來，所謂「總會議」，當然要用代議制度做基礎，這不是別開妥協，術數，和種種政略的門徑嗎？　而且社會上各人的結合，不專在經濟一方面，必定還有行政裁判，國民教育，宗教等必要的東西，工團主義排斥政治的結合，主張經濟的結合，這顯然是一個缺陷。

但是工團主義主張勞動者的成功，與其依賴政治的行動，不如依賴經濟的行動，所以不贊成工會受政黨的利用。　工團主義的新運動使產業的各國，都注意於工會的組織了。　譬如英國的工會，非常萎靡不振，可是受了工團主義新精神的刺戟，也漸漸進步起來了。　英國的進步的勞動者也認定產業的團結是一件重要的事情，要藉團體運動來管理產業了。　於是產生了組合社會主義，這也可以等是受了工團主義的影響。

四　組合社會主義

組合社會主義與集產主義和工團主義都不相同，實在的說起來，這是把集產主義和工團主義的要點結合起來，另成一種新形式的。

組合社會主義的意義，就是用工會和國家共同經營產業的提案。生產機關歸社會公有，委托工會管理。但是管理的權利，不僅屬於生產者，消費者也可以經由地方團體，或中央團體發表自己的要求。生產的程序和方法，雖然歸工會管理，而生產的種類和緩急，却不能決定的。組合社會主義者，想把現在的工會，變成合理想的組合，使適宜於將來產業的管理；推倒工錢制度，以達到與國家共同管理產業之目的。其第一步在結合勞動者向這目的進行，和資本階級對抗；第二步要求共同管理產業，使國家收買資本家，許組合經營產業。

組合社會主義不干涉生產者的自由，擁護個人權利。所謂組合有全國的和地方的區別。全國的組合，大概是處理物品標準之決定，商品販賣，以及須要供給之調節等事。地方的組合在一定範圍之內，行產業的自治。組合的職員，由組合的職員選舉而出。全國的組合作成一個中央機關，即是組合總會；這總會是生產者方面最高的權威，和消費者方面最高的權威的國家對獨立的。　組合與會和國家又各派代表組織共同委員會，當管產業上最高的事務。　生產者和消費者，因爲這個委員會，可以時時接觸，互相協議，就不至有一方面的利益和他方面的利益相衝突的事情，所以能够共同擁護全社會。

國家的收入，每年用單稅法形式，按照各組合所得的純利益提出若干充作國家的收入。國家得到這種收入，就用來辦理教育，公共道德，裁判，和國際事務。

但是這裏有一種反對論；在近代社會之中，各種複雜的活動，關係非常複雜，像組合主義者的主張，把國際關係委托國家管理，把生產事業委托組合管理，恐怕沒有這樣容易分割界限的。　因爲國際關係，每每含有經濟的生產問題；而經濟的生產問題，又每每含有國際關係，所以不能明白的分別出來。

況且組合制度，就是成立，恐怕也不能保全產業的平和。　這種思想，也是一種空想。組合社會主義者，以爲人性本善，過於相信人類有愛他的本能；殊不知要使人類不爲利益生產而爲效用生產，若沒有一種強制的權力去指導，必不會達到新社會的境界的。

五、多數主義

當着多數主義初次得勢的時候，世人都把這當作洪水猛獸，或以爲還是無政府主義，想合世界一切暴力，去完全殲滅他的。　後來看了勞農俄國的施設以後，多數主義的眞相，漸漸明瞭；但是勞動專政一層，却惹起了全世界各方面的非難。　社會主義以外的各色各派的人，無論是貴族紳士軍閥資本家，當然當要反對的；非社會主義的人反對社會主義，乃是必然的道理．我們可以不必計較。　只是最奇怪的地方，莫如社會主義者反對社會主義，尤莫如馬克思社會主義者反對馬克思社會主義。

多數主義的施設．完全遵奉馬克思主義，這一層我想人人都應知道的；但是馬克思主義者如所謂正統派代表柯祖基一流人，却極力的攻擊，不承認多數主義是馬克思主義，我們却不能無疑意了。　所以我想就列寧脫落基和柯祖基兩派關於辯論「勞工專政」的著作和言論，畧畧的作一個質直的介紹：一面研究「勞工專政」是否出自馬克思學說，一面說明多數主義的本質意義，和實行的方法。

多數主義指導的原理就是勞工專政。我們要完全了解多數主義，要了解多數主義是否馬克思主義，只就勞工專政一事研究清楚就很够了。據列寧脫洛基的申說，勞工專政純粹根據馬克思學說；但是柯祖基却極力否認，並且著了勞工專政和民主主義？獨裁政治？（這是勞工專政書中的一部分，另印單行本的）兩書，由理論批評多數主義所主張的勞工專政，不承認這是馬克思的主張。　柯祖基說，若沒有民主主義就沒有社會主義，力說社會主義非和民主主義結合不可；並且說馬克思縱然主張勞工專政，但這是政治狀態的勞工專政，而不是政治形式的勞工專政，即不是勞農俄國所行的勞工專政。　勞農俄國所行的勞工專政，是否馬克所說的工動專政，還須由列寧的說明來聲明；至於柯祖基所說的和社會主義結合的民主主義，當然是德國式的社會民主主義了，這一層我在上面說過，我覺得這並不是發源于馬克斯主義的。

馬克斯在他所著的法國內亂一書上曾經說：「勞動階級要想達到自己階級的目的，單靠掌握現行的國家是不濟事的」。　又在一八七四年著的哥達綱領批評裏面說：「由資本中義社會移到社會主義社會的中間，有一個政治的過渡時期。這政治的過渡時期，就是勞動專政」。又共產黨宣言上說：「勞動階級的革命，第一步在使勞動階級跑上支配階級的地位。勞動階級就用政治的優越權，從資本階級奪取一切資本，把一切生產工具集中到國家手裏，即是集中在組成支配階級的勞動階級手裏，全部生產力就可用大速度增加起來……勞動階級若和資本階級戰鬥，迫不得已，自己不得不組織一個階級，用革命手段，把自己造成一個支配階級，並且用權力掃除舊生產條件，於是階級對抗的存在和一切階級的自身都要掃除的，無產階級的優越權也要廢除了」這幾段話，就是多數主義行勞工專政的思想的源泉，經列寧出而立論之後，凡是曾經研究社會主義的人，都是不得不承認的；無論柯祖基如何曲辨，而勞工專政發源於馬克思主義一事，已有確切的根據了。

多數主義何以反對現代的民主主義，反對議會政策，而必欲實行勞工專政呢？這是因為議會政策是資本階級社會的政治機關，和階級爭鬥的思想絕對不相容的。據列寧說一切民主主義都是對立的，換句話說，就是階級的民主主義，以前的民主主義不過是一階級的機階，資本階級的民主主義，不過是資本主義專制的表現。所以勞動階級的民主主義（即勞工專政）要努力把資本階級的民主主義打破。又資本主義虛偽的主張一切階級的政府，而在事實上卻是一階級的政府。所以勞動階級的革命，也率直的組織勞動階級的政府，以期實現一切階級的民主主義。

勞動階級的意義怎樣？依列寧在他所著的國家與革命書上說：「勞動階級革命的獨裁政治，是被壓迫的人為圖謀粉碎施壓迫的人而造成的先鋒的支配階級之組織」。他又在他所著的勞兵會論上說：「勞動專政是一句偉大的話。這句偉大的話不可空用，這是征服絞取者和惡人而且是有勇敢，強權的鐵血支配」。他又在論社會革命的文字中說：「說共產黨的暴力的人，全不懂勞工專政的意義。革命的自身，是純粹的強力的行動。專政的語義，由各國語言說起來，不過是用強力的意思。所以強力和階級的意義在這裏是非常重要的。革命的地位越是困難，專政的程度越是辛辣」。所以由列寧這些解釋說起來，勞工專政的意義就是勞動階級對于資本階級運用的強力政治。

勞工專政的主義，在上面說了，勞工專政的本質又是如何呢？　據列寧說，勞工專政的本質，即是一階級對于他階級而行的革命的强有力的國家。　換句話說，所謂勞工專政，就是勞動者的國家。　至於勞動者的國家又是什麼？　列寧的解釋，也和馬克思恩格斯的意見相同。　據馬克思說：國家是階級支配的一個機關；是一階級壓迫他階級，因此造出法律，使這種壓迫繼續持久，藉以緩和階級衝突的機關。　又據恩格斯說：國家是一定發展階級之中的社會的一個產物；是階級的衝突和經濟的利益不能妥協的一個證據。　列寧因此引申他兩人的說話，演出自亡的國家觀，他說：國家是階級衝突的產物，是那些不調和性的表現，所以國家只限於在階級衝突不能調協的時候發生的。　反面說，國家所以存在，是階級衝突不能調和的証明。　所以依着發展的程序說起來，在資本階級國家之次的是勞動者的國家；而這種勞動者的國家，已不是眞正的國家要不外是在勞工專政的形式裏實現社會主義。所以資本階級的國家是資本階級專政；勞動者的國家是勞工階級專政。

勞工專政的作用怎樣？這也是應當說明的，　據列寧說：勞工專政的目的在征服資本階級，根本剷除資本主義的一切思想，風俗習慣和制度，確定社會主義的根基；一方面用强制的權力，破壞資本階級壓迫勞動階級的機關，從資本階級奪取武裝，把勞動階級武裝起來，制服一切反革命的反動力，因此徐徐的經過這政治的過渡時期，鞏固新社會的基礎。

勞動專政用什麽形式表現出來呢？　依列寧說：勞工專政的形式，是成了勞動階級和下等農民永久專政的典型的勞農會共和制度。　脫落基也說：勞農會是勞動階級的組織，其目的在爲革命的權力而戰，所以勞農會又是勞動者階級的意思的表現。　至於勞農會的組織，依列寧說，一切勞動者和下等工人農民都包含在內，所以勞農會是勞動階級運用主權征服資本階級的機關，把一切立法上行政上的權力，一致結合，不以地方分別選舉區域，而以工廠工作場等產業的單位爲選舉區域的。　至於勞農會組織的詳細，在這裡不便多爲介紹，暫從省畧。

六　結論

綜合上述各派社會主義而論，範疇雖有種種不同，但在社會改造的根本原則上，都是主張將生產機關歸社會公有的。不過所採手段，各派各不相同，或者採用直接的適宜的手段，能够早日的達到目的；或者採用間接的迂緩的手段，愈實行而離去目的愈遠。至于各派所採手段所以不同，或者因爲各國國情和國民性不同所致，但是我相信近的將來，各派都要在同一的目的地會合的。

第三國際，已經可以代表各國社會黨的進步派；都是贊成勞工專政，採用勞農制度的，這也可稱是各國社會運動最新的趨勢了。

中國何時能够發生社會革命？中國社會革命究竟採用何種範疇的社會主義，大概也是要按照國情和國民性決定的。未到實行的時候，我們也不能預先見到，所以不敢說中國應實行多數主義，却又不敢說中國一定不適宜多數主義。

一九二一·六·二·

本文參考書如左

拉金的「馬克思派社會主義」

社會主義討論集

列寧的「國家與革命」

柯祖基的「民治嗎？專政嗎？」

列寧的「勞兵會論」

室伏高信的「列寧主義批評」

討論社會主義並質梁任公

達

近來討論社會主義的人漸漸多了，這確是一個好現象。因爲社會主義的眞諦若能充分的闡發出來，批評者就不會流於謾罵，信仰者就不會陷於盲從。而且知識階級中表同情於資本家的與表同情於勞動者的兩派，旗幟越發鮮明，竭智盡力，各爲其主，而社會主義與反社會主義兩方面，皆可同時發展，以待最後之決勝。所以我說現時討論的人越多，越是好現象。

「改造」雜誌二月號特闢社會主義研究一欄，一時知名之士如梁任公藍公武蔣百里彭一湖藍公彥費覺天張東蓀，一班人，均有長篇文字，表明對於社會主義的態度。他們的文字均有點研究，我讀了非常感佩。但是這幾篇文字之中，也有誤解社會主義的，也有同情於社會主義的，也有積極贊成資本主義的，也有恐怖僞勞農主義的，我覺得這種地方，卻也應該詳細研究分別討論。只是我沒有許多閒暇，作從容的論辯。所以只就梁任公一篇代表的文字，討論一個大概。

梁任公是多方面的人才，又是一個談思想的思想家，所作的文字很能代表一部分人的意見，很能博得一部分人的同情。就是「復東蓀書論社會主義運動」的一篇文字，雖然明明主張資本主義反對社會主義，而立論似多近理，評議又復周到，凡是對於社會主義無甚研究的人，看了這篇文字，就不免被其感動，望洋興嘆，裹足不前。我爲忠實主義起見，認定梁任公這篇文字是最有力的論敵，所以借着這篇文字作一個X光線，窺察梁任公自身和梁任公所代表的智識階級中一部分人總括的心理狀態，試作一個疑問質詢梁任公，或者對于主義上有進步的闡明補正也未可知。還也許是梁任公所說「冀普天下同主義之人有以致之」的一點反應了。

梁任公本文的旨趣，約分五層，茲摘錄大概如下：

（一）誤解社會主義　梁任公首先誤解社會主義為社會政策派的勞動運動，所以說，「吾以為中國今日之社會主義運動，有與歐美最不相同之一點焉。歐美目前最迫切之問題，在如何而能使多數之勞動者地位得以改善。中國目前最切迫之問題在如何而能使多數人民得以變為勞動者。」因此推論中國產業不發達，生產機關極少，不能行均產主義。所以又說，「我雖將國內資產均之又均，若五雀六燕銖黍罔失其平，而我社會向上之效終茫如捕風。」於是又論到社會主義運動，說「故吾以為在今日之中國而言社會主義運動，有一公例當嚴守焉。曰，在獎勵生產的範圍以內，為分配平均之運動。若專注分配而忘卻生產則其運動可為毫無意義。」此一層是梁任公誤解社會主義的本質的議論。

（二）提倡資本主義，反對社會主義。梁任公又以為中國生產事業極其衰落幼稚，中國人消費所需之生產品，皆仰外人供給。　而製造此類消費品的資本家，勞動者，和工廠，均在外國而不在中國，中國人受不到外國資本家的恩惠，中國無業人民，又不能到外國工廠做工。　中國國內未夢見工業革命之作何狀，工廠絕少，遊民最多，並無運動階級。　既沒有勞動階級就不能行社會主義運動。　所以說，「欲行社會主義生產方法必須先以國內有許多現行之生產機關爲前提。　若如今日之中國，生產事業，一無所有，雖欲交勞動者管理，試問將何物交去？」　社會主義既不可行，則爲改造中國社會計，當然不能防止資本階級之發生，而且要借資本階級以養成勞動階級，做實行社會主義的準備。　此一段是梁任公提倡資本主義，反對社會主義的立言。

（三）　高唱愛國主義，排斥外國資本家。　梁任公看見國內無業遊民過多，貧困日甚。　加以受外國產業革命影響，「我國人之職業直接爲外國勞動階級之所蠶食；而我國人衣食之資，間接爲外國資產階級之所掠奪。」　所以中國生產事業，必須由中國資本家自己開發，以便造成多數生產機關，吸收本國多數無業遊民使爲勞動者。　所以說，「中國生產事業若有一線之轉機，則主其事者，什九仍屬於將本求利者流。 吾輩若視禱彼輩之失敗耶？則無異自叫咒本國之生產事業以助外國資本家張目。」 末了又說，「欲使中國多數人棄其遊民資格而取得勞動者資格，舍生產事業發達外其道無由。 生產事業發達，凡吾國人消費所需皆由吾國人自生產而自供給之，至少亦須在吾國內生產而供給之。」 若對于本國資本家採抗阻態度「必妨害本國生產，徒使外國資本家得意而竊笑。 且因此阻礙勞動階級之發生，於吾輩之主義爲大不利。」 「然則所當採者爲何？ 則矯正態度與疏泄態度是已。 所謂矯正態度者，將來勃興之資本家，若果能完其爲本國增加生產力之一大職務，能使多數遊民得有職業，吾輩願承認其在社會上有一部分功德，雖取償較優亦可姑容。」 由此一段可推知梁任公愛本國，愛本國資本家勞動者之熱情，故發而爲排斥外國資本家勞動者之言，也許是愛國主義和資本主義結合的一種表現了。

（四） 提倡溫情主義，主張社會政策。 梁任公既然主張用資本主義開發本國產業，而資本制度發生的惡果，當然要循外國資本制度的舊徑，發出無窮的弊害。 要想補救此種弊害，只有採矯正態度與疏洩態度，不可抗阻，亦不可坐視。所以說，「惟當設法使彼輩（資本家）有深切著明之覺悟；知剩餘利益斷不容全部掠奪，掠奪太過必生反動，非彼輩之福。對于勞動者生計之培養，體力之愛惜，智識之給與皆須十分注意。質言之，則務取勞資協調主義，使兩階級之距離，不至太甚也。至所用矯正之手段，則若政府的立法，若社會的監督，各因其力之所能及而已。」又說，「所謂疏洩態度者，現在爲振興此垂斃之生產力起見，不能不屬望于資本家，原屬不得已之辦法，却不能恃資本家爲國中唯一之生產者，致生產與消費絕不相謀，釀成極端畸形之弊。故必同時有非資本主義的生產，以與資本主義的生產相爲駢進。」此一段是他提倡溫情主義，施行社會政策的主張。

（五）誤會社會主義運動。梁任公誤解社會主義運動爲勞動者地位改善，所以反對；又誤解爲均產，所以反對；又誤解爲專爭分配所以也反對。又誤解社會主義運動爲利用遊民，所以說，「勞動階級運動之結果能產出神聖之勞動者。遊民階級運動之結果，只有增加遊民。」又說，「遊民階級假借名義之運動，對于眞主義之前途無益而有害」還是梁任公反對中國社會主義運動最精刻的地方。但是依他所主張的運動方法卻不外以下兩層。　卽對于勞動者，第一，灌輸以相當之智識。　第二，助長其組織力。　先向彼輩切身利害之事入手，勸其辦一兩件（如疾病保險之類）辦有成効，彼輩自感覺相扶相助之有實益，感覺有團體的好處，則眞正之工會，可以成立。」　工會次第成立，有組織完善之工會，然後可以行社會主義運動。　但梁任公所主張的工會運動，不在敵抗本國資本家，而在敵全世界資本家，所以說，「全世界資本主義之存滅，可以我國勞資戰爭最後之勝負決之。」　又說，「謀勞動團體之產生發育强立，以爲對全世界資本階級最後決勝之準備。」　他主張運動的規模非常之大，而所用的手段又非常之小。未知是否有効，實有討論之餘地。

以上梁任公論社會主義運動的大概，以下逐條討論。

第一社會主義是什麼？社會主義運動又是什麼？我以爲這應該首先在這裏說明。

社會主義成了現實的勢力活動而來的，還是十八世紀以後的事情。　瓦特發明蒸汽機關來以就引起歐洲產業革命的導火線，新機械陸續發明，歸特權階級所有與利用。反庭工業變成工廠工業。 手工業者驟然失業，不得不到特權階級的大工廠中，做機械的奴隸。 新機械不須勞動者多年的練習，又不須專用男性，而吸收婦女與少年。 勞力供給過多，惹起男女的競爭，助長工銀的低落，占大多數的消費者無產階級，不能消納工廠中的生產品，資本階級不得不向海外覓銷場，於是惹起國際戰爭；於是惹起經濟恐慌；於是貧富的懸隔愈甚，於是歐洲的勞動者覺悟他們實在是被引到錯路上來了。 他們覺悟他們自已的正當權利，於是覺悟到以共同生產共同消費爲原則的社會主義。 一言以蔽之，資本主義給了他們一個好教訓——但這教訓的代價不小——使他們知道以自由競爭及私有財產爲根本的社會組織是畢竟要使他們陷於資本主義的迷途而把自身做他的犧牲的；要謀社會全體的福利只有把這種自由競爭和私產制度永遠除去，而建設永久的共產社會。 階級由對峙而爭鬥，而社會主義運動的大勢以成，這是歐洲社會主義運動的由來。

所以社會主義在根本改造經濟組織，實行將一切生產機關歸爲公有，共同生產，共同消費。

社會主義運動，就是用種種的手段方法實現社會主義的社會。至於所採取的手段，有急進緩進的分別，然就現時最新的傾向而言，一方面在聯合一切工人組織工會，作爲宣傳社會主義的學校，學習管理生產機關，一俟有相當組織和訓練，卽採直接行動實行社會革命，建設勞動者的國家。他一方面則聯絡各國勞動階級爲國際的團結，行國際的運動，以期推翻全世界資本階級。

中國現在已是產業革命的時期了。中國工業的發達雖不如歐美日本，而在此產業革命的時期內，中國無產階級所受的悲慘，比歐美日本的無產階級所受的更甚。先前恃絲業，茶業，土布業，土糖業，以至製釘業，製鐵業，謀生的勞動者，今皆因歐美日本大工業的影響，次第失業，又不能赴歐美日本大工場，去充機械的奴隸，得工資以謀生。加以近年來國內武人强盜，爭權奪利，黷武興戎，農工業小生產機關，差不多完全破壞。中國無產階級的厄運，實不能以言語形容。所以我說中國人民，已在產業革命的夢中，不過不自知其爲夢罷了。

中國舊有的小生產機關，既然受了歐美日本產業大革命的影響，差不多完全破壞，而新式生產機關又非常之少，因此也故，中國大多數無產階級的人民，遂由手工業者變而爲失業者，專成爲歐美日本工業生產品消費的失業勞動者了。 所以中國的遊民，都可說是失業的勞動者。

我並不主張利用遊民實行革命。 但是勞動者不幸失業而成遊民，若有相當的團體訓練，何以絕對不許他們主張自身的權利？ 梁任公一定要他們回復到了工錢奴隸的地位以後，纔准他們發言，是何道理？

至說中國現時社會實況與歐美略有不同，這是我們所承認的。 但是不同的地方，也只有產業發達的先後不同， 發達的程度不同，而社會主義運動的根本原則，却無有不同，而且又不能獨異的。

所以在今日的中國而講社會主義運動，在如何設法得以造出公有的生產機關，如何方能避去歐美資本主義生產制度所生的弊害，而不專在于爭生產品的分配。 梁任公既誤認了這對象而主張「在獎勵生產的範圍內爲分配平均之運動，」這明明是主張貧人守富人恩惠以謀生的運動，只可說是乞丐的社會主義運動。　梁任公這公例，我就首先不承認了。　前提既然不當，以後因此前提演出來的推論，當然也是不對。

照以上所述看起來，我們曉得歐美社會主義運動，決不是梁任公所說的「勞動者地位改善，」也不是他所說的「均產，」也不是專在于爭分配了。

第二　要想爲中國無產階級謀幸福而除去一切悲痛，首先就要使他們獲得生活必需的資料。要使他們獲得生活必需的資料，首先就要開發生產事業。　所以發達生產事業的一件事，無論是資本主義者或是社會主義者，都是絕對承認的，只不過生產方法不同罷了！

資本主義有資本主義的生產方法，社會主義有社會主義的生產方法。　今就這兩種生產方法分別比較於下。

資本主義生產組織，一切生產機關，概歸最少數資本階級所私有，最大多數的勞動者，均爲勞銀的奴隸，完全受資本階級所支配。　勞動者與資本家的關係是人與物的關係。　勞動者製造出來的剩餘生產盡歸資本家，自已僅得些小工資過活，還不能贍養一家。 資本家專講自由競爭，對於生產力絕對不謀保持均平，供給與需要不相能應，只顧盤算勞動者的剩餘勞動，增加生產力，謀生產多量的商品，增加自已的私產。 一時需要減少，生產過剩，其結果資本家別謀妙法塡補，勞動者却因此大受恐慌，招來失業的苦痛，這就是產業組織不受政治力支配的惡果。 社會主義生產組織却不是如此，一切農工業生產機關，概歸社會公有，共同勞力制造生產物，平均消費。 商品生產可以全廢，生產物不至於壓迫生產者。人與人的生存競爭完全消滅。 生產消費完全可以保持均平。 一人利用他人，壓迫他人的事實絕對不會發生，也沒有經濟恐慌人民失業的危險。 所以資本主義的生產組織，是無政府無秩序的狀態，社會主義生產組織是有序秩有政府的狀態。 這兩者的利害得失，我想無論何人都容易判別出來。

世間不懂社會主義的人，把社會主義看作洪水猛獸一般，當着這社會主義潮流澎湃而來的時候，這人類就大驚小怪，好像對於項城稱帝張勳復辟一樣，紛紛議論順逆的態度。 他們以爲一旦實行社會主義，就破壞生產機關，或者將生產機關分散，生產事業就要永遠停止，人民就得不着生活資料了。 梁任公誤解社會主義爲均產主義的說法，也就是因爲忘記了社會主義更有很好的生產方法的緣故。 他或者不是不知道社會主義有很好的生產方法而以爲資本主義是一個必不可免的過程。 那麼，我就要告訴梁先生。 若憂勞動者不經過資本主義不能自覺，這是個敎育的問題。 若憂勞動者自己沒有發達生產的資本，那時資本却在勞動者自己身上；資本家要僱勞動者，共產的勞動者只須自己出氣力。 若說勞動者在起初畢竟少不得金錢的資本，那麼資本家的金錢本來是要歸還給勞動者的。

將來社會的經濟組織必歸着於社會主義，我想無論何人都當承認的。 中國生產事業雖十分幼稚，遠不如歐美日本（然在稍遠的將來，中國的社會組織必有追踪歐美日本的）一日。據現時趨勢觀察起來，歐美日本的社會改造運動，已顯然向着社會主義進行，中國要想追踪歐美和日本，勢不得不於此時開始準備實行社會主義。

就中國現狀而論，國內新式生產機關絕少，在今日而言開發實業，最好莫如採用社會主義。譬如我們要建造新建築物，只好按着我們的理想去造，不必仿照他人舊式不合理想的式樣暫時造出不合理想的建築物，準備將來改造。歐美各國的經濟組織，正如舊式不合理想的大建築物一樣，規模太大，轉換不易，要想根本改造，實在是最難之事。請看歐美社會改造運動家，那樣的努力那樣的犧牲，猶然達不到改造的目的，這就是最好的實例。梁任公說「吾輩曩昔所想念總以歐美產業社會，末流之弊至于此極，吾國旣屬產業之後進國，正可懲其前失毋蹈其覆轍……及至今日，而吾覺此種見解什九殆成夢想。」然據我的推想，梁任公說所的不過是沒有經驗的「夢想，」因爲他幷未向着這個目標進行，幷沒有努力運動，又豈能期望社會主義自然實現嗎？

梁任公主張要設法使中國國境以內建設適當之生產事業，以吸收失業遊民使不至凍餒而死，資本階級縱掠奪剩餘生產亦可姑容。這樣說來，我們的目的若果是專在使遊民得衣食資料，那就是有兩條近路好走。第一，設法不開發工業，極力獎勵舊式手工業生產，或者提倡國貨，排斥外貨，依梁任公所說，「凡吾國人消費所需，皆由吾國人自生產而自供給之。一照這樣辦，我國的生產事業也可望發達，遊民可以減少，勞動階級可以成立。 社會運動得有主體，新社會亦可以實現了。 第二，就是完全拋棄國家主義，主張中國全土交各强大之資本主義國家共管。 各國就可以用最大的加速度的生產力在中國開發產業 此時中國遊民，不患不能得生活資料了。 中國全國人民若盡成爲勞動者，則以勞動階級資格和世界資本階級爲最後之決戰，世界的社會主義就可實現了。 單憑思想，這兩條辦法，或者也可以試辦。 只有一層，就第一辦法說，現在已不是閉關自守的時代，而且受不起外部的壓迫，要維持舊式生產事業是絕對難辦到的。 就第二辦法說，是愛國主義者所絕對不肯承認的。 除了這兩法以外，若一方面要採用歐美式資本主義，一方面要固執國家主義來謀本國實業的發展，那就是大大的煩悶了。我們有件事應當注意的，就是資本主義的背面，存有軍國主義。若美，若英，若法，若德，都是資本主義最發達的國家， 也是軍國主義最强盛的國家。 歐美姑且不說，就說新興工業國的日本，日本的工業發展的路徑，不都是海陸軍助長而成的嗎？ 中國是萬國的商場，是各資本國經濟競爭的集點，是萬國大戰爭的戰場。

各資本國在中國培植的經濟勢力，早已根深蒂固，牢不可破。當着產業萬分幼穉的時代又伏在各國政治的經濟的重重勢力之下的中國，要想發展資本主義和各資本國爲經濟戰爭，恐怕要糟到極點了。梁任公認此是唯一可行之道，我看這唯一可行之道，反不免是空想罷。

至于梁任公說，中國現在沒有勞動階級不能行社會主義運動，若要行社會主義運動，惟有獎勵資本家生產，「有資本階級然後有勞動階級，有勞動階級然後社會主義運動有所憑藉。」若照這樣說，簡直是爲實行社會主義，纔造勞動階級；爲造勞動階級，纔獎勵資本主義，梁先生就有故意製造社會革命的嫌疑了。

中國境內的資本家是國際的，全國四萬萬人 由某種意義說，都可算是勞動者—雖然有許多無業的遊民，然而都可以叫做失業的勞動者。所以就中國說，是國際資本階級和中國勞動階級的對峙。中國是勞動過剩，不能說沒有勞動階級，只不過沒有組織罷了。

若依梁任公說，中國若是沒有勞動階級，當然就沒有資本階級了。政治方面，有貴族和平民階級的中華民國，又沒有資本勞動階級，就可以算作無階級的國家了。社會主義運動就是要實現消除階級的國家，中國旣無階級，又何須製造階級？若因爲行社會主義運動纔提倡資本主義以製造勞動階級，是梁先生有意製造社會革命，就不應非難社會主義運動的人了。我有一句好笑的比喻，譬如一個天然足的女子，就用不着我們說纏足的解放。若是因爲要解放伊，故意爲伊纏足，使伊得着有被解放的資格，然後再替伊解放，豈不是陷於「循環定理」嗎？

誠如梁任公所說，資本主義可以遞到社會主義，因而我們一面去「挖肉做瘡。」那麼，梁先生亦覺此法迂緩否？若是梁先生不怕亡國，我看還是照我前邊說的話，讓外國資本家到中國來開發實業，到了程度，中國社會革命自然也可以成功的。否則，索性慷慨點，也不要講什麼主義。世界的趨勢，是必須要實現社會主義，資本主義是必須滅亡的。讓他們外國的資本家來到中國做逋逃藪，爝火餘光，也必須熄滅的，等他將熄滅的時候，中國的勞動者一齊起來，聯合世界的社會主義勞動者，同撲滅此熒熒餘燼共建社會主義的天下，豈不省事！

第三　資本主義，在今日的中國幷不是振救失業貧民的方策。　我們要知道勞動者的失業，就是因爲新機器發明產業革命招致而來的。　一架機器可抵數十百人的勞力。　在資本制度的社會裏，新機器增多一架，就增多失業者數十百人，所以在今日產業革命正在開始的中國，若更獎勵資本制度的生產，並不曾將產業革命的流弊根本除去，產業革命還是產業革命，不過將外國人的資本家變成中國人的資本家罷了。　若果中國提倡資本主義生產，效力速，則一時間產業革命的影響烈，舊工業之下的失業者亦愈衆。　而能「丐餘瀝以求免死者」不過千分之一二而已，然而同時外國商業的掠奪不能說就可以抵制得了的。　那又無非使中國的勞動者受一個兩重的壓迫罷了，救濟一語還是空談。　效力遲咧，不消說了，梁先生對於資本主義所抱的希望都成泡影，要等中國的資本主義發達到一面可以和外資抗衡，一面可以盡數吸收國內的勞動者，其中要經過如何長的時日。　恐怕那個時期未到，「而我中國的四萬萬同胞，且相索于枯魚之肆」了！　我們在這裏做夢，外國的社會主義勞動者「日將歷突于其後」了！只有抱着國家主義的人聽見自己國內也有資本家，也有兵强國富纔眉飛色舞罷了。

其治討論溫情主義。梁任公旣然主張資本主義，其當然的順序，要歸結於施行社會政策的。這種滑稽的辦法，我們實在不敢苟同。現社會中經濟的組織，不外兩個大原則，就是自由競爭和私有財產。這兩大原則就是現社會中萬惡的根源，社會主義運動就是要把這兩原則完全撤廢。講社會政策的大都不然，只主張藉資本階級的國家底立法，施行幾項溫情政策，畧畧緩和社會問題，並不是想根本的解決社會問題的。自由競爭和私有財產，還是依然存在，資本家仍可以行自由放任主義，積極的發展自由競爭，無制限的擴張私有財產。無產階級呻吟于資本家掠奪支配之下，絕對得不到絲毫的幸福。簡單說，社會政策，就是處理社會問題的結果，幷不是要剷除社會問題的根本原因。梁任公正在欲實行資本主義却要提倡社會政策，在方法上已是南轅北轍。還有一層，社會政策在歐美各國說起來，是資本主義和軍國主義極端發揮以後所生的必然的結果，若果在資本主義和軍國主義未發達的國家說，社會政策就行不去，而且也不能一一見諸實行的。　就中國說，資本主義正在萌芽時代，人民因產業革命所蒙的痛苦尙淺，若能急於此時實行社會主義，還可以根本的救治；若果要製造了資本主義再行社會政策，無論其道迂不可言，卽故意把巧言飾詞來陷四百兆無知同胞于水火之中而再提倡不澈底的溫情主義，使延長其痛苦之期間，又豈是富同情者所忍爲？　資本主義是社會的病，社會主義是社會健康的標準，社會主義運動是治病而復于健康的藥。　只要問中國現在的社會病不病，什麼病便下什麼藥。　一定要把中國現在的病症移做資本主義的病症而後照西洋的原方用藥，這種醫生是不是庸醫？「庸醫殺人！」中國人民的原氣已經喪到不能再喪了。　梁任公對于資本主義所取之矯正態度說「惟當設法使彼輩有深切著明之覺悟，知剩餘利益斷不容全部掠奪太過，非彼輩之福。」　梁先生以爲靠這一句空話，資本家便能奉行，勞動者便能安樂了麼？　資本家若果能有著明深切之覺悟，他們一定能覺悟到他們的最後命運——就是他們終于不能存在而必須讓給社會主義的世界。

若是沒有覺悟，他們一定惟利是圖。　他們寬待勞動者，無非是免得受罷工的損失，而可以安穩的擴張資本勢力；換句話說，卽是使勞動者安於奴隸狀態而不思反抗。况且誰可以矯正資本家？　國家是受資本家維持的，紳士式的智識階級是受資本家豢養的，社會改造論者的空言是無補的，有實行力者唯有勞動家，而勞動家却被溫情主義緩和了。　梁任公要想在溫情主義之下使勞動者覺悟，是不明社會問題的眞相。　要想由資本主義而溫情主義而社會主義是不明社會進化的歷程。

提倡某種步調與社會中事實有某種步驟是不同的，　因爲社會實現的中間，實行溫情主義的時候，就有反對的呼聲。　反對的呼聲，就是促勞動者覺醒的。　提倡的人可不能自己反對自己。　所以我說由梁任公的溫情主義的主張是不能達到社會主義的。

第四　資本主義是國際的，幷無所謂國界。　資本主義既是侵畧，所以無論何種社會主義，對于資本主義國際的勢力必須採用國際的對抗方法。

資本家在各國蔑視國境並且超越國境營國際的生活。　如所謂銀行團國際信托等等，均有國際的生活，爲國際的行動。　各國資本階級驅使勞動階級如牛馬。　所以在現時資本主義國家的世界，必須厲行國際社會主義運動，支持國際的方針，和資本階級國際的行動挑戰。

勞動者沒有祖國。社會黨劃分人類，以階級不以國。若要假設一些縱線將國與國分開，就可另引一橫線與各縱線相交，將資本階級和勞動階級截為兩段。社會黨只注重這橫分線，不注重縱分線。社會黨因為要增加本階級反對別階級的力量，想把所有的垂線取消，因為這些垂線紛亂勞動階級的心理，妨擾勞動階級的自覺，障礙自己主義的進路，所以要謀國際勞動者的團結。

所以就社會主義者的立場而論，不論本國外國，凡見有資本主義，就認為仇敵！總要盡力撲滅他；也不論在本國或外國，凡見有掠奪壓迫的資本階級，就認為仇敵，總要出死力戰勝他。社會主義沒有國界；資本主義也沒有國界。我們不能說外國資本家所行的資本主義應該反對，本國資本家所行的資本主義就不應該反對。我們不能說本國資本家對於本國勞動者有所愛護別國資本家對於本國勞動者更加虐待。資本家務必掠奪勞動者然後方能大行其資本主義，我們不能說本國資本家的資本主義所生的弊害比外國資本家的資本主義的弊害少。　外國資本家把商品舶到中國賣，席捲金錢，存在自己衣袋裏；中國資本家造出商品在中國賣，席捲金錢也是存在自己衣袋裏。　同是一樣的藏在自己衣袋裏，中國的無產階級不能向他們領取分文使用，在勞動者有什麼區別？

況且就現在的資本家說，他們並不排斥外國勞動者；不但不排斥，而且非常歡迎。　資本家雇用勞動者，不問國界，也不問是亡國奴或是未開化的人民，只要他們甘願受低廉的勞銀做工，資本家無不歡迎。中國的勞動者遍布世界，各國資本家很歡迎他們，而且對於本國的勞動者反不願雇用，因為本國勞動者要求高價的勞銀，並且有時不肯受虐待。　總而言之，資本家是虎，我們不能說，本國的虎比外國的虎不會食人；我們也不能說，只可抵抗外國的虎，不必撲殺本國的虎。　資本主義是流行世界的瘟疫，瘟疫的菌能夠流播全世界，我們不能說，本國的瘟疫不可怕，而外國的瘟疫可怕，我們也不能說，只可消滅外國傳來的瘟疫，不必消滅本國的瘟疫。　勞動者沒有祖國，所以要謀國際的團結，要掃滅全世界所有的資本主義。這是馬克思的教訓，要談論社會主義或資本主義的人，至少要瞭解這一點：不然，就要說門外漢的話了。

第五 梁任公要謀中國勞動階級的產生發育强立，以爲對全世界資本階級最後決勝之準備。梁先生的目的，可說是非常遠大，可是所主張的手段，只說要對勞動者貫輸智識，助長組織，而先從疾病保險入手以促成眞正的工會，藉工會以與世界資本階級作戰，以期達到那遠大的目的。這種手段，如何的迂緩固不待言，而且這也並不算是什麼革命的手段，實不過是改良主義的社會政策派的勞動運動罷了。我想借此機會把社會主義運動的手段畧述一個大概。

社會主義運動的手段很多，我只舉出最重要的三種，一爲議會主義，二爲勞動運動，三爲直接行動。這三種手段，究竟那一種宜於中國，我想和大家討論一下。

先說議會主義說。議會主義主張勞動者組織團體爲參政的運動，想藉立法機關，成立改善勞動地位或矯正資本階級的法案，慢慢的改造社會。這種手段，沒有多大的效果，我們看看德國社會民主黨的先例就知道了。　社會黨要和作對的資本階級在議會中妥協，試問能夠得到什麼利益麼？　不過要求資本階級的政府行使社會政策倡辦慈善事業罷了。　社會根本改造事業，永遠不能達到。　歐美各國社會黨，得了多年的經驗，受了俄國革命的提醒，多能夠覺悟到議會主義已經破產而傾向于有効的急進的方面了。

再說勞動運動。　勞動運動是社會運動最大的武器。　可是勞動運動是社會運動的一部而不是全部，社會黨若專靠行勞動運動，不能達到革命的目的。　工會本是社會主義的學校，是勞動者學習支配管理生產機關的教場，學會了組織訓練，準備組織勞動者的國家。　可是不能利用罷工的手段來舉行革命。　因為舉行總罷工實行革命，勞動者非皆有相當的教育和訓練不可。　勞動者既然有如許的教育和訓練，其結果當然要實現新社會了。　然而事實上決不能與理想相合的。　所以勞動運動只可作為一種必要的手段，卻不能算作社會運動唯一的手段。

現在說直接行動。　現代各國進步的社會黨都覺悟了直接行動是社會革命的最有効的手段，都曉得採用了。直接行動是什麼呢？就是最普遍最猛烈最有効力的一種非妥協的階級爭鬥手段。直接行動，可分兩種。一種是勞農主義的直接行動，一種是工團主義的直接行動。工團主義的直接行動，主張用突發的總罷工的手段，實行革命。勞農主義的直接行動，主張聯合大多數的無產階級，增加作戰的勢力，爲突發的猛烈的普遍的羣衆運動，奪取國家的權力，使無產階級跑上支配階級的地位，就用政治的優越權，從資本階級奪取一切資本，把一切生產工具集中到無產階級的國家手裏，用大速度增加全部生產力，這就是直接行動的効驗。

以上三種之中，中國社會主義運動者，究應採取何種手段，我却不大留心選擇。可是就我的推測而言，或者不得已要採用勞農主義的直接行動，達到社會革命的目的。因爲議會主義的手段，在歐美曾經實驗過，並沒有多大的効果，可說是已經破產了。勞動運動的手段，只於工業國相宜，而于農業國不相宜。其理由俟有機會再行詳述。所以中國將來的社會革命專恃勞動運動恐怕不甚容易。除了這兩種手段用以外，只有採直接行動的一法。　而直接行動的兩種之中，我看或者要用勞農主義的。　工團主義的直接行動，專靠總同盟罷工的武器，也只能適用于工業國，所以俄國的革命運動，就要採取另一種方式，即勞農主義的方式了。　俄國是農業國，中國也是農業國，將來中國的革命運動，或者有採用勞農主義的直接行動的可能性。

所以中國社會黨人，若也抱着與梁任公同一的宗旨，想組織中國的勞動階級和世界資本主義宣戰，我看還是不必去辦疾病保險式的工會，不如採直接行動，和各國勞動階級為適當之聯絡，共同努力運動，反為有効。　我並不是不主張勞動運動，只我不過不認勞動運動為社會運動的全部能了。

我的討論說完了，現在我把這篇討論文字的大旨，簡單明瞭的條陳于下。

一，中國社會運動者，要聯絡中國人民和世界各國的人民，在社會主義上會合。

二，為中國無產階級謀政治的經濟解放，作實行社會主義的準備。

三，採社會主義生產方法開發中國產業，努力設法避去歐美資本制產業社會所生之一切惡果。

四，萬一資本主義在中國大陸向無產階級磨牙吮血， 則採必死之防衛手段， 力圖撲滅。

五，聯絡世界各國勞動階級，圖鞏固的結合，爲國際的行動，與世界資本階級的國際行動對抗。

爲達到上列的計畫，採必要之運動手段：

一，網羅全部勞動者失業的勞動者，組織社會主義的工會，爲作戰之訓練。

二，培養管理支配生產機關的人才。

三，結合共產主義信仰者，組織鞏固之團體，無論受國際的或國內的惡勢力的壓迫，始終爲支持共產主義而戰。

四，社會黨人不與現政黨妥協，不在現制度下爲政治活動，要行有效的宣傳爲具體的準備。

一九二一·四，八·於上海。

無政府主義之解釋

李達

(一) 作這篇文字的旨趣

無政府黨是我們的朋友，不是我們的同志。無政府黨要推倒資本主義所以是我們的朋友。無政府黨雖然要想絕滅資本主義，可是沒有手段，而且反不免有姑息的地方，所以不是我們的同志。無政府黨何以沒有絕滅資本主義的手段，何以反不免姑息那資本階級？就是因爲他們所信奉的無政府主義在理論上在事實上都有許多矛盾的緣故。

近來中國大陸相信無政府主義的人漸漸多了。他們究竟有確實的信仰與否，我可以不問。可是據我的觀察，他們之中多不免感情用事，他們的努力多用在無益的一方面，總不想從實際上做革命的功夫，這或者也許是各位朋友們所能原諒我的質直說話了。

我因爲要約同這些朋友們加入我們的隊伍裏，共同對世界資本主義作戰，共同剷滅世界資本制度，以便早期實現社會主義的社會，所以寫了這篇文字出來和各位朋友們商量一下。並且我們希望和這些朋友們以外的兄弟們，也要先把這無政府主義的內容了解一個大概。恩格斯（E0ngeles）在一千八百七十五年把他那部「空想的與科學的社會主義」（S0cialism Ut0pian and Scientibic） 的原意發表的時候，早已說明那含着無政府共產和有政府共產的兩種主義，在理論上並不是單一的東西。 又一千八百九十二年，克魯泡特金）Kr0p0tkin） 著「麵包畧取」（The C0nguest 0f Brcad） 一書的時候，也把社會主義和無政府主義分立起來。 社會主義和無政府主義，本來是有不能和合的歷史。

可是我作這篇文字的旨趣，也不是故意和那些相信無政府主義的朋友們挑戰，實在是因爲我們的目標，是望着社會主義的社會進行；我們既然望定了這個目標，就要盡力約同大多數的同志，積極的向前猛進。 所以我們務必擇定那必定可以通行到這目標的道路的進行，所以我們要希望我們的朋友們，不要向着那不可通行的道路上前進，免得耗費有用的精神幹那于革命無益的事。

我有一句話要聲明的，我們關於主義上的討論和批評，總要根據理論說話，不要感情用事專閙意氣。我豫料我這篇文字發表後，必定引起許多論難出來的。但是若有關于學理上的討論，我很虛心領敎，若是感情的文字，就恕我不作答覆了。

還有一句話要聲明的，這篇文字中各項評論，也不是完全出于我一個人的創意。我相信亞東的學者們，六根不全的居多，要想自立起來不倚伴他人的門戶來做關于主義學說的評論，恐怕很少。我這篇文字所採取的材料，多係從我們同主義的別處同志的文字中得來的。這些疑難點，都是無政府主義大家的書籍中的矛盾，所以我特意的採集起來作爲一個有統系的研究。

（二）　無論政府主義之起源和派別

無政府主義，通例分爲兩種。一爲個人的無政府主義（或稱哲學的無政府主義）。一爲社會的無政府主義（或稱科學的無政府主義）。個人的無政府主義創始者要推斯體奈（M xstirncr)，他在一千八百四十五年著了「唯一者與其所有」(The Ego and his own)一書，已經成了具有理論的體系的學說。社會的無政府主義創始者要推蒲魯東（Proudhan），他在一千八百四十年，著了「財產是什麽？」(Quest Ceqιe la propricce，一書，已經明明主張了無政府主義。所以這兩種無政府主義的鼻祖，就是斯體奈和蒲魯東兩人。

個人的無政府主義的特質，主張個人絕對的主權和自由，單靠完成個人實行無政府主義。所以個人的無政府主義。主張自我，主張改造內部生活，主張發展心意性格，改造內部生活精神生活，與社會主義的本質完全不對。自斯體奈以下，埃菲特尼擇黑巴梯理喀都屬于這一派。

社會的無政府主義的特質，把思想的重心放在經濟改造上。要把環境革新，實現無政府主義。在打破現經濟組織社會組織這一點說起來，很與社會主義相似。希望均富貧，反對特權階級，反對私有財產，這些地方，也與社會主義相似。只是排斥中央政府權力並且要絕滅一切政府，這是與社會主義完全相反的地方。　自蒲魯東以後，巴枯寧(Michael Bakunin)克魯泡特金(Petor Propotkin)都屬於這一派。

無政府主義的分派，約如上述。　各分派的共通要素，就是否認一切政府，一切國家，一切權力。　至於實現主義的手段，大都是不外乎暗殺，破壞，和暴動，可是也有主張用平和手段的。　主張用平和手段的是蒲魯東瑪略遂卡諸人，主張用激烈手段的是巴枯寧克魯泡特金約翰莫司特諸人。　克魯泡特金在巴黎無政府黨機關報「反逆」上，曾經說：「我們的運動用筆，用舌，用劍，用槍，用炸彈，用投票紙。」　莫司特在他所著的「科學的革命戰術與投彈者」一書上，也說，「教會，皇室和宴會室都可以拋擲炸彈的。」　一八八一年無政府黨在倫敦會議，議決用暴動的手段比筆舌的手段爲優。　又一八八三年在萬國勞動同盟裏議決用暴動實行無政府主義的手段，作爲綱領。　所以把無政府主義的歷史考察起來，不能說與暴動陰謀虐殺無關係。　所以有人說社會主義的歷史是政治運動的歷史，無政府主義的歷史是暴動，虐殺，陰謀的歷史，這種批評也很有一些理由的。

無政府主義的共通要素和實行的手段，已經在上面說明了，以下再把各派主義學說的內容，分別評論於下。

（三）斯體奈和蒲魯東的無政府主義批評。

唱導個人主義的無政府主義的人，就是斯體奈。 他所創的無政府主義是極端的無政府主義，又是極端的個人主義。 他否認一切政府，否認一切國家。他把自由分爲三種。 一爲政治上的自由，一爲社會上的自由，一爲人道上的自由。 他的自由是最高無上的自由，他連社會都要否認的。 他主張用聯合代替社會。他要無限制的發揮自我。 這就是他的無政府主義的內容了。 這種個人的無政府主義，據我看來，是非常徹底的。 我要上天就上天，我要入地就入地，我爲求我的最高自由，就是死了，也是實行我的主義，世界上再比這種更徹底的主義恐怕沒有了。 別人說人是合羣的動物，我也可以說人是完全孤立的動物。我不願在這現代的文明世界裏生活，我偏要返還到原始時代的狀態，這是我的自由。 我對于這種主義不願多加批評，人類本不免有這樣特別的人實行這種主義，不過不發達罷了。

其次再評社會的無政府主義者蒲魯東所提倡的無政府主義。他本是法國空想社會主義者中最有力的分子，後來竟變了創設無政府主義的人。他在所著的「財產是什麼？」書上，主張廢止私有財產，行自由聯合的社會組織。他主張廢止私有財產，各人就平等的職業。他也曾把勞動時間看做是勞銀價值正當的標準。他和四十七名的無政府黨員在里昂公會決議，發表了「無政府黨宣言，」始終貫澈他這種主義。但是他的學說中自相矛盾的地方很多。他在「財產是什麼？」書上，明明主張了廢止私有財產，可是後來又在他所著的「在革命和教會的正義」(Of justice in Revolution and in the Church)書上，卻又說：他並不主張廢止財產，他說他的立場並不像盧梭柏拉圖布朗那種共產主義。於是他主張財產是不可分的東西，是集合的東西，所以一定要行集合財產制度。但是有一層，他並不是團體主義者。依黑司(Hayes)「政治的及社會的近世歐洲史」(A political and Social History of modern Europe)看起來，蒲魯東的無政府主義明明是準據個人主義的。他這種矛盾，實在太明顯了。馬克斯斥他是沒有識見的人物，實在也說得合理。

他的無政府主義是沒有科學的體系和哲學的基礎的。

（四）巴姑寧的無政府主義批評

巴枯寧所唱的無政府主義，是團體的無政府主義。其內容可以從三方面觀察。

一，社會的方面　一切人類不是孤立的存在，乃是團體的或集合的存在。人類的社會生活，也和別的有機體一樣，是有機體的統合的存在。所以人在他上的各種存在物中是最有思想的最有共同的生物，人類有了這種普遍生命所以造成了世界。

二，政治的方面。社會是自然發達而來的，並不由何種契約而生。社會受傳統的習慣所支配，不受法律所支配。所以社會由個人自發的衝動而進步，不由立法者的思想和意思而進步。他本據他這種自然的論理來反對國家，反對政治，反對權力。說國家是共同的大墓地，妨害人的自由和生活力。說國家常為特權階級所有，為僧侶貴族資本階級所有。所以主張廢滅「國家，教會，法庭，大學，軍隊，警察。」

三，經濟的方面　人既然是團體的集合而存在，所以在經濟方面當然主張財產上的團結主義。一切土地農業器具及資本，均歸團體所有。

以上三條是巴枯寧的無政府主義的精髓，以下逐條檢討出來。

第一條可以承認的。

第二條就有矛盾了，社會的成立，本不是立法者的功績，還是很對的。若是因爲有了立法者的原故，就說國家是害惡，這種演繹法便是錯了。說「此時」「此地」的國家是特權階級的所有是可以的，若說「將來的」「他處的」國家也是特權階級的所有，還便不對了。若嫌特權階級的國家不好，只好把特權階級打倒建設無特權階級的國家就好了。他死了不過四十多年，世界上國家的歷史，已經變了。就是他出生地方的俄國，已經由資本階級的特權階級移到勞動階級的非特權階級的手裏來了。德國也標榜是社會民主主義的國家了。所以巴枯寧所反對的那種國家，若指他所生存的時代的國家說，是可以的；若說一切國家都是特權階級的國家，就不免是獨斷了。

第三條的思想，尤其矛盾。巴枯寧答蕭得的話，說他所主張的團體主義決不是共產主義。　那麼他所主張的財產上的團體主義，雖然不否認個人的所有，然在生產手段說，至少要成為超越個人的所有，而成為團體的所有。　團體的財產必定也有所有主，所有主若是團體，就有團體的意志和精神和人格，這是顯然的道理。　既然有了團體的意志，精神和人格，就有一種力成立起來。　照這樣說，巴枯寧所主張的財產上的團體主義，必然要漸漸的把生產手段集中到國家或公共團體的手裏，這是自然的論理的結果。　無政府主義者犯了這種惹起有政府的大弊病，可說是無政府主義的破產了。　克魯泡特金有句話批評財產上的團體主義說：「這種主義必定要用一種比任何政府還要強的政府的權力纔辦得到」。巴枯寧無政府主義的大矛盾就在這種地方。　所以巴枯寧若主張無政府就應該拋棄財產上的團體主義；不然，就應該拋棄無政府主義。　無政府不能集產，集產不能無政府。　巴枯寧的團體的無政府主義，在理論上不能成立。　所以他的無政府主義主張，是從對于國家和教會的感情上的偏見發生出來的。

（五）　克魯泡特金無政府主義的批評

克魯泡特金是無政府主義的集大成者。他所創建的，是無政府共產主義。這主義流行頗廣，各地信奉的人也多，可是這許多年以來，爲這主義運動的人，也沒有顯出什麼効驗。能夠明白了解這主義的內容的人少，能夠批評這主義的人更少。我們東方同志無水君會經做了一篇有系統的批評文字，指出無政府共產主義的根本謬誤，我特意將那篇文字摘錄一個大概出來。

克氏無政府共產主義，可以從生物學心理學，社會學，經濟學，哲學，科學各方面觀察。這裡先把這主義內容思想大綱，舉出十條於下。

一，在人類居高位的生物界中，有相互扶助的本能，除了少數妨害者以外，都受這種本能的支配，社會中多數的人都營自由幸福的生活。

二，人類本是依據這種相互扶助的本能營自由合意的社會生活的，可是有少數爲自己欲望蔑視多數人的本性的人出來，蹂躪自由合意的生活。少數者違反多數者的意思，造出法律，政府國家和權力階級。

三，無論何種形式何種內容的國家，政府—中央集權都不合理。

四，一切財富(一切物質和精神的學問發明都在內)是過去幾多年代的人類共同努力生產出來，遺留於現代的人類的。所以我們人類之中，無論何人不能單獨占領，也不得主張什麼權利。

五，各人的欲求是各人自己的權利。一切人無論是病人或是廢疾，有生存權利，更有享樂權利。要滿足這欲求，取得這權利，必須實現無政府共產主義的社會。

六，將來在資本主義的社會裏起的社會革命，非以建設無政府共產主義的社會為目的不可。

七，無論什麼性質的代議政治和勞銀制度，都是維持擁護資本主義的。

八，分配之標準依各人的欲求而定。

九，生產的行為由各團體各部落自由合意經營。

十，廢止貨幣。

以上是克氏無政府共產主義的十大綱領，以下逐條嚴密的加以批評。

一，克氏對抗達爾文派的相互鬥爭觀，提供了相互扶助觀，這實是學界中一個新貢獻；是進化論的進步，是人類社會的福音。　可是相互扶助的這種觀念，也不完全是克氏的發見，達爾文自身，多少也承認了的。　只是達爾文力說自然進化的要素，注重相互鬥爭，閒却了互相扶助的一方面。　克氏把達爾文所閒却的和他的學徒所蹂躪的相互扶助的本能，特別注重詳細說明，也忘却了相互鬥爭的一方面。　于是單把相互扶助的本能，應用到無政府主義的學說上去，却把相互鬥爭的本能置之度外了。　「和睦共同」「鬥爭征服」這兩類本能互相對立，無論動物和人類都是具備的。　若說人類沒有「鬥爭征服」的本能，怎麼會產出那「少數的妨害者？」　若說相互扶助是大多數人所具有的本能，相互鬥爭是少數人的偶發性，那麼，那種偶發性不會從那大多數的心理中發生出來的麼？　鬥爭心和互助心都應該看做是人的本能，克氏本不能否定的，他所說的，「除了少數妨害者以外的話，明明是矛盾了。

二，既然有了矛盾的前提，就不免有矛盾的立論。　他說一切國家，政治，法律，權力階級都是蹂躪多數人自由生活的少數人造出來的，而且將來的國家政治法律，也是違反多數人意志而成為少數人的機關的，這話却未必然了。　資本主義機關的國家法律政治，本是勞動階級所痛恨的；若是社會主義的國家政治法律，勞動階級就會歡迎之不暇了。

三，克氏排斥國家，政府的名稱，以為採用中央集權名稱，無論在何種形式有何種內容，都不合理。　這種議論都是從大小的矛盾的前提出發而得的矛盾的結論，縱使勞農俄國的獨裁政治不是多數派的獨裁而為勞動者的獨裁，他也是要反對的。

克氏說國家資本主義以外沒有國家社會主義，也沒有國家共產主義。　有許多地方他非難社會主義；又有許多地方，他却用社會主義四字，說「我們社會主義。」　前者所說的社會主義，當然是說有政府集產主義，同時又是國家資本主義。　後者所說的社會主義，就是指無政府共產主義。

克氏把國家社會主義當做是國家資本主義，恐怕是想錯了罷。　勞農俄國的社會主義，[illegible]克氏就怎樣看待呢？　若說是國家共產主義，那就非常新奇了。

四，一切財富是過去幾多年代的人類共同生產出來遺傳於現代的萬人的，無論何人不得橫領獨占，這是很正當的思想。　由這種思想推想起來一看，把現時資本制度撤廢的時候，這一切財富也不能說歸勞動階級所有，應該要歸那包括資本家勞動者的萬人所共有。　因爲如此就要反對設立任何形態的中央集權機關，那麼，他所說的，「萬人」，當然包括世界十五億人民的全體，沒有種族的差別，這種假定的思想，就要陷于蔑視時間空間的空想了。　若是認定有種別有國別，猶然要反對中央集權，那就更成爲空想了。　克氏說：「我們相信不疑，私有財產制度撤廢以後的社會，必然的產出無政府共產主義的組織，無政府到共產制，共產制到無政府，兩者明明是近代社會革命的趨勢，是平等的要求之表現。」　照這樣說撤廢了資本制度，就可以實現無政府共產主義，那麼，把現在的勞農俄國做比喻，無論如何總是做不到。　克氏若說現在的勞農俄國還沒有撤廢私有制度的話，那就完了，不消說得了。

（五）人有生存權，更有享樂權，這種思想，人人都共鳴的。　可是要實行獲得這種權利，滿足欲求，而必待無政府共產主義實現方能辦到，這種思想，就有弊害有缺點了。

從資本主義制度，一飛脚跑到社會主義制度，這種想法，未免把人類社會進化的理法看錯了。這種努力是無効的努力，這種犧牲是無益的犧牲，反使民衆革命的力量越發薄弱。資本主義之後，當然是社會主義，如今要跳過社會主義的階級，直接的實行無政府共產主義，結果無非是使衆人不努力絕滅資本主義罷了。實在的說起來，資本階級並不怕人提倡什麼絕對自由絕對平等的社會那種抽象的思想，他們所怕的，還是那種最有力的具體的即時可以實現的社會主義制度。

（六） 克氏說：「共產主義不單是我們所期望的，實際上站在個人主義基礎上的現社會，其進路不得不趨向于共產主義的。」 但是事實上決不是這樣的，資本階級的獨裁只能變爲勞動階級的獨裁政治，資本主義社會只能變爲有政府共產主義的社會，不能變爲無政府共產主義，這是現時的大趨勢。

（七） 克氏在「麵包畧取」書上，說集產主義的理想有兩重謬誤，一方面要撤廢資本制度的統治，一方面又支持代議政體和勞銀制度。 他又在「近世科學與無政府主義」書上，說代裁的政府無論爲自任，爲選舉，或爲平民階級獨裁政府，都是沒有希望的。　可是他這種議論在勞農俄國出現以後，早已不能成立了。　過去雖是這樣，將來未必也是這樣。　現在勞農俄國所行的獨裁政治並未擁護資本主義，大家都知道的。

（八）　克氏主張把各人的要求作分配的標準，這是很對的。　可是他反對貨幣制度，這是無政府共產主義經濟方面的缺點。　若不用貨幣制度，按着各人的要求，來行分配，勢必用「物質經濟」。　這種辦法在眞正無政府共產社會實現的時候，當然可行，但是剛在資本制度剛撤廢後以的社會裏就不可望。　無政府共產社會既是空中樓閣，所以經濟學說也成爲空論了。

（九）　無政府共產主義在經濟方面更有一個難點。　生產行爲由各部落各團體自由合意經營，這是無政府共產社會中的事，在別的社會裏就不能實行的。　若說要按照各人的要求來行分配，無論無政府共產社會中人如何有程度，總不免供給和需要有矛盾的地方。　克氏以爲革命以後的社會，各人每日只勞動四五時就可以滿足一切欲求的。　在現時的勞農俄國說，也只是每日四五小時的勞動，可是俄國不得不用中央集權管理生產的，假使俄國把中央集權撤廢了　消費委諸各人自由要求，那麼，生產的自由放任，必定要遇着很大的難關。這種地方，人人都可以想到的。

（十）生產事業若是發達到了極點，取之不盡，用之不竭，這種社會，本可以不用貨幣經濟的。不然，若要廢止貨幣就難辦到了。我不贊成廢止貨幣的，不但是要廢止資本主義和營利經濟來做前提，實在說，貨幣還要跟着經濟組織改造，或者依據理想來應用的。若是人類社會進化的理法不錯，那麼，資本主義制度之後，必是社會主義的社會而不是無政府共產主義的社會。所以排斥貨幣而用物物經濟，決難辦到。

以上十條之中，一，二，三三條是生物學的心理學的方面的根本謬誤。四，五，六，七四條是社會學方面的缺點，八，九，十三條是經濟學方面的思想的缺點。結果十條之中能夠完全贊成的是第四條的全部和第五條的前半部。其餘都是迷想，空想，若不是謬誤，便是含有謬誤根據發生出來的缺點的思想。

總之，克氏的思想，也和那些把小我人格與大我人格合爲一致的人的思想相似，一大半可以當做宗教看的。革命家不可無信教的熱情，而革命的思想却不可有宗教的內容。革命思想，要有實際的理論的內容要在現時可以徹底實行的。克氏的長處也是馬克思主義的長處，馬克思主義更有較多的長處。克氏的主義不如馬克思主義。

結論

共產主義也好，團體主義也好，都不能成爲無政府主義。不特不能成爲無政府主義，實在更覺得有需用政治的必要的。能够成爲無政府主義的，只有個人主義。

一切無政府主義，對于人性的研究太樂觀了，對于政治太悲觀了。對于人性，與其樂觀，不如悲觀，較爲合理。實在的說起來，將來實現的新社會中與其樂觀不如把悲觀做基礎實行建設，反爲萬全之策。例如就生產消費設想，假令放任就不能勻平，所以把生產和消費都歸中央管理，較爲穩妥。就是有許多人要規避的勞動，也有設法使各人爲社會作工的必要。有許多人所嗜好的物品，也要使他們習慣了爲社會割愛。至于强制，程度雖有不同，而在某時期，却有行使的必要。 監獄也要的，警察也要的，因爲要對付反對共產主義的人。 軍隊也要的，因爲要對抗那資本主義的敵國。

所以我奉勸我們相信無政府主義的朋友們，總要按照事實上理論上去爲有效的努力，不要耗費有益的精神。

一切政治的經濟的社會的組織和各種制度，都是人類久遠的歷史集積而來的，並且受了合理的判斷所指導所開拓所蓄積而成的，正所謂根深蒂固，決不是一人或數人的意見和感情表現所能顛覆所能絕滅的。 要幹這種革命事業，必定要具有一種能够作戰的新勢力方能辦到的。 說到這裡，我要推薦馬克思主義了。

評第四國際

李　達

(一)

第一國際是受了馬克思的影響於一八六四年在倫敦創立的，第二國際是繼續第一國際於一八八九年在巴黎成立的，第三國際是復活第一國際於一九一九年在莫斯科成立的。第一國際擬定了無產階級解放的方針，指示了世界革命運動的策畧；第二國際把無產階級組織了，訓練了；第三國際把第一國際計畫實現了，完成了。

第一國際是因爲當時政治形勢所迫，不得已歸於停頓的；第二國際被一般機會主義改良主義的領袖引上錯路，已喪失無產階級的信仰了；第三國際起來摘發第二國際的虛僞，從新決定用武裝的爭鬥，企圖世界革命，建設國際勞農共和國，以勞農政府的形式實行無產階級專政。

第三國際成立以來，恰好三年了，全世界共產黨的運動發展得異常迅速。據第三國際書記部的報告，差不多無論什麼國家，凡是有勞動階級存在的地方，都有了共產主義黨派的組織，而且他們的活動，很引起世人的注目，可知第三國際很得了世界無產階級的同情和援助。所以第三國際正如旭日東昇，無產階級都景仰他，支持他；第二國際正如西山落日，快要沈沒，無產階級都唾棄他，離開他了。

然而同時成立的又有兩個國際：一個是騎牆派所組織的二半國際，一個是極大派所組織的第四國際。 二半國際是德意志獨立社會黨，法蘭西聯合社會黨，英吉利獨立勞動黨等團體所組織的，他們既不加入第三國際，又不加入第二國際，徘徊岐路，無所適從，謀欲獨樹一幟，而自去年經英國勞動黨拒絕後，已是不能支持了。 只有第四國際是德國共產勞動黨和荷蘭葡萄芽遊哥斯拉夫以及英國相似之團體所組織的，他們打着共產主義的旗幟，却不肯和第三國際合作，這確是勞動世界無產階級觀聽的事實，很值得我們研究。

據第四國際的宣言看起來，據第四國際理論的指導者郭泰的言論看起來，第四國際也和第三國際同奉共產主義，也贊成無產階級專政。 就這點說，可知第四國際所信奉的根本原理完全和第三國際相同，其不同處只因為一手段有差別。 換句話說，第四國際所以和第三國際對立，並不是因為主義不同，乃是因為些少的問題鬧孩子氣罷了。

第四國際對於第三國際的政策所不願意的地方，大約可分為左列五點今依次論述於下：

一，指導者的問題；二，勞動組合運動；三，議會運動；四，農村運動；五，俄國的新經濟政策。

（三）

無產階級要實行革命，必有一個共產黨從中指導，纔有勝利之可言。一九一七年俄國革命之所以成功，與一八七一年巴黎共產團之所以失敗，就是因爲一個有共產黨在指揮而有一個沒有。無產階級革命目的，在奪取政權實行勞工專政。政權必須用武裝方能奪得到手，既用武裝就不能不有嚴密的組織，什麼勞動者自由的結合，完全沒有用處。階級爭鬥；就是戰爭，一切作戰計畫，全靠參謀部籌畫出來，方可以操勝算。這參謀部就是共產黨。關於這一點，我以爲第三國際的主張是對的。

第四國際不贊成無產階級獨立的政黨，以爲無階級產有革命應由全體無產階級加入，而不承認少數先覺勞動者所組成的共產黨立在指導地位。這種主張在理論上我是贊成的，誰也希望個個無產者都變成革命的英雄，因爲無產階級全體若都覺悟了，資本階級自然要倒的。這樣，與其依賴少數指導者來指導革命，當然不如使全體都變成指導人。但在事實上不是這樣。「階級」和「政黨」並不是一樣東西。就現在說，世界無產階級都被一大般機會主義者，改良論者，甚督教徒，以及有產階級爪牙弄汚穢了。換句話說，多數工人階級覺悟的萌芽，都被那班黃色領袖踐踏了。他們被那班領袖的邪說所迷，還不感覺無產階級革命的必要，甚至有時還甘願爲有產階級所利用。照這樣，若如第四國際的主張，要希望全體無產階級都變成革命的指導人，這恐怕要成問題了。無產階級若沒有一個共產黨來領導，決不能從有產階級手裡，從那班昏迷的領袖們手裡解放出來的。

大凡一個革命，總是少數發動，多數順應的。少數有革命精神的先織組一個精密的團體，把這種精神貫徹到全體，從事組織，訓練，以至於成就，卻不是順從多數的意見的。纔剛說過，世界無產階級還陷溺在不覺悟的途中，譬如歐戰當時，各國大多數勞動者都被愛國的社會主義所惑，反把有產階級爭利益而戰。像這種無覺悟的大多數工人，應該由少數有階級覺悟的人來啓發他們，引他們到覺悟的途上的，決不可以順應他們的。若以少數覺悟的去盲從多數無覺悟的，就要糟到極點。 所以無產階級革命，應先由有階級覺悟的工人組織一個共產黨作指導人。 共產黨是無產階級的柱石，是無產階級的頭腦，共產黨人散布到全體中間宣傳革命，實行革命。

共產黨不僅在革命以前是重要；即在革命時也是重要；革命之後又須監護勞農皆尤其重要。 除非到共產主義完全實現的時代，共產黨不可一日不存在。

（三）

關於勞動組合運動的問題，第三國際主張共產黨人加入一切已成的勞動組合，用堅忍持久的力量使其共產主義化；第四國際主張退出舊式勞動組合而另集共產主義勞動者組織共產主義勞動組合。 對於這問題，我也承認第三國際的主張較為有效。

世界革命在俄國發動以來，到現在已四五年了，各先進國無產階級所以至今還未響應，德國社會革命所以成為流產的原因，實因為有一個最大的障礙力。 這障礙力就是各國已成的勞動組合。 這些勞動組合大概都是在資本主義勢力之下組織起來，其目的在於改善勞動者的地位。他們向來被那班黃色第二國際的領袖們所指導，被磨鈍了階級的自覺心，所以弄得腐敗不堪，被加上了黃色勞動組合的徽號。他們不但不知反抗有產階級，甚至有時還替有產階級出力來反對共產主義。現在德國屬於這種組合的人員達八百萬，在英國亦有同樣的數目，試問以如許無產階級覺悟的分子，夾在兩階級之間做緩衝機，共產主義的革命又怎能實現呢？然而他們雖然沒有十分階級的覺悟，却是有組織的無產階級。共產黨的天職，以組織訓練無產階級爲己任的，所以一面要組織勞動組合以外的勞動者而加以訓練，一面要喚醒勞動組合員而引爲同志。這樣，共產主義軍隊的勢力纔能夠雄厚起來，方有勝利的希望。

若照第四國際的辦法，把一切黃色勞動組合都看做是腐敗不堪的東西，而主張共產主義分子一律退了出來。那麼，結果無非分裂無產階級爲共產主義與非共產主義的兩派罷了。共產主義者在無產階級中另占一個區域，而非共產主義者將永遠脫離不了那班黃色領袖的支配，永遠受不到共產主義的洗禮，這簡直是放棄有組織的無產階級了。這簡直是替那班黃色領袖，譬如雷金孔巴斯亨德遜一流人淘汰他們組合中的共產主義分子。殊不知那些黃色的勞動組合，固然是腐敗不堪，令人失望，但若共產主義分子下了决心加入其中運動，不見得不能使他們共產主義化。假使有幾萬的共產黨員加入各組合中組織共產主義的核心，撒布共產主義種子使他醞酵起來，一面更用別種宣傳方法和那班黃色領袖抗爭，結果一定可以得到若干同志加入自己的隊伍中來。著是黃色國際所領袖的那許多黃色組合都共產主義化了，世界革命馬上就會實現。

俄國共產黨從少數黨手裏奪取勞動組合，正是用這個法子。現在英美德各國勞動組合比六戰以前大不同了。他們之中都增了左派的分子，這便是共產主義醞酵方法的效驗。但第四國際却不肯照辦，偏要和舊式組合同盟絕交，用閉門的法子以行其部落式的共產主義。這事在他德國共產勞動黨脫離黃色勞動組合以來，八百萬黃色的組合員更趨於保守了。仍以為潔身自好，我却以為是大大的失敗。

（四）

其次關於議會運動的問題，亦有不同的主張。

第三國際主張共產黨人參加第三階級議會宣傳革命。

第四國際主張對第三階級議會同盟絕交。

我讀德國社會民主黨運動史的時候，看見柏柏爾布拉克老李卜克內西諸人最初在議會中的活動方法眞是巧妙絕倫，鐵血宰相大爲所窘，而勞工們對於社會黨的同情亦是有加無已。像這樣利用議會宣傳，實是極好的模範。但是後來資本主義勢力擴大，他們就忘記了社會革命的目的，只顧目前利益，借第三階級議會爲立法運動了。逐末忘本，遂至於賣掉勞動階級而不顧，這是惹起世人厭惡議會主義的根本原因。

然而第三階級的議會却不是絕對不可以利用的。共產黨對於革命運動，凡在可能的範圍內，沒有不利用。共產黨人若是抱着革命目的跑進議會去，利用議會而不爲議會所利用，一定可以得到很好的成績。小李卜克內西在德意志帝國議會揭破軍國主義的假面具，很得了無產階級的信仰，其次如賀格爾在瑞典幹的也是一樣。又如俄國多數黨在克倫斯基時代議會內所收的効果，也都很好。

宣傳主義最好莫如利用資本階級的報紙。　資本階級的報紙銷路很廣，許多都市和僻地的工人和農民，大概都看這類報紙。　而且這類報紙說的話，比較上易使人民信用，共產黨若能利用這類報紙作宣傳，効力必大。　而欲利用這類報紙宣傳，至好莫如到議會去演說。議會中的演說辭，無論甚麼報紙都不能隱瞞的，　就是有些懷偏見的報紙要爲有利於資本階級的報告而共產黨議員所辯論的事實總隱瞞不了。　全國有國會，地方有地方議會，共產黨若都有使徒走進議會去努力揭破資本階級政府的虛僞，陳述資本主義的罪惡，宣布共產主義的好處，喚起勞動階級的自覺，那麼，像這類演說辭，全國的地方的一切報紙，都必記載出來，宣傳事業比這再好沒有了。　共產黨處在第三階級治下，很難發行痛快的印刷物而合法的出版品，又須顧慮到觸忌政府的條文，總之，無論怎樣，共產黨在議會中要說的話，平日決不能在合法的黨報上登載的。

最緊要的，臨到革命機會成熟的時候，臨到內亂將起的時候，凡在議會的共產黨員一本到中央委員會的命令，就即時一致在議會內發作起來，和議會以外的無產階級相呼應，一面毀掉第三階級政府的機關，一面另組無產階級的政府，這便是奪取政權最好的時機。利用議會宣傳革命，實有這樣好處。所以第四國際那種要和議會絕緣的主張，未免錯過大好機會了。

（五）

其次關於農村運動問題，第三國際的主張亦很有條理。社會革命，工業勞動者固然是主力軍，而非與農村無產階級結合，就不易成就。這一點理論非常淺顯，但第四國際領袖郭泰却不以為然。他說，城市無產階級之應聯絡農村無產階級革命，在農業國的俄國是對的，在東亞各農業國也是對的，至西歐各國則不然，西歐各國農民至少也有一片土地，純粹農村無產階級很少，所以所取的方向和俄國是不相同的。這種話固然也有相當理由，但社會革命最初實應聯絡農村中這種半無產階級，至少也要運動他們嚴守中立，才可以減小阻礙力。所以第四國際對農村運動的主張，並不見得不能適用於歐洲方面。

其次關於勞農俄國所行的新經濟政策，譬如和農民妥協以及和資本主義國家通商等事，亦頗有非難。這種非難，實在沒有理由。勞農俄國之行新經濟政策，是否違背共產主義原則，我想共產主義者必能了解，決不會像資本階級那樣誹謗的。至於俄國之所以要和資本主義國家通商，係出萬不得已。若使西歐果有幾個大社會主義國家出現，俄國又何至於降格和資本主義國家通商！可惜第四國際的領袖郭泰的荷蘭，和格哈特夫人的英國不曾變爲共產主義國家，不然，俄國便可和社會主義國家通商了？

（六）

由以上所述看來，第四國際所以和第三國際對立，是因爲手段不同，並不是因爲有什麼非分裂不可的理由。我們知道：第三國際之所以脫離第二國際，是因爲主義不同，即是前者是共產主義的，後者是非共產主義的；前者是主張無產階級專政，後者是主張第三階級民治的。至於第四國際既然和第三國際在原則上是一致，就不應因爲些少進行計畫不同而遽行分裂。若因些少進行計畫不同而遽行分裂，則所謂國際的價値也就可想而知了。

資本主義已經把自己的墳坑掘好了。　歐戰剛告終的時候，資本主義已將腐壞，不過因為東亞一塊避難所，得以苟延殘喘於暫時罷了。　然而去腐壞的時期終不遠了，帝國主義的資本主義，正在準備着最末次的大戰爭，爆發就在目前了。

自從一九一七年世界無產階級和世界資本階級第一次在俄國交綏以後，無日不在戰爭狀態中，所以無產階級，應當用十分急進的作戰的精神，利用一切可能的機會，猛烈的從事宣傳，運動，組織，訓練，務期軍勢充實，以便一鼓推倒資本階級。　千金一刻的光陰，只應努力實行，豈可清談誤事。　否則，若當戰事進行之中而猶高談闊論，貽誤戎機，這便是故意分裂無產階級，等於放棄世界革命。　我極希望第四國際的創始人，能夠犧牲一點意見，勿固執「國家的布爾什維主義」或「愛國的布爾什維主義」，勿幫助敵人攻擊第三國際，務為和第三國際併合起來，完成世界革命。　所以我的結語是：

階級的白兵戰快接近了，世界勞動者團結起來！

一九二二，四，二三，於上海。

實行社會主義與發展實業

周佛海

社會主義為救現代社會一切惡弊的萬能藥。恐怕就是反對社會主義的人，良心上也是承認的，不過裏面還須討論的，就是中國於最近的將來，能否實行社會主義一問題。近一年來談社會主義的雜誌很多，雖其中也有短命的，但是都似乎有不談社會主義，則不足以稱新文化運動的出版物的氣概。在這個社會主義風行全國知識階級的內面，反對他的人當然不能說沒有。但是求其發表議論，積極地攻擊他，及取研究的態度，把他能否適用於中國一問題，詳加討論的，我簡直沒見過，沒聽過。我當時心中就生了許多疑惑：我們中國人未必都覺悟了嗎？未必都相信社會主義嗎？未必在中國實行社會主義都沒有困難地方，都沒有須商榷的地方嗎？不然，出版物上，怎樣沒看見一篇積極地反對社會主義，或對於他抱疑惑的文章呢？果真都覺悟了，果真都相信社會主義，果真中國實行社會主義，沒有困難地方，沒有須商榷的地方：那是我日日所夢思，所希望的，那還有對於這個現象，也不滿的理道。 但是其實不然；中國人是否都覺悟了，是否都相信社會主義，我不能知道人一一而問之，所以還不敢決定他們沒有。 但是中國要實行社會主義，就是提倡以社會主義爲終身宗教的人來看，確有一些困難地方，確是有些須商榷的地方，（後面詳說），何以竟沒有人來提及呢？ 可見得這些主張社會主義的，先生們，沒有把社會主義他本身下一番切實的研究工夫；即對於社會主義，有相當的知識，而沒有把他和中國的現狀，拉攏來研究一下，大概都是時髦主義，東挪西扯地說幾句馬克斯主義，說幾句共產主義，樂出個風頭；其對於實行上的問題，他們夢中都沒有想到；又何怪他們不發現出實行上的困難？ 所以我對於這存反對或討論社會主義的文章的現象，不但不歡喜，并且非常悲觀。 就是悲觀這些先生們只是談社會主義，而沒有實行社會主義的決心。 所以我很歡迎或反對討論他的文章。

自從羅素到中國來後，我預想談社會主義的，一定會要大加勇氣，大吹大擂地來談了。那曉得結果實得其反。 因爲羅素有「中國須發展實業，振興教育，」的兩句話，反而相反對社會主義的來討論了。　還離出我意料之外，我恐怕還要生出好結果，就是大家都會要一去盲從的態度而取研究的態度了。　所以有些人對於為這種討論的人，大加攻擊，我卻不然。我不但不攻擊他，反非常歡迎他這種議論。　一個問題越有反對，才越能引起討論。設若沒有這種反對議論，就是我這篇文章，也不致於做了。

反對社會主義的議論，是以中國現在宜發展實業，振興教育，不宜空談社會主義為論據的。　對於振興教育一問題，將來再做專文討論。　現在只討論實行社會主義和發展實業的關係。

一　中國現在是否有實行社會主義的必要和資格？

我現在先要討論中國現在是否有實行社會主義的必要和資格，然後再進而論實行社會主義；和實業發達與否沒有關係。

有些人以為歐洲社會主義所以發生的，是因為產業革命底結果：小資本變為集積的大資本：家庭勞動，變為工廠底勞動。　資本家和勞動者兩階級底對立一成立，兩者底懸隔一太昔，於是才有社會主義出來救治這種弊病。所以近代工業不發達的國家，不致於發生社會主義，就是發生了，也不容易入人之耳，中國現在，簡直可以說沒有資本家，沒有勞動者。既然沒有勞資兩階級底對抗，當然就沒有從這個對抗，生出來的惡弊，既沒有這種惡弊，當然無須救治他的藥。所以結論就是沒有行社會主義的必要。這種議論驟聽之似乎有理，其實不然。我要問中國實業是否有發達的一日？就是資本家與勞動者，是否有階級對抗的一日？我又要問中國現在是否有貧富懸隔的現象。對於第一個問，誰也不敢答沒有。既有勞資兩階級對抗的一日，那末，由這個對抗所生的惡弊，也有發生之一日。像這種惡弊的可驚，可怕，以及悲慘，殘酷的程度，我們只要看一看各工業發達國底勞動階級底生活狀態，和資本階級墮落腐敗的狀態，就可知了。我們是否硬要等到這些弊病，隨着資本主義流到中國來，并且等他根深蒂固了之後，才來謀救治呢？詳說起來：就是硬要等到勞動者陷於悲慘的境遇，才來救濟他；資本家作出大惡來，才來謀推翻他嗎？無病而呻，都固然是沒有意思；無病防病，那就不是無意思的行動了！例如當虎疫症（Cholera）流行的時候，我們還是等到受了傳染，病上了身之後，才去就醫，還是於未受傳染之前，先行防預注射呢？（行了預防注射之後，是否絕對不受傳染，這是醫學上的問題，我不能決定）我恐怕沒有這樣蠢的人，便要等到瀕死的時候，才去就醫！便要等到病已上身，才去就醫，自能救一死，而所受的痛苦，所費的手續，究竟與行預防注射時所受的，所費的，那相差多少？這個原理也就可以適用於預防資本主義上面。有人說我們何妨等到資本主義成熟後，再來實施，乃一定要於這樣「庸人自擾」「無的放失」的事？我們以為這種「臨來抱佛腳，平時不燒香」的劣根性，我們總要極力排斥。等到資本制度根深蒂固的時候，你要想推翻他，恐怕也沒這樣容易了。那時非經長期的爭鬥，受極大的犧牲，決不能推翻這盤已固的資本制度。試看歐洲勞動運動，已幾十年了，各大國除俄國及灰色的德國外，他們是否已推翻資本制度？我們看一看他們怎樣艱難，怎樣爭鬥，怎樣犧牲，就越覺得中國於資本制度未鞏固之先，就更有實行社會主義的必要了。我們並不是怕爭鬥，然而也不必故意去找爭鬥；我們並不是怕犧牲，然而也不必故意去找犧牲。我們若要免掉長期的爭鬥個巨大的犧牲，我們就不得不於資本制度還沒有堅固的基礎之先，實行社會主義，換一句話說：就是中國現在有實行社會主義的必要。加以中國貧富懸隔的現象，日甚一日，這種必要的程度，就更加一層了。

次論到中國是否有實行社會主義的資格。

吾人爲實行社會主義，爲絕對不可缺的武器，就是勞動階級。國內沒有勞動階級，絕對是行不成社會主義的。試問中國有無勞動階級？雖然通都大邑，也有了幾個，他們底勢力怎樣？在這種狀態下面，當然沒有行社會主義的資格。這話驟然很近情理，其實不然。社會主義是爲勞動階級而生的，所以要實行他，非有勞動階級不可：這是我們所承認的。然而勞動階級之所以必要，是因爲要他對抗資本階級的。因爲資本階級有了階級的結果，勢力偉大，所以勞動者要和他們爭鬥，也非有階級的結果，增大勢力不可。設若沒有資本階級，勞動階級已不成爲實行社會主義上的唯一武器了（至於沒有勞資兩階級時，應否實行社會主義已於前面說明）。那末，我就要問他是否承認中國現在有勞資兩階級。設若他承認有資本階級，那末，一定就有勞動階級——因爲他們是互相關聯的。既有勞動階級，我們就可拿他來對抗資本階級了。怎樣沒有實行社會主義的資格呢？設若他承認現在中國沒有勞動階級，那末，當然也就是沒有資本階級了。既然沒有資本階級，那麼，就不能拿有無勞動階級的理由，來決定有無實行社會主義的資格了。質言之：就是在沒有資本階級的社會裏面，雖然沒有勞動階級，也可以行社會主義的。所以中國現在即使沒有勞動階級，也斷不致於失掉了實行社會主義的資格。至於中國現在富力不充，將來一遇列國底封鎖，就要坐以待斃；所以也是沒有實行社會主義的資格一問題，等到後面再詳說。

由上所述，我敢下結論道：中國現在有實行社會主義的必要和資格，

二　社會主義與「人」的生活

有人說中國現在硬窮極了，一般下等的人，簡直不是在過「人」的生活。所以我們最要緊的問題，就是要使他們得過「人」的生活，不必空談社會主義。而要使下等人民過「人」的生活，就是要開發富源，發展實業。這個話似乎很有理的。但是我要問社會主義，是不

是以使一般人得過「人」的生活為目的的？ 社會主義是不是不肯發展實業的？ 若說「空談」社會主義，於事無益；這確是真的。 但不是「空談」，而是「實行」，又便怎樣？ 設若只是「空談」，則空談社會主義，固然是無益；然而空談開發實業，又是有益的嗎？ 設若是「實行」，則實行在資本制度下面發展實業，所得的結果，與我們努力前進，趁早實行社會主義所得的結果，那樣好些？ 要使下等社會的人民，得過「人」的生活，固然是我們承認為極緊要的事。 但是要使他們過「人」的生活，而其方法乃出於資本制度，我恐怕其結果乃是南轅北轍，適得其反。 一天關於工廠裏面，做十點鐘以上的工，所得還不足以養活，這是不是「人」的生活？ 早晨天未亮就出去，晚上天黑了才回來；甚麼人生的愉快，家庭的愉快；他們一點都沒嘗過：這是不是「人」的生活？ 其餘一切的悲慘情形，簡直是說不盡。 在資本制度下面發展實業，使下等社會所得過的「人」的生活，如是而已！我們要想使他們過的生活，就是這樣嗎？ 設若就是這樣，我恐怕中國現在一般窮民所過的生活，比這個還好得多，至少也比還不得壞。 現在一般的窮民，固然是衣食不足，生活不安定；然而在資本制度下面的工人。誰能保他豐衣足食，生活安定？　現在一般貧民，固然也是一日到晚地作工。，但是與其在樹木青葱，空氣新鮮的原野裏作工，和一日到晚地困在煤氣充天，空氣汚濁的工廠裏作工，誰是「人」的生活？　一日到晚地在青天白日下作工，和一日到晚地蹲在鑛坑深處，連外面的晴雨都不知道，像牛馬一樣地作工；誰是「人」的生活？　在社會主義制下，固然免不掉在工廠鑛山裏作工，然而那時工作的條件，和工作的設，比備資本制度下面的總要好得多，總不致於過像資本制度下面的工廠鑛坑這樣的「非人」的生活。　所以不說要使人過「人」的生活則已，不然，除掉了實行社會主義一法外，簡直找不到第二個方法。若說資本制度，反是使人過「非人」的生活的。　歐美各國勞動者底生活狀態，我沒親眼見過，然據我看見日本勞動者底生活狀態，簡直是和動物一樣，還說甚麼「人」的生活，假設中國實業發達，就到了日本現在這樣程度：而勞動者所過的生活，還不是和日本現在的勞動者的一樣？　我們能承認他是「人」的生活嗎？　人家大錯已鑄成，現在正在極力地謀打破；而我們乃照著他底覆轍走去，這真是舍福求禍了。　所以我嘗複地說一句道：要使一般貧民得過人」的生活，非實行社會主義絕對做不到。

三　社會革命與犧牲

有人說道：「現在要實行社會主義，就免不掉社會革命。中國經過這幾年內亂，元氣銷磨殆盡，還能經得起一次革命嗎？設若還有革命，就是他底催命符；就是使他陷於萬劫不可復的境遇。所以我們現在只有發展實業，以培養元氣。等到資本主義發生弊病時，再由政府底力打破他，來實行社會主義。就是要行社會革命，當時元氣已充，也可以受得住戰亂底犧牲了」。現在行社會革命，要生出種種犧牲，這是我們所預料的。中國現在，已受不起革命，也是我們所知道的。但是設若我們既有了實行社會主義的決心，就等到實業發達，資本制度確立以後才來行，是否能免犧牲？果有餘力經得起革命？現在實行社會革命，固然是要犧牲，然而就是等到實業發達後，其犧牲就要更大；當資本制度未成立以前，想着方法避開他而實現社會主義；與資本制度地盤已固，實力已充，再來謀推翻他而實行社會主義；其犧牲的孰大孰小，雖三尺童子也能知道。我現在舉兩個正相反對的例來証明，俄國一九一七年的三月革命，乃是有產階級對貴族階級的革命，不算得是社會革命：這大概是人人所承認的。唯其因為有產階級剛代替貴族階級而興，基礎還沒鞏固；所以十一月革命，沒有受甚麼大犧牲卽完成社會革命。一八四八年的法國二月革命，人人都知道他內裏社會革命的彩色很濃的。但是因為一七八九年大革命後，有產階級底基礎已漸漸鞏固，所以雖然有社會革命的舉動，其結果窮民被打死無數，而有產階級還依然如故。所以旣決心行社會主義，不但早晚都要受犧牲，并且愈行得晚一點犧牲必愈大。旣然早晚都須經過一次，我何妨早忍心受過這次，早來謀幸福呢？假若將來的犧牲要大些，我們何不舍將來的大犧牲，而就現在的小犧牲呢？至於說等到實業發達後，才有受犧牲的餘力，這卻不然。設若將來犧牲的程度，和現在所必受的是一樣，那末，元氣多培養一層。就多有一層實力；雖受犧牲，而不致於破產。無奈那時的犧牲，比現在的要大得多。元氣雖加一層，而犧牲卻也要大一層；其結果就是正加負還是等于零。所以於元氣衰弱時受小犧牲，和於元氣充足時受大犧牲，其結果都是一樣。犧牲既然免掉不，結果既然是一樣，我們當然走早一日受犧牲，早一日謀幸福的這條路。　至於說將來可用政府能力，來打破資本階級，這眞是夢想。　因為等到資本階級發達了的時候，政府就是資本階級，資本階級就是政府，政府一切最少的行動，都要受資本階級底支配。　馬克斯道：「現在的政府，是處理有產階級底一切事務的公共委員會」。　要想以他們底公共委員會底力來打破他們，不是夢想嗎？

總而言之：我們早晚都要犧牲；所以與其緩一日受大犧牲，不如早一日受小犧牲，

四　在資本制度下發展實業的恶弊

在現在經濟狀態下面發展實業，我們不能說全無益處；然而仔細考察，就可見他的害處還過於他益處了。　在現在狀態下面，發展實業，只有四個辦法：一，由國家來辦，二，由資本家來辦；三，由勞動者集欵來辦（這是羅素說的）；四，用協作社來辦。　現在的國家，你要說破壞則有餘，——現在恐怕連破壞的力量都沒有了——要能來發展實業，一定是靠不住的。　所以第一個方法不足恃。　勞動者連自己底飯都喫不飽，那還有力來辦實業？

點末，第三個方法也靠不住了。　組織協作社來辦，固然是好的，然而肯組織協作社的，是熱心而無錢的人，有多錢的人不肯來組織協作社。　你試隨便問那一個稍有巨資的人，問他還是願意獨自當資本家，或爲資本家內一個大股東來辦實業，還是願意加入協作社。　我敢決定他們不願意加入協作社。　所以卽有幾個熱心的人來組織協作社，來辦實業，也不過占全數的極小部分，其餘的大部分，不得不讓資本家來占了。　所以說來說去，其結果要發展實業，還只有由資本家來幹。　而資本家發展實業，最大且最顯著的弊害，厥有數端，現在分別地說來：

（一）財閥和軍閥官閥打成一團。　現在要到內地各省會各都會去辦實業，非和本地的武人官僚聯絡成一氣，他們就要用種種方法，使你底企業不能成立。　所以要想企業成功，一定要和當地武人官僚，一鼻孔出氣；或邀他們入股，或竟送股份給他們；或約互相維持。　那麼，軍閥，官閥，財閥遂合併而爲一了。　從來軍閥，官僚，雖有腐敗政治，壓制貧民的勢力，而苦財力不充，財閥雖有財力，而苦沒有勢力。　現在軍閥官閥，則假財閥底財力而助其勢力；財閥則假軍閥官閥底勢力，而助其財力。於是狼狽爲奸，彼此都可以暢所欲爲，政治之黑暗，貧民之痛苦，遂因之益甚，我們只想推翻軍閥官閥已竟不易，而復加以財閥與他們的結托；財閥只以其財力，已可制貧民之命而有餘，而復加以軍閥官閥和他們的提携。其結果就是支配者底勢力越固，被支配者所受的壓迫越甚。將來社會上的黑暗悲慘，不知要到甚麽程度。對於貧民還有甚麽利益可言？

（二）

軍閥官閥搖身一變而爲財閥。現在的軍閥官閥，卽以最小限度而言，誰沒有擁貲數十萬？現在國民打破軍閥官閥的呼聲，一天高似一天；他們見勢頭不佳，於是將以所擁有的貲財，搖身一變而爲財閥。再由財閥底資格，來操縱政治，肆行陰險狡詐的伎倆，以壓制貧民。那末，軍閥官閥底名目雖消滅，而他們底惡毒，還依然存在不過表現的形式不同罷了。所以用資本家來發展實業，就是使軍閥官閥有蛻化的餘地。以保全其固有勢力。

（三）釀成將來的大亂，有人說卻使軍閥官閥，變爲財閥，卻不利中國有內亂；所以中國底內亂，就可以稍止。這卻是確事。但是現在的內亂雖可稍止，而將來的大亂，就因此蘊蓄於這個稍止的時期內了。財閥既得勢，則資本階級當然確立；將來要打破資本階級，須經長期的爭鬥，這固然是個原因。財閥既得勢，則不獨社會上貧富階級，將愈懸隔，愈明瞭；政治亦必愈黑暗，愈腐敗。於是政治革命，將和社會革命同時爆發而不可復遏。彼時財閥在政治上社會上既有穩固的基礎，一時不能推翻；而財閥欲用其政治上，社會上的勢力，完全撲滅貧民的反抗，也是決做不到。於是長期的大亂，就要從此開幕了。所以內亂雖可稍止，而這個稍止的時間，就是給長期的大亂底種子以醞釀成長的機會。

上面所述的，不過是在中國現狀下面，用資本家來發展實業，所必生的特殊惡弊（六至二二）。至於用資本家來發展實業，所必生的一般的惡弊（二三至二五），例如資本階級底道德墮落，勞動階級底生活困難等事，已有工業最發達的各國，實地演出來給我們在了，若要把他一一舉出，至少也要成一篇長文。所以就不說，諒大家也早已知道了的。

由資本家來開發實業，既有這樣一般的惡弊，復加以中國底特殊的惡弊，我不知將來的社會，要現一種甚麼現象。 所以有人對我說，由資本家來發展實業，雖然有些弊病，我們總不能「因噎廢食」；我就答他道，我們明明地見着他這些惡弊，我們又甘心「飲鴆止渴」嗎？

有人又問道，「此後外國底資本，將如急風暴雨地侵入中國；我們要防止他這種侵入，只有獎勵本國資本家來辦實業一方法。 設若本國資本家一推倒，外來資本，不是要自由地侵入嗎？」 外國資本底侵入，固然是極可怕的；我試問本國資本家就不被推倒，能抵抗外國底侵入嗎？ 現在我們還沒有被推翻，而外國資本底侵入，是否已經抵抗住了？ 我又要問資本家，倒底，我們就不發展實業嗎？ 謀抵制外國資本，除了以外，就沒有別法嗎？ 設若說現在資本家不能抵制外國資本。 是因爲資本家少了，設若資本家一多，企業一盛，當然就可以抵制；然我總敢斷言以資本家來發展實業，不獨不能抵制外國資本，反足爲他作嚮導，開門揖盜地引他進來。 不信，試看現在有幾個大企業，不是中外合辦？ 因爲和外國人合辦，於資本家有兩種利益：一是經濟上的，一是政治上的。 經濟上的，就是利用外國資本家底財力；政治上的，就是借外人底勢力來保護，以免武人官僚底壓迫。 有這兩種原因，我敢決定在中國現在這個狀態下面，叫資本家來辦實業，決難免他們喜歡和外人合辦。那末，就是叫他們引外國資本進來，還說甚麼抵制！

總而言之：資本家來辦實業，社會上多數人決不能受他們利益，他不過幫着外國資本家來掠奪壓迫中國人罷了。

五　實行社會主義與外交問題

有人說中國現在實業不發達，仰給外國的東西甚多。 設若實行社會主義，列強將以對待俄國的手段，來對待我們，把我們一封鎖，那時物質缺乏，沒有來處，這不是自殺嗎？這確是個最大的問題，我前面說中國實行社會主義時，有困難的地方，就是指這一點。 因爲我們現需要外國底機器，原料，製造品，專門人材以及一切日用所必需的東西，非常之多。 那末，沒有機器，沒有原料，沒有專門人材，我們就要發展實業。 又怎樣來發展呢？

況且日用所必需的東西一缺之，生活都不能維持了，遑論及他。這個問題在我腦內盤旋了好久，總不得解決。想來想去，只想得一個方法。就是我想我們實行社會主義，俄國一定要來幫助的；那時我們所需的東西就可仰給於他。然而這不過是無聊中的自慰方法，我知道是不十分靠得住的。所以這個難關，總是哽在心裏不快活。我想熱心社會主義的人，也會有這個同病罷，

然而現在得了解決的方法了。我們定可以超過這種困難了。我們所怕的，不是列國像封鎖俄國一樣，來封鎖我們嗎？設若他們果來封鎖，這確是困難。但是誰又能決定他們一定要來封鎖呢？而我卻敢決定他們決不致於來封鎖。協約國和俄國通商的消息，已一天一天地傳起來了。英俄通商的條約且將成立了。這就是證明協約國知道封鎖人家，于自已也是沒有利益的；就是證明他們封鎖底失敗。他們既有了這一次經驗，還敢重演第二次失敗嗎？再進一層，我們要研究協約國為甚麼要封鎖俄國。據我底觀察有三個原因：一一）勞農政府單獨與德媾和；(二)宣言廢棄一切國債；(三)向各國宣傳他們底主義。協約

國要封鎖俄國的，我想就是爲這三大原因。　試看主張封鎖最力，且極不贊成和俄國通商的，乃是法國一事實就可證明了。　法國爲甚麽這樣？　一，因爲德國是法國底深仇宿怨，而俄國乃於戰事吃緊的時候，單獨和德國媾和；二，革命前只有法國在俄國投的資本最多；三，俄國宣傳主義，法國就要首當其衝。　從這裏看起來，可知他們封鎖俄國，是爲這三個原因了。　試問中國將來，也有這三個原因嗎？　第一個不成問題。　中國當然沒有的。　第二個，我們只要承認一切國債，（俄國最近也曾這樣宣言）就可免掉以。　第三個，只要我們不向外國宣傳，當然可以沒有。　協約國封鎖俄國的原因，我們既然一個都沒有，我就敢斷言他們不致來封鎖中國。　況且封鎖中國，於他們也有巨大損失。　第一，因爲他們原需中國底原料品甚多；第二，他們要以中國爲銷行他們底製造品的商場。　所以他們決不致於和中國斷絕經濟關係以自苦的。　但是這裏還有個難問。　就是我們要推翻資本家，就不單是本國資本家，而必連外國在中國的資本家一起推翻；外國人在中國經營的事業很多，他們既然受了這種損失，他們底國家，一定會不承認我們社會主義的組織的。　但是這也容解決的方法。就是只經他們依從我們底產業經營法，工廠管理法，以及一切關於產業上的法規，我們儘可許他們依舊在中國經營事業。是俄國最近，也曾決定這個辦法。我們實行社會主義，既然於他們都沒有損失，他們爲甚麼一定要來反對我們呢？

有人又怕列國將要像援助台尼金（Denikin），柯爾恰克（Kolchak）和欲台里超（Yudenich），蘭格爾（Wrangel）一樣，援助中國底反社會主義派使他們和我們戰爭。我也敢斷言這件事是沒有的。協約國所以要援助他們。打倒勞農政府的，也就是因爲上述的三個原因。我們既然一個都沒有，他們怎樣又甘心情願做這個惡人？況且外國人不願意中國有戰爭，比中國自己還要甚些——日本除外。設若社會主義占了優勝地位，他們決不致於援助將死的反社會主義派，延長戰爭，使他們自己受損失的。設若社會主義還沒有占優勝地位，那就是我們底運動沒有成熟，就是反對派沒有外人底援助，我們也不能成功的。而怕列國援助反對派一事，是不足慮的。

六

綜上所述，就是叫資本家來發展實業，決沒有好結果，實業就沒有發達，也可以實行社會主義。不過這個社會主義，要絕對地不受一切舊政黨——無南無北，不管他是護法違法——支配，不受一般與偉人政客以及一切過去人底操縱，這才算真正的社會主義。

一九二一，十二，十〇

進化與革命

周佛海

資本制度一發達到絕頂，他內裏的弊害，矛盾，也就要達到絕頂，于是資本制度就拿着自己底刀來殺自己，自然而然地要歸于崩壞，消滅；這個時候代資本制度而興的，就是社會主義的組織——不論你喜歡他或憎惡他，他都是要老氣橫秋地跑來的。資本制度發達一層，他底惡果就要隨着利害一層，他底惡果利害一層，因而社會上大部分人底痛苦，也要更深，更烈一層，因為要免掉社會上大部分的人受最深刻劇烈的痛苦，所以不等到資本制度發達到頂點，就用人力把他推翻起來，另建新社會組織。 這個時候請來補缺的，就是社會主義的組織他老先生——不論他已成熟或未成熟，都要拉他上台。

這就是從資本主義組織到社會主義組織的兩條路，寬一點說，就是從一切舊組織到一切新組織的兩條路。

前者叫做進化的過程（Evolutional Process）後者叫做革命的行動（Revolutional Process）。

我們還是依進化的過程，讓舊組織——資本主義的組織自己去崩壞，新組織——社會主義的組織自己去發生呢？ 還是取革命的行動，促要崩壞的舊組織快點崩壞，則要發生的組織早些發生呢？ 這是我們要想努力改造社會的人要即刻下一番苦工夫研究的問題呀！

自俄國革命以後，社會主義的思想奔騰澎湃從西方流入中國的時候，反對者則閉起眼睛頑固的胡亂反對，也不問社會主義是否以這樣的頑固的反對就可以不出現的。主張的人則張開嘴巴籠統地主張，也不問社會主義是否以這樣的籠統的主張就可以實現的； 但是這是一種新主義，新思想初發生時的必然的現象，是不足怪的。 後來有些主張社會主義的人，忽然轉過來主張起資本主義來了。問他們為甚麼這樣變節，他們就說社會主義能實現與否，一是和資本制度發達與否有最密切的關係的，資本制度發達一點，社會主義底勢力也就要隨着發達一點，資本制度發達到十分，社會主義底勢力也就要發達到十分，這個時候就是新舊兩制度交代的時候，明白地說，就是資本主義的組織崩壞，社會主義的組織代之而興的時候，沒有資本制度，社會主義決不能得勢，所以要社會主義實現，必先使資本制度發達，要使社會主義趕早實現，必先使資本制度趕快發達，所以他們主張資本主義，並不是以資本主義為終極的目的的，不過是為實現社會主義的一個手段罷了。 這就是他們反過來主張資本主義的理由。 做一句話說，就是他們主張自然的進化，對于他們這種變化，不待說是有許多人要攻擊的。 然而平心論起來，只要他們沒有別的作用，別的陰謀，我敢承認他們這種思想，是進了步的，（若有別的作用和陰謀，當然應作別論）。 因為比較他們不研究社會主義在甚麼條件之下，才能發生，用甚麼手段才能實現，只是籠統地，漂皮地，看着新奇，投着時好來講主張的時候，確是鑽進去下了一番比較分析的研究工夫的。但是可惜他們的研究，只看出眞理底片面，而忘却他底另一面。總而言之：就是沒有看見眞理的全體。我希望他們再下一番研究的工夫，若看出他的全體，或者再轉過來主張一種更爲進步的思想——復歸於社會主義也未可知。

怎樣說他們只研究到眞理底片面而忘却另一面呢。聽我慢慢說來。

先簡單地把大體的意思節起來說，就是：從一個舊社會組織變爲一個新社會組織，單只讓他們自然一個去自然崩壞，一個去自己發生，而不加以人力的促進，是不行的；同時無視他兩者成熟與否，臨來破壞，建設，也是不行的。換句話說，就是單只讓他們去進化，是不行的；同時單只取革命行動，也是不行的。單只迷信進化，就是只看眞理底片面；單只倚賴革命，就是只看見眞理底右面，我們要看見眞理底全體，就是要一方面不要無視進化，同時則一方面又不要無視革命。進化和革命，表面上看起來，似乎是互相矛盾的，其實他兩者和一個人底兩條腿一樣；設有左腿，右腿不能走一步；設有右腿，左腿也是無法獨走的，同樣我們可以說自然的進化，離不得人爲的革命，人爲的革命，也離不得自然的進化。要把他兩者合而爲一，同時主張，確是一件不容易的事，然而確又是一件不可缺的事。這個地方，我真佩服馬克斯。

前說的由主張社會主義而變爲主張資本主義的人所持的見解，是自然的進化而漠視革命的行動，所以，指出他們的謬見，須說明進化是少不得革命的。然而革命也是少不得進化，我現在先把這個理由略說一說，然後再說前者。

甚麼叫革命？革命就是用人力打破一切舊組織以創造一個新組織。所以革命這兩個字裏頭，含着有兩層意思；一是破壞；一是建設。破壞不待說就是破壞舊的，建設不待說就是建設新的。舊的爲甚麼要破壞。因爲他已不能滿足人們底要求，更把們的一切弊害，惡毒都表現出來了。爲甚麼要建設新的。因爲他能除去舊的底一切弊害，惡毒，而滿足人們一時的要求。但是設若舊的還是應着人們的要求，沒有露出一點弊害，我們爲甚麼要。（Zerstören）破壞他。就是盡九牛二虎底力來破壞，又怎樣能。（Konnen）

破壞他。　舊的還沒有露出他底弊病，就是新的還沒萌芽。　他底萌芽都還沒有，我們怎樣（三二）來建設他。　新和舊的關係，就是藥和病的關係。　病出現了，醫生才知道要下甚麼藥來醫，設若沒有病，你叫醫生拿甚麼去醫？　去醫甚麼？　所以要革命——破壞與建設——須等舊的（又可叫做現存的）去自然進化到某一定的程度，然後才行，不然，不但不能行，且不須行。　所謂舊的（現存的）組織底自然進化，也有兩層意思：一方面就是舊的漸漸暴露出他自己底惡弊，同時別一方面就是漸漸育成新的底要素。　新的底育成，是包含在舊的底發達裏面的（從這一點看，新舊又是子母的關係），所以讓舊的去自然進化到某一定的程度，同時就是讓新的去自然進化到某一定的程度。　等到舊的進化到某一定的程度——他的惡弊表現到某種程度，我們就可運動拿進化到某種程度——他的要素育成到某種程度的新的來代替他，不必一定要等他的惡弊暴露到十分。　但是當舊的還沒有進化到某種程度的時候——他底惡弊還沒出現，新的還沒萌芽的時候，就來革命，（破壞舊的，建設新的）就是盲目的，無意識的行動，決沒有價值可言，決沒有成功可望的。　這就是革命沒視不得進化的主要原因。

再進而論不能專靠進化而沒視革命。

中國現在有些反對社會主義運動的人，他們以爲資本主義必倒，社會主義必興，所以我們可以任他們自己去到，去興，不必來運動。他們這個見解，自以爲是立在馬克斯底唯物史觀上面的；記得有位先生，在東方雜誌十八卷一號上面，把馬克斯經濟學批評底序抄出來，來反對中國現在的社會主義運動；他把馬克斯底招牌拿出來騙人，說他的結論是從馬克斯底唯物史觀演繹出來的，要推倒他的結論，必先推倒馬克斯底唯物史觀。 他們都以爲有着馬克思底招牌，就再沒有人敢反駁了， 中國現在就決不能行社會主義運動了。 其實他們的見解，就是俗語所謂「只知其一，不知其二。」就是我前面所說的只看見眞理底片面。 爲甚麼呢？ 因爲他們只看見馬克思底唯物史觀，沒有看見他在別一方面還主張階級鬥爭！他們若說資本主義必倒，社會主義必興，可以任他們自己去進化；我就要問他們主張經濟的定命論的馬克斯，爲甚麼要主張階級鬥爭？ 他們若說中國現在沒有行社會主義運動的資格，因爲中國產業還沒有發達到十分，就和那殼內的雛沒有成長到十分，—倘若十分發展的餘地，」—不能用人力來破壞是一樣：我就要問他在距今七十三年前的一八四八年，馬克斯爲甚麼還在共產黨宣言裏面主義階級鬥爭？　爲甚麼在發表共產黨宣言的一八四八年以前——的距今八九十年就來行社會主義運動？　未必八九十年前，歐洲底產業，已發達到十分了？　未必歐洲底雛，在八九十年前，「已沒有發展的餘地」了？　若說已沒有了，爲甚麼在八九十年後的現在，他底殼還沒破？　若說還有，爲甚麼馬克思就來運動打破他？　這幾個問題若不得充分的解釋，我們也就可以說道：「我們的運動，是根據馬克思底行動的，要反對我們的運動，須先一筆抹殺馬克斯底歷史底全部，和其學說底一半，不過這樣拿偶像嚇人的手段，我們是不屑爲的，所以我要就實際的真理來說。

爲甚麼不能專倚進化，而要加以革命？　要答這個問題，我們須分兩段來考察：一是能否的問題；一是時間的問題。　詳說一點，就是：專倚進化，新社會是否能代舊社會而起；一是假使卽能，專倚進化所需的時間，和加以革命的行動所需的時間，那個要長一些。

先就第一個問題來考察，主將專倚進化的人，把社會底力量太看重了，而以爲生活於社會內，組織社會的人羣決無勢力奈何他的。　殊不知社會自然的進化，固可以左右人羣，人羣亦未嘗不能以他的勢力，左右社會。　自由然進化底趨勢看，一時不能達到的某種狀態，而人羣可以他的勢力，即時或于最短的時期內使他出現；反過來說，據自然進化底趨勢看，本來一定要達到的某種狀態，而人羣可以以他的勢力，使他不能達到或延長其達到的時間。　例如據理論說，　雖然是讓資本主義去發達到十分，　他自然要自斃的，然而實際是否一定照這樣進行，還是個大大的疑問。　爲甚麼原故呢？　因爲從資本主義自然地進化到社會主義，內裏一定要有一種必具不可缺的條件，有這種條件，才能斷定資本主義一定要歸于滅亡，不然，只是空想，當然沒有科學的價值。　但是這種條件，人羣是否一定沒有能力來消滅他的，設若人羣可以用他的知力想出方法來消滅，那末，自然進化所必需的條件一被消滅，自然進化他自己不是就靠不住了嗎。　然而人羣確有能力來消滅他，這幷不是假設的。　馬克斯爲甚麼敢斷言資本主義必倒，社會主義必興？　因爲他看出了他兩者一興一亡所必要的條件，以這個條件爲根據來推論的。這種條件在資本制度下面，是必然要發生，而在社會主義底實現，（就單倚進化說）是一定不可缺的。甚麼條件。就是他以爲在資本制度進化底過程中，中產階級（Middle class）一定要滅亡。這個中產階級滅亡（the middle class）就是資本制度底催命鬼，社會主義底送生神。馬克斯以爲在資本主義的生產組織下面，產業一定要集中，所謂產業集中，就是大工場幷吞小工場，大資本家底資本，幷吞小資本家底資本，是以中產階級的人底資本，企業，都一定要爲大資本家所奪去，而自墮爲無產階級；而大資本家則因爲幷吞了小資本家底資本和企業，資本愈弄愈大，其結果就是社會分爲兩極端的階級——最富的資本階級和極窮的無產階級——而對立（這兩階級底人口，是恰相反的，資本階級的則愈弄愈少，無產階級的則越弄越多）。他們既然這樣各占在兩極端的地位上而對壘，戰爭就不得不隨之發生。而戰爭最後的勝利，一定要歸人口最多的無產階級。無產階級底勝利，就是資本主義底滅亡，社會主義底實現。

但是馬克斯所視爲資本制度必倒社會主義必興的重要條件的中產階級滅亡，究竟是不是照他所預想的那樣進行，還是一個疑問。設若竟不如他底預想，都未．具錄着自然的進化，資本主義又如何能倒，社會主義又如何能興。其實中產階級滅亡的一事，并不像馬克思所預言的，至少也沒有像他那樣說的很。修正派的伯倫斯坦（[illegible]）學統計上的數存來反對這一說，固然不能十分可靠，但是人羣在經濟界中，發現了有種特殊的組織，這個組織底發達，無足以防止中產階級滅亡的這個趨勢，至少也可以大大地緩和他，這就是公司組織底發達。

在資本制度底下面，固然是小規模的企業不能將抗大規模的，因小資本競爭不贏大資本家；但是幾個，幾十個，幾百個小資本家把他們不充分的資本，集合起來，組織公司，辦一個大規模的企業，就未嘗不可以抵抗大資本家底合併了。所以說企業集中則可以，說富底集中則不行。因為個個的小資本家底小企業，雖然都合併為大企業，而他們還是所有他們自己的富，并沒有為大資本家所奪去。照這樣看起來中產階級只有一天發達一天的，那裏會消滅？為甚麼呢？因為他們雖然不是個個獨立地經營個人企業，而經營協同企業還是一樣地賺錢；這不獨中產階級爲然，就是高級勞動者也能够集股經營企業。諸君不問就世界那一國看，稍大規模的企業有幾個不是歸集的公司所辦的？公司組織底發達，即可以助長中產階級股份底發達。所以伯倫斯坦拿着統計來證明中產階級一天增加一天的，也不是全不可信的。這個必具不可決的條件，既不存在，資本制度怎樣會自然崩壞，社會主義怎樣會自然實現？自然進化底靠不住，于此就可證明；因時又可證明組織社會的人羣底勢力，是不可輕侮的。這就是不能專倚進化而要加以革命的第一原因。

次就第二個問題——時間的問題來考察。

現在就假設不加革命的行動，自然的進化，一定可以靠的，但是從資本主義的組織變爲社會主義的組織，專倚自然進化所須的時間，和用革命的手段來促進所須的時間那個要短些。我們固然不是主張僥倖速成的，然而資本制度底惡弊，已是領過數的，何妨把他早剷除一日。這個辦法，我恐怕沒有人能說個「不」的；不過有些要反對的，以爲時間未到，就想這樣做也做不到，所以現在把這個問題說一說。

他們以爲要社會主義實現，必先要資本制度滅亡，然而資本制度沒有發達到十分，他決不會滅亡，所以要社會主義實現，還是要資本制度發達到十分，他們這種議論，一定又要以爲是很懂馬克斯的；殊不知馬克斯雖然確信資本制度發達到十分，他一定就會滅亡；然而他沒有確信資本制度沒有發達到十分，他就決不會滅亡；就和雖然確認人一老了就要死，誰也不敢說人沒有老一定就不致於死是一樣的。 不然，馬克斯就不應該在歐洲資本制度還有十分發展的餘地的時候，就主張運動社會革命了，資本制度沒有發達到十分的俄國，就不應該能夠發生社會革命，且能成功了。 此外他們還可以固執一個譬喻，以爲社會組織是卵內的雛，舊社會組織是卵殼，雛沒有成長到十分，就來用人力打破卵殼，那就是送卵進鬼門關；同樣新社會組織沒有育成，就來破壞舊組織，也就是和殺雛一樣地殺新社會底萌芽。 這個譬喻，驟聽之似分壁壘森嚴，無隙可乘；殊不知這個譬喻，根本地不大適當，要明白這個理由，須明白（1）人羣對於社會的關係和（2）人對於卵的關係，根本不同。 人要打破一個雛未長成的卵，是以和卵沒有必然的關係的第三者的資格，從外部來打的；既是第三者，對于卵殼破裂，新雛長成的條件，就無力來促進；而人羣打破社會，是以組織構成社會的細胞的資格從內部來打破的。　社會既然是人羣組織成的，　我就承認人羣實在有支配社會的能力。　從生物身上取出一個細胞，這個細胞固然不能生活，然而細胞全體底作用，實足以支配生物底生命，同樣人羣有法能够推翻快要死的舊社會，又能實現還沒充分成熟的新社會。因爲人羣既然是組織成社會的，他就可創造，促進存滅新興所必須的條件。　反之，一個人對于一個卵，既不是構成他的要素，又不是他內裏底一部分，只是從外部加以打擊，怎樣能促成他內部的變動？　設若卵內裏的雛，也有意識，能够創造迅速長成的條件，未必那個卵殼一定要經過普通所須的時間才自然破壞。　所以打破資本制度沒有十分發達的社會，不能拿着打破雛未成的卵來比喻的。　那末，我們又何妨于資本制度底惡害，還未充分流露的時候，就加以革命的手段來打破他？　這就是不能專倚進化而不加以革命的行動底第二原因。

進化離不得革命，革命離不得進化的理由，前面已略略地說了。　所以馬克斯一方面主張經濟的定命論，一方面又主張階級鬥爭！人家都以爲馬克斯這兩個主張，是自相矛盾，其實在是學說底精髓。他一方面叫人家不要輕視進化，同時別一方面又叫人家不要輕視革命，社會主義不先實現于美，而先實現于俄，人家都以爲是他的預言不中，其實由他學說底全體看起來，乃是當然的結果。俄國于資本制度發達到某一定的程度，就起來行積極的，全部的革命，所以社會主義就因之實現。美國雖然資本制度發達到十分，然而革命的行動還未發生！雖然也不少同盟罷工，不過都是部分的，消極的，若照這樣下去，我恐怕美國底資本制度，就是再經幾百年，還是依然存在，還想甚麼社會主義實現。俄國實行馬克思學說底全體而成功，美國只具他學說底一面而不成功，就是表示馬克斯學說底精髓，要從他的學說全體看才能領悟的，誰能說他是自相矛盾？

以上是就一般理論方面說的，至於中國底特殊事實，我現在不必重複多說，請讀者參看新青年關於社會主義的討論，就可知中國現在行社會主義運動，決不是無意識的行動了

一九二一，六，二〇

我們爲甚麼主張共產主義？

周佛海

讀我這篇文章的人，先要把我底題目底意思弄清，然後腦筋中才有一種正確的觀念。就是：(一)我這個共產主義，不是對資本主義說的，就是不是說：我們爲甚麼不主張資本主義，而要主張共產主義？ 因爲這個問題已不成爲問題了，還有甚麼討論的必要；(二)我們這個共產主義，並不是無政府的共產主義，乃是現在在俄國實行者的共產主義； 是資本階級因爲嚇人嚇己，把我們叫做過激派的過激主義。

既然把上列兩點弄清白了，就可知道我底題目底意思，乃是：我們爲甚麼不主張無政府主義，而要主張共產主義？

這個問題，已由馬克思和巴枯寧實際地打了好久的官司，(我們底共產主義乃是馬克思底正統派)經久被馬克思打贏了的，所以現在本不必多說；因爲現在還有許多人說我們底共產主義，是不徹底的，無政府主義是徹底的；我們底共產主義，是不易實行的，無政府主義，是容易實行的：所以我現在不得不說幾句話。

我在討論之先，又要必須先聲明的，就是：我并不是根本的反對無政府主義的。無政府主義底原則，我是承認的；我并且承認他是人類努力的最後的目標。我底意思，乃是說他設若不經過一種階級，決不能實現，即退一步說能勉強實現，也是辦不好的。所以我們現在所主張的，并不是無政府主義，乃是為達到無政府主義造一個階段的共產主義。

怎樣說他不經過一種階級，不會實現？無政府主義所反對的，第一是强權。强權這種東西，從歷史看起來，本來是個壞東西，因為他并不是拿起來扶弱抑强的，乃是拿起來加壓弱的。所以有了强權這種東西，世界上就弄出種種不平等，不自然的狀態。甚麼支配階級和被支配階級，就從這裏生出來了。無政府主義反對强權，自然是很對的。但是他不問時候怎樣，閉起眼睛來亂反對强權，我們就不能贊成了。無政府主義者，倘在這日裏都不願意說强權兩個字。那麼，我就要問他們，他們要打破一切支配階級，要推翻舊社會一切的組織，究竟有甚麼妙策？是採取無抵抗主義，人家打我們底左嘴巴，就把右嘴巴讓給他打；人家搶他們底衣食，他們就把內衣也脫給他；希望支配階級，自羞自愧，來放棄一切特權呢？或是像十八世紀的空想的社會主義家一樣，去勸支配階級，要他們良心發現放棄一切特權呢？現在的支配階級，他底慾望是沒有底的，你越讓他，他就要越前進。所以用第一種方法，不獨不能使他們自羞自愧，放棄一切特權，來行無政府主義；并且還是增長他們底氣燄，使被支配階級自趨於滅亡的境遇。支配階級，因爲遺傳習慣底種種勢力，決不能就因爲你一勸，就把良心發現，情願放棄一切特權，來行無政府主義的。所以第二種方法也無效。還不獨我這樣主張，就是無政府主義家他們自己，一定也是承認的。那麼，要推翻支配階級，打破舊社會組織，就不得不用暴力革命了。然而暴力革命，是不是用強權？是不是用強權來打破強權？無政府主義家要閉着眼睛反對一切強權，就不該用強權來革命了。要用強權來革命，就不該閉起眼睛反對一切強權了。要反對一切強權，就是不能打破舊社會組織。不能打破舊社組織，就不能實現無政府主義。現在就說無政府主義，因爲要打破舊社會組織，承認革命是必要的；等到革命以後，然後入人自由，平等，無所謂强權不强權。 但是他們這種主張，未免把支配階級這種東西，看得太不中用；把社會革命這件事，看得大容易了。 須知社會上底一種階級，幷不是和一個動物一樣，把他一刀殺死，他卽刻就死，幷不要甚麼手段，防他再生的。 社會組織這種東西，幷不是像一個物件，例如碗盞一樣，把他一捧打碎，卽刻就碎了，再不要甚麼手段，來剷除他底根本的。 支配階級就因爲暴力革命，被推翻了，失掉了特殊地位，失掉了權力；但是你不能保他不謀復辟運動呀！社會組織就因爲一時的革命，大概破壞了；但是根深帶固的舊社會組織，幷不是一時的革命，就可根本打破的呀！例如既倒的支配階級，未必肯甘心把私有制一概放棄，來服從共產制呀！設若照無政府主義家底主張，於社會革命以後，就廢棄一切强權，我試問既倒的舊支配階級，來謀復辟運動，你用甚麼方法來防止他？ 不肯把私有財產交給社會，你用甚麼方法能使他交出？ 就說於他被推翻的時候，同時就把他底財產收歸社會；但是他以後還是保全他所得的東西，不肯放棄私有權，你有甚麼方法來使他放棄？ 既沒有强權，那麼，他們當然可以自由行動。 從第二個問題說，他不肯放棄私有權，無政府共產主義就不能實現。從第一個問題說，那就不堪問了。舊支配階級雖倒，他底勢力還大呀！他有爲他盡忠的科學家，學者，牧師，軍人等替他活動呀！既沒有强權來壓他們，他們又何妨來謀恢復呢？設若使他們底勢力一恢復了，那麼，那時的反動，就要他們對于被支配階級的壓制，比以前更甚了。無政府主義所要求的平等在那裏？自由在那裏？不過使被支配階級受一層更深的壓制，更烈的痛苦罷了。但是這幷不是無政府主義他本身底過，這乃是有經過某種階級，即刻就行無政府主義底過。所以我說不經過某種階級，無政府主義是决不能實現的。

某種階級是甚麼？這就是我們所主張的共產主義！我們底共產主義是以勞動專政爲原則的。就是以勞動專政防止舊支配階級底復辟運動，使他不能復活；剷除舊社會底根本使他不能防礙我們底建設。共產黨世界聯盟，給與美國，I，W，W，的信內面，有幾句話很說得透徹，我現在把他引來：「要打破資本家底國家，破壞資本家底勢力，解除資本階級武裝，沒收資本家底財產，轉付到全體勞工階級底公共管理之下——要做許多事，非有政府不可，非有國家不可。這國家便是勞工專政的國家。在這國家裏，勞工能運用他們底勞農會，可以用鐵手來拔去資本制度底根了。」（見共產黨月刊第二號第二十頁）我現在把他們底理論，就是：不實行勞動專政——我們底共產主義——資本階級（現在的支配階級）底一切勢力就除不掉；資本制度（現在的社會組織）底根就拔不掉的。資本階級底一切勢力，既除不掉；資本制度底根，既拔不掉；那麼，甚麼改造都做不成了。還說百年以後才有實現的可能性的無政府主義！這就是我們主張共產主義的第一理由。

為甚麼說卽使實現，也辦不好？原來無政府主義的思想，根本上有兩種缺點；一是人性問題；一是經濟問題，現在先說人性問題。

無政府主義家，以為人性都是善的，個人底行為，就是不受外部的勢力，例如宗教，法律，等底制限，也不致于做甚麼惡事的。就是雖然沒有法律，強迫人做工，人也還情願意去做；雖然沒有法律，規定每人應取多少，人們也不致于取過所需。其外雖無法律制限，強者也不致於來欺侮弱者；智者也不致于愚弄愚者，總而言之：各人都是能各盡所能；各取所需；自由行動；而又不妨礙別人底自由。　但是人類底性情，不是像無政府主義所想的一樣，這樣單純的呀！　生性懶惰，不肯作工的人也有；生性貪慾，自私自利的人也有；像拿破崙，威廉這類人，想支配一切人類的人也有呀！無政府主義家能保生性懶惰的人，雖無强迫也來做工；生性貪婪的人雖無限制也不浪費；生性好權勢的人雖無拘束也不致于壓制別人嗎？　設若果像無政府主義家所想的一樣，人性都是善的；那麼，為甚麼人類自有歷史以來，一直到今，幾千年的歷史，都是互相爭奪，互相侵犯，互相排斥，互相殘殺的歷史呢？未必社會組織．一到了無政府的狀態，人性卽刻就可以變好嗎？　原始時代的社會，是無政府狀態的；設若人性都是善的，那就應該保存當時的狀態，一直到今，不應該生出甚麼站在上面的支配階級，和壓在下面的被支配階級，致使人類的歷史，直為階級鬥爭的歷史了。

原始時代的無政府社會，不能保存到現在，就足以証明人性幷不是如無政府主義家所想的一樣單純，一樣善良。　若說人性生來本是性的，因為社會組織不好，人類受了環境的影響所以變了的；那麼，現代社會底惡影響，原始時代，當然沒有，為甚麼人類要互相爭鬥，演成個人爭鬥，部落爭鬥，國家爭鬥，階級爭鬥：民族爭鬥的種種惡劇來呢？總而言之，人性決不像無政府主義家所想的一樣，都是善的。所以從人性方面來看，無政府主義是不能完全實現的。現在就退一步，假定人性生來本是善的，因爲受了環境底影響，才惡化了。但是現在不論已死的過去的人類，和未生的將來的人類，只拿現在生存着的人類來說。現在生存着的人，是不是個個都是善的？既然說受了環境的影響，所以惡化了；那末，現在生在着的人，當然不是個個都是善的了。即使說大部分人都是善的；但是要實行無政府主義，並不是大部分人是善的就能做到的。例如一萬人之中，有九千九百九十九個人是善的，只有一個人是惡的，也是不行的。假設舊社會既完全破壞，無政府主義既已實現；試問怎樣對待社會中的不良分子？一切人類都是自由，不應該干涉個人底行動；那麼，這些不良分子，他本有能，他不肯盡，他只需十，他要取百；他底體力，智力，比衆優勝，他要來強壓別人，指揮別人，你怎樣對付他？不用強權來對付他，無政府的社會即刻就要破產；用強權來對付他，無政府主義底原則，即刻就要違背。用這個方法，也是破壞無政府主義；用那個方法，也是破壞無政府主義。總而言之：社會底分子，不限定個個是善的，無政府主義就沒有完全實現的可能性。所以卽便人性本來完全是善的，而於現存社會一破壞，卽刻就來行無政府主義，我敢保險辦不好。

現在從經濟方面來討論。

經濟方面，單就生產和需要來說。原來生產和需要，都要保持一致平均，社會的經濟狀態，才不至於紊亂。所謂一致，就是質的問題。就是現在需要布；要趕快要來生產布，現在需要鐵，就要趕快來生產鐵。所謂平均，就是量的問題。假如現在需要千疋布，就只要生產千疋布來供給；現在需要千磅鐵，就只要生產千磅鐵來供給。要保持一致，調和平均，就要把一切生產機關，歸一個中央的，或比較範圍稍大的地方的機關管理。這個機關調查社會要需要甚麼就知會生產者生產甚麼，不要生產不需要的東西。作甚需要，大概要若干，就知會生產者生產若干，既不要過多，也不要過少。在無政府主義的社會下面，(一)沒有這個中央機關，不知道社會一般所需要的是甚麼？要多少？(二)個人要生產甚麼，生產多少，全是自己底自由，沒有甚麼限制。　一定要他生產甚麼，生產若干。　因爲有這兩個原因，所以社會一般所需要的是這樣，各個人生產者他不知道，任意去生產那樣；需要是那樣，他也不知道，任意去生產這樣。　又需要的量是百，他任自己底意，喜歡生產千就生產千，或喜歡生產十，就生產十。　他既不知道要生產百，也沒有甚麼機關一定要他只生產百。　在這個狀態下面，從需要方面說，就是要生經濟上的缺乏；從生產方面說，就是要生經濟上的恐慌。　總起來說，就是要使經濟生活不安，經濟狀態紊亂。　這乃是無政府主義的社會下面，必然要生的不可免的現象。　既然有這種現象，我就是無政府主義根本上的缺點了。

但是無政府主義，雖然有這種缺點，却不能說他是永遠不能實現的。　不過在近百年間，他還是要占在候補者的地位罷了。　因爲他底經濟上的缺點，有法子來補足的。　就是每個人自己所需要的一切東西，都歸自己個人來生產，一點也不要他人底供給；或最小的地方區域內，所需要的一切東西，都歸該地方自己生產，一點都不仰給外地；那末，這個生產和需要底不一致，不平均的缺點，就可以免得掉了。 但是要達到這種狀態，生產手段和生產器具，非發達到一百二十分不可。 自從機器發明，生產器具和手段，自然是一天一天地發達起來了。 但是要做到個人能夠獨立自給，那就還差得多；就是小地方區域能夠獨立自給，也是做不到，所以我說無政府主義，現在還居于候補的地位。 設若不等到生產器具，發達到這個田地，即刻就來實行無政府主義：那末，上述的經濟上的缺點，一定是不可避的，所以我又敢保險無政府主義辦不好。

既知道因爲有人性上和經濟上的兩缺點，無政府主義最近就實現也弄不好：那末，就可知道我們主張共產主義爲第一理由。 我們底共產主義底原則，就是不做工的人不準吃飯；做了多少工，才能得多少報酬；以强權底正當用法，防止强權的濫用，就是以强權來維持公理，正義，人道。 所以在我們底共產制下，雖不能保沒有懶人，却沒有人不做工；雖不能保沒有貪人，却沒有不做工而得報酬，和所取的報酬，過于他應得的，雖不能保沒有想欺弱的强者，却可保沒有强欺弱的事實。 又生產機關，既歸國有，則生產和要需就能一致，平均，而經濟狀態不致于紊亂。這就是我們在現在和最近的將來的狀態下面，要主張共產主義的第二理由。

有人又以為共產主義沒有無政府主義澈底，所以來反對他。不錯，就理想上說，共產主義確是不如無政府主義那樣澈底，但是一種主義，我們只要在理想方面，空想一想就可了事，還是要在實際上來實現呢？要只是學望梅止渴，畫餅充飢的好方法，一個人坐在房裏，腦筋內空想出種種好社會組織，拿來自慰；那麼，無政府主義，雖是比共產主義好得多，但是一到實際上來說，就不得不先讓共產主義來幹事了。無政府主義不易完全實現，已由上述的人性問題和經濟問題來說明了，現在無須多說。既知道他不易實現，我們就應該取一種比較容易實現，而可以醫治現社會所生出的一切惡弊的方法。我們理想固要高尚，而只是理想，于現實是毫無益處的。所以我們要從最高尚的理想着想，而從比較容易實行的東西手下。比較容易實行這些的東西，固然比較他不澈底，但是天天渴想而不得的十分澈底的東西，和比較容易實現的比較不澈底的東西，我們到底是取那樣？再具體的說，就是

：我們情願在舊制度下面討生活，爲舊社會底犧牲，受無窮的痛苦，而不願實行不徹底的共產主義呢？　或是要快些救濟目前的惡症，解脫目前的痛苦，而不空想不能救治目前的惡弊的徹底的無政府主義呢？　再牽個例說，就是我們情願挨着餓，不吃手邊的粗飯而求在數百里以外的珍饈呢？　或是暫吃粗飯，先充一充飢，而不死等着不能救目前的飢餓的珍饈呢？

我想一個人只要不是有精神病，沒有舍目前可充飢的粗飯而不吃，硬挨着餓去求不易得的珍饈的。　現在社會底大多數人，正如餓得不得了的人；共產主義，就比如在目前的一碗粗飯；無政府主義，比如就是數百里外的一碗珍饈；那麼，這個大多數的人內的大多數，不肯向着無政府主義而要向着共產主義走，乃是自然的趨勢。　你贊成固好，你就反對也是無益的。　巴咕寧在勞動者之中的勢力，爲甚麼沒有馬克斯的大？　現在共產主義和無政府主義兩大潮流，那一個勢力大些？　這些就是證明無政府主義，就現在的狀態說，乃是畫的餅，實際不能拿來充飢腸的。　要想拿來實際充飢的，就不得不是共產主義了。總而言之：我們要救眼前的惡弊，就不得不取能够即時見效而不流于空想不能實現的方法。　這就是我們主張共產主義第三理由。

以上專就一般的理論，說明我們主張共產主義主要的理由的。但是就中國特殊狀況而論，也是可以適用的。中國有行共產主義的必要，我已于共產黨月刊第一號詳說過，現在不必多說。至于中國有實行共產主義的可能性，等到有空工夫再說罷。

熱心改造社會的朋友呀！你們不要只向空想方面走呵！你就空想出一個天國，一顆黃金世界，社會上實際受苦的人，不能受你們絲毫的益處！你們總要腳踏實地，向着實現方面實行去！實行！實行！，這就是我們底口號。

一九二一，一，二八，

奪取政權

周佛海

社會改造！社會革命！這種思想，這種呼聲，這種運動，最近就是在暮氣沉沉的中國，直如旭日東昇一天天地高起來了。因爲處在這現在這樣惡劣，殘忍，恐怖，煩悶的社會狀態，社會組織之下，設若還不知道起來革命，改造，那眞是感覺麻木，差不多和木石一樣了，中國人既然也是人類，也有感覺，也有理知，當然也就忍不住現存社會底壓迫，要講一點方法來改造他，所以現在社會改造的呼聲，運動，乃是時代底要求，現存社會底產物，不但不是甚麼洪水猛獸，反是救人濟世的福音，

但是改造這種事業，幷不是開起口來只管說，閉着眼睛亂去運動就可以成功的。第一，要問我們究竟要向着甚麼目標去改造？第二，要問應該怎樣去改造？換句話說：就是第一要定改造底目的；第二要講改造底手段。沒有目的的改造固然毫無價值；歸的而不講確實的手段。沒有目的的改造運動，固然是毫無價值；目的既定而不講究確實的手段去一步一步地實現，這種目的也是空想的，拿來自慰，解悶還可以，要來實行改造社會那就沒有用了。

我們應該向着甚麼目的去改造？關于這個問題我已在共產黨月刊第一號「俄國共產政府

成立的三週年紀念」一文說明中國要照著共產主義底原理去改造，又在共產黨月刊第四號內的「我們為甚麼主張共產主義？」一文中把我們所主張的共產主義和無政府共產主義區分明白了。換一句話來說：就是我們以共產主義為我們改造底目標。 現在這裏要說的，就是改造的手段。

我們應該用甚麼手段去改造？ 我答道：第一就是要奪取政權！

奪取政權這個問題，本來沒有特別作文說明的必要，因為他是實行共產主義的唯一手段，我們既然主張共產主義， 當然要從奪取政權入手，這是不待多說已經明瞭的事。 然而中國現在還有兩派號稱社會改造的人，標榜社會活動，諱言政治，來反對主張奪取政權的，所以我現在不得不說一說奪取政權的必要。

這裏要先伸明一句話，就是我所謂的奪取政權，并不是說用甚麼議會主義去和有產階級鬼混，想在政治上分一杯羹，乃是說要用革命的手段，打倒有產階級，把政權奪到無產階級的手上來。

那兩派人諱言政治？一是一般稍有覺悟的青年；一是無政府黨人。我現在把他們分頭說起來。

我也不用甚麼高深的學理來反對他們，也不把馬克斯，列寧底話搬來作論據，單只平平凡凡地就實際上來論斷他們底理想是空想而無實現的可能性。

現在一般稍有覺悟的青年，看見十年來共和政治鬧得亂七八糟，社會事業因而停滯，遂對于政治失望，以為政治是靠不住的，要以社會活動來改造中國，于是有提倡從下面改造起，以為下面的基礎穩固，上面的政治自然要好的；有提倡部分的改造，以為各部分若都改造了，由各部分而合成的全部也自然要好的。其實這種想法，乃是大錯特錯，果真能如他們底願，下面確實都改造了，上面的政治，能如他們底預料，自然要歸于好，也未可知；果其能如他們底願，各部確實都改造了，則各部內合成的全部，能如他們底預料，自然要歸于好，也未可知，但是設若下面不能如他們底願得達到改造的目的，上面究竟怎樣辦？各部分不能如他們底願得達到改造的目的，全部又怎樣辦？ 然而實際上確是這樣。 上面的政治沒有改造，「實際」這位老先生，是不許下面得完全改造的；不從全部改造下手，「實際」這位老先生，他是不許各部分能完成其改造的，讀者不信，我試從政治，社會那方面說來。

先就政治方面來論：我們既生活于現存的政治之下，那末一切的活動，沒有不和政治有關係的。設若我們能够不管政治，去到各方活動，改造，政治也不來管我們，讓我們去活動，改造；那末，我們就可從別方面去改造，誰還一定說硬要從政治改造起呢？但是我們雖然不願意去管政治，政治却要來管我們：就是我們雖然不去反對政治，政治却要來反對我們；我們雖然不去破壞政治，政治却要來破壞我們，政治決不因爲我們不去管他，他也就不管我們了。那末，我們去做那一件事，可以脫出政治底勢力範圍呢？所以你要去辦一種社會事業，他不是來妨碍你，使你不能成立，就是來阻止你，使你不得發展，甚或把你苦心經營，著有成效的事業，連根帶株一起打翻。即使他不是專門地來摧殘，而他所生的影響也足以使我們底企圖不能成功，現在舉幾個具體的例來證明：設若你要去辦學校，文醫院，他們打起仗來只要兩炮就請你底事業化爲灰燼；你要去辦報紙，設若稍觸他們底忌諱，不是即刻封閉，就是禁止郵遞：你要去辦工廠，開鑛山，他們就要先把你底資本敲去一半，此外還要時時孝敬；你若想去教育人材，他們不是停辦學校，就是積欠薪水。總而言之：現存的政治勢力，設若不根本推倒，無論你用好大的力，在那一方面活動，他不是站在你前面來阻攔。就是跟在你後面去破壞，在這種破壞勢力底下面，請你去從下面改造，請你去從各部分改造！所以我們設若不把現存的政治勢力打倒，把政權奪到無產階級底手上來，以排除各方面改造的障碍，絕對達不到改造的目的。反過來說，就是設若把現存的政治勢力推倒，把政權奪到無產階級底手上來，就不獨可以免掉政治上的種種障碍，並且可以得政治上的種種幫助。但是我並不是要大家都不要辦報，都不要辦學校，都來搶奪政權的，我底意思是至少也不可忘記奪取政權的必要，至少也要一部分人來獻身于這種活動。我又不是說把政權一奪取到無產階級底手上來，一切社會事業都自然而然地要歸于好的；我是說設若現存的政治，讓他照這樣繼續下去，一切社會改造，都是做不成功的。所以我奉勸各位抱改造志望的青年，切不可蔑視政治，切不可以為奪取政權，乃是陰險政客，卑鄙官僚底行為，我們要結合無產階級底全體，用革命的手段，來奪取政權，以爲改造底第一步。

再論設若我們不先奪取政權，現存的社會要使我們底改造不成功。　因爲現存社會底一般心理，習俗，都是和我們底改造相反對的，不信試看下文。

要論一般社會對于改造是甚麼態度，先要論改造對于一般社會應取甚麼態度。　這個問未免太滑稽了。　因爲既然說改造社會，當然對于社會取矯正，打破的態度，還能取順從的態度嗎？　話雖這樣說，然而有許多自命爲社會改造的人，而怕拂逆社會一般的惡因襲的。他們拿着「中國不適於……」這句話來反對一切。　你既主張土地公有，他就說「中國農民不適于共產制度。」你主張勞農專政，他就說「中國人民不適于勞農制度。」　中國人民是否適于共產制度，勞農專政，暫置不說，但是我們既認現存的風俗，習慣，制度有不好的地方，我們就要來把他破壞了，而創造一個較好的新的，斷不能因爲社會喜歡這個舊的，不適于新的，就仍舊地不管他，譬如一般社會心理是習于保守的，我們就決不能怕反逆社會一般心理，而不來鼓吹進取；社會一般心理是只顧目前，我們就決不能怕反逆他而不來鼓吹圖久遠。總而言之：對于舊社會，要取打破的態度，決不能取迎合的態度。決不能取迎合的態度，那末，我們要改造，就無往而不遇反對了——積極的或消極的。我們要去開辦，他們就說破壞了風水，取積極地態度來反抗；去鄉村去辦學校，他們說是教洋書，不送子弟來入學。還些從社會心理，迷信而來的障害，只要有點實地經驗的人，沒有不感覺痛苦的，記得我們鄉村有幾位熱心的師範生，把村內的一個甚麼廟，費了多少心血改為學校，不幸五六月間接着一個多月沒有下雨，于是農民就聚衆圍那個學校，說都是他們菩薩趕走了，以致菩薩作怪不肯下雨。其結果不獨學校被拆毀。湊辦事的幾個人，差不多有性命之變。諸如此類，社會的因襲，妨碍種種革新改造的勢力，比較政治的還要大。但是我們怎樣來排除這一切反對和障害呢？[illegible]用教育去開化嗎？這固然是好的，然而他們不來受教育你便怎樣？去演講勸導他們嗎？還他是好的，但是他們不來聽，或聽而不行，你便怎樣？所以于教育以外，還要講個積極地强迫手段來行，這個手段就是用政治上的勢力來壓制，要做一種革新事業，若要等到全社會都覺悟了，樂於從事，而沒有一個人反對的時候才敢着手有，恐怕人類底歷史，早在幾千年以前就停滯了。　一般社會上的人，差不多都是偷安苟懶的，沒有一種勢力在後面逼迫，他們決不肯動的，豈但不動，還要來積極地反對。　我聽說南通底教育，實業，被張謇很辦得有個樣子了，我心中不佩服張謇，而佩服南通的人民，因為他們不起來反對。　後來一個南通的朋友反對我說，何嘗沒有人反對，就是現在還有人恨張謇，不過他拿着清朝狀元，民國總長的招牌來強迫，所以拆房屋修馬路，毀廟宇辦學堂，破風水開溝渠，沒有人能夠阻止。　我于此越信要排除社會底惡劣習俗，因為「改造」這位先生清道，非用政治的力來強迫，是不成功的。

上面是從政治社會兩方面，証明若非先奪取政權，決不能達到改造的目的，換句話說，就是改造的大事業，決不是從下面改造起或部分改造所能成功的，就一般有覺悟的青年，你們切不可忽視政治呀！

然而一定有人問我道：「據你上述的妨礙，只要政治一清白，就是有產階級執政，也可除去的，為甚麼要無產階級專政呢？」這個疑問也很有理。　不過我上面雖只舉出教育實業兩問題，然而不是說社會改造，只有振興教育，開發實業這兩件事，其餘都可以不做的；我是說就是極平常，極和平像興教育，辦實業這兩件事，都應該受政治上社會上的反對，還說其餘的根本改造！這種根本改造，就是革有產階級他自己底命，卽使他底政治清白，他能辦到這一點嗎？所以我說奪取政權，要奪取到無產階級底手上來。 反對政治的另一派，就是無政府黨人，現在應說到他們底錯處了。

無政府黨的人，不獨反對有產階級底政治，并且反對無產階級底政治；不獨反對過去及現在的一切政治，并且反對將來的一切政治；總而言之：他們根本地反對政治。 他們底根本原理對與不對，我暫且不來批評，但是他們要以社會革命而推倒有產階級，這確是和我們一樣的。 我現在只問他們不要政治能否推得倒有產階級？ 有產階級推不倒，他們一切的理想是不是夢想？ 根深蔕固的有產階級，并不是兩三次暴動，就可以推翻的；他們底勢力，不單是表現在政治上的。 卽使以幾次暴動，成功把他們在政治上的勢力推翻，然而他們爲政治勢力底後盾，爲政治勢力的源泉的其餘一切政治背後的勢力，就非民衆暴動所能推得翻了。　政治背後的勢力還存在，他們是不是有恢復的可能性，我們推翻有產階級這種大事業，是否可以說是完全成了功？　若是照無政府黨底理想，在幾次暴動，有產階級在政治上失了腳之後，即刻把政治廢了，設若他們來運動復活你便怎樣？　你拿着「無强權」這個好招牌來號召，他們要以「强權」來破壞無政府黨底理想社會，而謀復辟你又便怎樣？　讓他們去運動嗎？　那他們就老實不客氣地要請你們滾開。　不許他們去運動嗎？　那麼，沒有政治上的權力來壓制他們，就絕對做不到。　總而言之：把有產階級勢力連根剷盡，非一時的暴動所能成功的，至少非有比較長期的壓制不可，而要行比較長期的壓制，非把政權奪到無產階級底手上來不可。　不信試看俄國。　無政府黨對於俄國現在的建設，當然是不滿意的，我也就讓一步，不說他底建設怎樣好，然而俄國底有產階級，帝制餘孽，已不能死灰復燃，是不是事實？　即使共產黨失敗，我敢斷言俄國決不再返於資本主義的制度，（帝制是不待說的）至多也不過是社會革命黨或少數派代他內興罷了，然而社會主義的俄國，還是自若。　但是能夠使俄國得到這個狀態的，究竟是誰底功呢？　只要不瞞着良心說話，沒有不歸功于共產黨底勞農專政制的。 設若請無政府黨來辦，我恐怕現在俄國還是羅曼諾夫王朝，充其量而言，也不過是有產階級底共和國。 這並不是控告無政府黨，其實一定要是這樣。 設使一九一七年三月革命後，或同年十一月革命後，就照着無政府黨底理想把政治都廢止了，强權也不要了，試閉目一想將成甚麽狀態？ 苛爾加克從東方打起來，台尼金從南方打起來毓台里希從西方打起來，無政府黨除掉扯起兩根飛毛腿跑，還有甚麽方法？再從內面看，有產階級底支持者技師，工匠，教員，醫生，看護婦都能罷業或怠業的時候，無政府黨能使人民可以不穿衣，不吃飯，能不能？ 無政府黨總是開口不要强權，閉口不要强權，設若不要强權，究竟俄國要變成什麽樣子？ 在過去的俄國這樣，在將來的中國亦然。 無政府黨諸君呀！你們不要在那裏亂叫「廢棄一切强權，廢棄一切政治，」自鳴得意自誇理想高上；你們要知道有產階級在那裏暗笑你們，暗罵你們是蠢子呢！然而表面上是很歡迎你們的，他們不獨不怕你們鼓吹「廢棄一切强權，」并且惟恐你們不這樣鼓吹呢！你們不要强權，他們好安安然然地來要；你們不要政治，他們落得來收起，向你們說一聲謝。 無政府黨眞是有產階級底好朋友，佩服佩服！無政府黨諸君呀！共產黨主張勞農專制，是實實在在從實際方面想出來的，並不是空想，也不是想滿足少數人底政治欲，不如此，有產階級且不能根本推翻，還說甚麼建設理想的社會！你們要自覺，切不要爲有產階級底恩人，無產階級底敵人！

詐言政治的西派人底錯處，上面已經說過了，現在再總起來說幾句。

無論甚麼東西，總不能說他有百利而無一弊的，即使有些東西的本身，都是有利的，然而因爲用他的法子有差異，所以也不免生出弊病來。然而我們評論甚麼事，切不能因爲他有一點弊病，就沒卻他許多底利益，尤不能把用他的方法所生出的弊病，當做他本身底弊病，俗語說：「吃五谷生百病。」我們是不是因爲五谷能生百病，就不吃了，假若不吃，恐怕還要死得早點。再舉個例說，我們日常生活，一天都缺不得的水火，是不是一點害處都沒有？火能燒死人，水能溺死人。然而我們是不是因爲火能燒人，就絕對不用火；水能溺人，就絕對不要用水呢？政治也是這樣。他本身並不是一定有害的，只看你底用法如何。有產階級拿着政治上的勢力來壓迫無產階級，以維持他們底特權，固然是政治的壞處，然而無產階級拿政治上的勢力來剷除有產階級，使社會致于無階級的區別，就不能不說是政治的好處了。設若因爲政治有時也生出弊病，就絕對排斥他，又何異于因爲水能溺人，就絕對不用水，火能燒人，就絕對不要火呢？無產階級諸君呀！你們切不要信不要政治，可以改造社會的。要改造社會，非先奪取政權不可。有產階級拿着政治上的權力，禁止我們言論自由，集會自由，出版自由，把我們綑得死死的一點也不能活動，我們也要努力把政權奪回來，把他們送給我們的贈品，原封送還，也要把他們綑得死死的一點也不許動，然後才能照着我們底理想社會，一步一步地建設起去，奪取政權，奪取政權，「一切政治上的權力，都要歸無產階級！」這就是我們革命底信條，革命底標語。

一九二一，五，十一

社會主義與中國

李季

英國克卡樸所著的社會主義史中有一句話，「在馬克思死去一世紀之內，却還有何種文明國家沒有為社會主義所征服，恐怕難得使人相信。」 近世科學的社會主義始祖馬克思死於一千八百八十三年，距今不過三十八年，而澳洲的社會主義實行已久，俄國的社會主義由理論進而為實行，也將近四年，雖因對內對外，戰爭不絕，以致阻力橫生，不能放手做去，然俄國勞農政府的成績已有可觀。 同時最近幾年中世界各文明國中社會主義運動的進行，也蓬蓬勃勃，一日千里，迥非從前可比了。 就現今世界的趨勢看起來，各文明國在這五六十年之內，次第變為社會主義化的國家，决非難事；故克氏此書的預言並不是一種幻想。

「西洋的社會主義二十年前，纔輸入中國。 一方面是留日學生從日本間接輸入的，譯有「近世社會主義」等書。 一方面是留法學生從法國直接輸入的，載在新世紀日刊上。後來有民聲週刊簡單的介紹一點。」（見蔡元培先生的克氏社會主義史序，）及至辛亥革命，南京政府成立，便發生一種社會主義運動。當時社會黨成立于南京，各省也多有支部；然不久都被袁世凱解散了。我國社會主義運動遂因比匿跡銷聲了。自一九一七年十一月俄國布爾札維克政府成立後，又有少數人提倡社會主義；及「四五」運動以後，社會主義的學說盛極一時，並很受一般青年學子的歡迎。這可算是一種很好的現象。

然就我國的現情而論，不獨一般勞動的平民不知道社會主義是什麼，就是智識界的人，甚至於歡迎社會主義的人能眞正了解社會主義之內容的，我敢說是居最少數。現今歐，澳，美各洲有組織的工人不知道社會主義的人居少數，而我國智識界的人眞知道社會主義的居最少數；兩兩相較，恰成一個反比例。由此看來，在馬克斯死去一世紀之內，號稱文明古國的中華，恐怕沒有實行社會主義的希望了。

俗語說得好，「事在人爲」，又說，「有志竟成」。我們中國雖事事落在人家的後面，然只要認定目標，急起直追，未見得不能和各先進國並驅齊驅，也未見得不能出乎他們之上。試看俄國的社會主義運動後於英，法，德等國，而他的實行社會主義，却先於諸國。

這不是我們一個很好的先例麼？

我近來常聽見好些懂得西文的新頑固說，「歐，美各國資本主義的發達，已經登峰造極；所以發生一種反響，造成一種社會主義。這正是對症下藥的。我們中國現在窮極無聊，大資本主者還沒有見端，若高談什麼社會主義，豈不是無的放矢麼？」他們又說，「世界上并沒有不經過資本階級而能達到社會主義的，如俄國未經過資本階級，所以很難成功。中國若想社會主義的實現，不得不提倡資本主義。」現在一班自命為穩健派的新頑固黨多半具同一見解；他們不獨是「不要社會主義」，反要「提倡資本主義去發達中國的實業。」他們這種似是而非的論調，雖不足以欺有識的人；然一班老頑固見了，必定興高彩烈，把他當作新四書五經互相號召；一班資本家見了，必定歡天喜地，把他登在報紙上，藉以騙錢，和南洋兄弟煙草公司把「羅素博士之名言」登在報紙上騙錢一樣；一班腦筋簡單的青年見了，必定為他所惑，對于社會主義不肯加以研究；就是一班歡迎社會主義的青年見了，也未必不呈一種徘徊歧路和裹足不前的狀態。照這樣看起來，他們這種莠言對於我國的社會主義的運動將發生一種阻力了。　他們說這種話，不是別有作用，就是不知道或誤解社會主義的學說。　我現在為圖大家明白社會主義的學說起見，先把歐美各國學者對于社會主義所下的界說撮出幾種，給大家看一看，然後加以說明，並且駁斥那些新頑固所說的話，藉以表明社會主義是一種最好的學說，是救我國全體人民的唯一良策。

克卡樸的社會主義史說，「德國最著名的經濟學家羅協（Roscher）以為社會主義「不獨是和人性相符合的，他並且含有要求大家對于公衆的福利，加以更大之注意的種種傾向。」赫爾德（Held）說，「凡屬要求個人的意志服從團體之各種傾向，我們都可以看做社會主義的活動」。　耶訥（Jarei）對于社會主義所下的界說，更加詳細，他的界說如下：「倘若有一種主義所說的是國家有一種權力可以矯正，現時人世財產的不平等，依法將財產均分，有餘的就取出來，不足的就彌補他，而這種情形是永久的，不是過了什麼特別的事件，才是這樣——例如饑荒，公共的災禍等等；這種主義我們就可以稱為社會主義」。　拉威列（Lanele ye）說，「社會主義的目的，第一在使社會裏面的各種情形，更加平等，第二在藉法律或國家的權力，使種種改革的事體實現出來」。 汪協爾（[illegible]）乃單說社會主義是「受壓迫各階級的經濟哲學」（見克卡樸社會主義史上卷第六頁）以上各種界說不是太籠統，就是流於錯誤，然卻和克氏所說的一樣，他們「將世人對于社會主義的性質所具的意見，實實在在反映出來了」「社會主義」這個名詞出現於世雖有了八十八年，然他的界說却仍然是不定的。 想要了解他的眞意義，詳盡無遺，當親自參加這種運動，决非三言兩句所能够包括的。 我現在再把美國列德萊（[illegible]）博士對於社會主義所下的界說，寫在下面。

他說，「從廣義說起來，社會主義運動的目的在實現一種社會狀况，使機會均等，正義，自由，民主主義，和博愛，在這種狀况之下，都爲人類的遺傳物」。（見列氏社會主義之思潮及實驗第五章，按此書已由我譯出一大部分，不日可以譯完）

照上面最後的一種界說看起來，或者有人要問，社會主義不是和孔教的大同，佛教的慈悲，及耶穌的博愛相同麽？ 這三種教久已流行於世，現在他們分門別戶，入主出奴，鬧個不休，何必還要提倡社會主義去和他們相爭呢？ 其實這三教成立于數千年以前，他們的教義都建築在他們的時代之經濟制度——卽生產及交換方法——上面，當然不適用於現代。現代所謂社會主義，不但和古代敎義不同，並且和馬克思以前的烏託邦社會主義不同。現代社會主義是由于看出現代經濟制度——卽生產及交換方法——的破綻，非改造無以救濟，改造的方法是採用階級戰爭的手段，廢除現今資本制度的生產和交換方法，建立一種土地，和資本公有的經濟制度，使一階級掠奪他階級的事實以及工銀勞動等等都歸于消滅。

社會主義的優點，大家看了上面的兩段話，總會明白，用不着我來頌揚聖德的先生們，加上「至矣盡矣，蔑以加矣」的話頭，替他鼓吹。 就是一班新頑固也並不否認社會主義的好處，他們的意思不過是說中國沒有大資本家，所以用不着社會主義。 現在我要討論的第一件事是中國到底有沒有大資本家這個問題。

我們中國有許多事情原來是很古怪的，現在連帶資本家也是很古怪的。試看那外國的資本家，如美國的煤油大王，鋼鐵大王等等，都是那自己手中的資本去幹那掠奪的事業。中國的資本家自己沒有極巨的資本，不能從事大規模的掠奪，遂輸入外國資本，造成一種「兩重式」的資本家。 外國的資本家因把資本輸入中國，在我們國內掠奪一次，而中國的資本家仗着外國資本的勢力又掠奪一次，你看利害不利害。 現在中國的十大礦產只有一二處沒有外國資本，現在的匯業銀行，懋業銀行，中法實業銀行，中義銀行等等——這些東西不是大資本家的產業麼，不是中國大資本家聯合外國資本家來共同掠奪麼？ 「兩重式」的資本家，利害可怕，自不用說，我現在單說完全中國的資本家也是一樣地利害可怕。

我去年下半年親自到過山東嶧縣，棗莊中興煤礦公司，現在把這個公司的大概情形，寫在下面，給大家看一看。 中興公司是完全中國的大資本家辦的，資本爲三百八十萬元，在這五年之內，共賺千萬元，內中有工人六七千人。 在大煤井內的礦工每日繼續作工十二點鐘，在小煤井內的礦工，因上下不便，每日繼續作工二十四點鐘，若稍一休息，遇着一班監工和練習生，就要挨打。 工人挨了打是不敢反抗的，因爲公司裡有一個警察局，工人若反抗，警察馬上就將他捉去了。 工人不獨沒有星期休息，就是當過年過節的時候，也是要照常作工，不得休息的。 倘若有人疑我故意張大其詞，來聳人聽聞，請他到商務印書館買一本中國十大鑛產調查記，把內中關于記載中興公司的各節看一遍，便知道我說的話並不是閉門虛造的。

至於工人的工錢，在鑛洞中作工的人每日作工十二點鐘可得銀二角餘以至三角，除掉吃飯，每日或可餘銅子數枚。在地面作工的人，每日只得銅子二十四枚，剛够吃飯，因為工人每日須吃麵三斤，計銅子二十一枚，餘下三枚還吃菜吃煙都在內。至於穿衣，住屋，和養家的錢，簡直沒有法子去賺。我寫到這裏，不禁又令我想及柯爾（注三）在他的工業自治裏面所說的「他們每天逢着巨富和赤貧，高紅利和低工銀這種可恥的對照」的話頭了。

去年唐山煤鑛中冤枉死了幾百工人，社會大起不平之聲，替他們呼冤。然中興公司三四年前一次死了四百六十餘人，去年上半年一次又死了七十餘人，社會上何曾知道啊？

平常一匹騾子從三四歲作工可至十五歲或二十歲才死。在中興公司鑛洞中的騾子每日（二十四點鐘）作工八點鐘，只能經過五年就要死了。你看工人在鑛洞中每日要作工十二點鐘以至二十四點鐘，豈不是不如畜牲麽？騾子每天作工八點鐘，尚減少一半或三分之二的壽命。工人每日要作工十二點鐘以至二十四點鐘，我想大家想一想，到底將減少若干壽命？（中興公司的鑛工得肺病的非常之多） 我現在要問那些新頑固，在這五年之內賺一千萬元的中興公司，是不是我國大資本家的產業？ 勞動者終日替他們作工，得了二十四個銅子，他對人生不可少的衣食住三大要素，只解決一項——食——還算是他們的命該如此麼？ 外國工人每日作工八點鐘，他們所得的工資除掉維持自己的衣食住外，還可養家，還可剩下儲蓄，他們尚不滿意於資本家的掠奪，要實行社會主義化的生產。 我們中國的工人終日勞動，尚不能自給，乃一班智識界的新頑固還說中國實業不發達，要提倡資本主義去辦實業，豈非喪心病狂麼？ 幸而中國實業不發達，像中興公司這樣的資本團體，還屬少數，使大多數的勞動者得在較此略好的狀況中苟延殘喘；否則我國冠絕全球的勞動力，不用幾十年恐怕會喪失過半，反要向歐美各國輸入工人。

俄國的農民占全國人口百分之八十五分；我國因沒有調查錄可查，不易知道農民的確數。然據我個人的推測，我國農民和全國人口的比例數一定比俄國還要大些。 我們現在再進而考察我國一般農民的狀況，是否令人滿意，是否有行社會主義的必要。 我是湖南平江人，我住在鄉下十四年我的親戚朋友半是鄉下人，所以我對於農民能夠瞭解，頗知道一點。我們湖南的農民大多數是租人家的田地耕種的。每人每年至多只得耕田兩石，出穀量的最大限度爲八十石。農民如耕田兩石，以半數送地主作爲租穀，則所餘的只有四十石。農民一人每年因吃飯耗去的穀子約十石，便只餘下三十石了。他一人用度之外，還要贍養父母和妻室兒女，預備糧牛種子，肥料，農具，以及鄉里戚族的慶弔費等等。他雖可以種一點雜糧，如茴荳之類，藉以增加收入，然這些東西總不足維持他家庭的生活。他的父母妻子雖不是純粹安坐而食的，然他們也只能幫助他耕種這些田地。例如他的老父和子或可替他牧牛，和砍柴，他的老母和妻子或可替他紡績，和烹飪，藉以供給一家的需要。總之，他終歲勞動，所入能和所出相抵，就算是幸事。我這種計算還沒有把他租田時批金，以及買牛錢，買農具的錢併加入。倘若把這些錢數一概計算起來，那麼，無論他如何勤儉，他總不能跳出困苦的範圍。還有一層，我這種計算若令農民看見了，他真正要罵我做書獃子；因爲我的計算，是依農民耕種的力量和出穀量的最大限度作根據的。其實我國內地各省，無論何處，都是人煙稠密的，一個農民到那裏去找兩石田耕啊。 我國農民智識幼稚，對于蟲災水災和旱災等等多不知道防備，所以意外之災時常出現，農民即或耕了兩石田，他又何能希望收入八十石穀子呵？ 大家如果聽見「湖北沔陽州，三年兩不收。」「旱災年年有，輪流在九州」。「年年防饑，夜夜防盜」。 的歌謠，及去年北五省的旱災，大概也就明白農民的收入是極無把握的了。

農民終歲勞動，只能從收入中取得半數，有時還少于半數——例如遇著災害，田產減少，地主仍照原來定額收租之類。 地主不必勞動，也得半數，甚至多於半數，這總也是不應該的。 乃一班地主吃了不勞而獲的東西，還不安分，竟造出一種什麼「衣食父母」的話，去壓制農民。 「衣食父母」的意思就是，地主把田地給農民耕種，農民才有飯吃，才有衣穿，所以他應當把地主看做父母。 大家聽了這種令人肉麻的話將發生一種什麼感想？

我記得上海某報記者曾說，「我們中國的農民所耕的田地，多半是自己的，他們多半是屬于有產階級」 我當時看了，便覺得奇怪，我就自己問道，為什麼我們中國二十二行省中，除掉我所親自看見和聽見的湖南地方外，其餘各省的農民多半是屬于有產階級？　同是中國的農民，為什麼我們湖南人這樣倒霉，各省人那樣享幸福呢？　後來我遇着外省人就問他們那些省分的農民所耕種的田地是不是他自己的。　我所遇的答案總是說農民自己沒有田地。後來我又在報上看見某報記者，說他自己在內地旅行，雖沒有深入腹地，却覺得中國窮到極點了。　我看了這段話，我才知道這位先生是一個市民，是不常到鄉下去的，他那農民多半是屬於有產階級的話原是出於杜撰，用起來哄一哄城市人民的。　不然，農民既多半是屬於有產階級，而內地盡是農民，他在內地旅行，何致看見「中國窮到極點了？」

現在我們再退一步說，假定某報記者，所說中國農民多半是屬於有產階級那句話眞是的。　農民既有產業，我們便不能說他的田地，不多不少，剛够他自己耕種。　他的田地如果不足，必定向別人租地，則他便是一個被掠奪的人。　他的田地如果有餘，則他處置剩餘田地的方法，不出兩途：一將田地租給別人耕種，二僱人耕種。　他若用第一個方法，則他成為一個掠奪家，關於這一層，上節已經說明了，不必再講。　他若用第二個方法，他也成為一個掠奪家。何以故呢？譬如他除掉自己耕種的田地外，倘餘下一塊出穀六十石的田地，他將雇一個人耕種這塊田地。他每年付給僱工的工錢和飯食，及其餘費用總多不能超過三十石穀的價值，其餘三十石穀就是一種賸餘價值，爲他所掠奪了。

我們中國雖沒有很多的大資本家，却有無數的小資本家。大資本家所掠奪的數目很大，如像在五年之內賺一千萬元的中興公司是；小資本家掠奪的數目很小，如像上節假得定自三十石穀的農民是；他們的掠奪在數目上雖有差別，然在性質上是絕對沒有差別的。我國既有一種資本主義的制度，既有一種掠奪的事實，那麼，一種大公無我的社會主義去糾正他，應當受每個有理性和有良心的人之歡迎和贊助。我國當着這個時候、小資本主義已經根深蒂固，大資本主義正在勃然興起；現在才談社會主義，已經是緩不濟急，怎麼叫做「無的放矢」呢？我們中國已有了無數的小資本家，就和一個人得了許多小病一樣，而社會主義就是醫治這種病的聖藥。現在那些新頑固說「中國若想社會主義實現，不得不提倡資本主義。」這就好比說「一個人若想實行服藥，不得不使他大病特病。」唉，天下那裏有這種蠢材啊！

那些新頑固多半是自命為深通西洋情形的。　他們所以說必定須資本主義發達到極處，然後社會主義才能夠實現，大概自以為是根據學理的。　因為馬克思和昂格思的著作曾說：產業集中，資本家數目減少，中等階級消滅，工人痛苦增加，和工業危機繼續出現，使社會分為界限判然的兩階級之後，然後工人藉政治組織之力，攫得政權，實行社會主義。……）——馬昂兩氏的共產黨宣言，昂氏的烏託邦和科學的社會主義，及馬氏的資本論書。）　馬昂兩氏固然是近世科學的社會主義之始祖；他們兩人固然有許多獨具隻眼的見解；然他們也同是圓顱方趾的人類，並不是什麼「神」。　當他們著書立說的時候，為當時的環境所限，他們依照這種環境的趨勢，推測將來的情形，後來時過境遷，自然是有些不大中肯的地方。如馬克思的產業集中說，對於西洋各國的工業方面固然是言中了，然在農業一方面的集中運動却沒像他所說的那樣快。　又如「他所謂一方愈富，一方愈貧，」與歷史事實完全相反。事實上勞動社會後來也漸漸提高。　大戰的影響，勞動階級，其得益不少，工資因此提高了。 他的科學的推算，以爲社會主義實現最早的國家，一定是經濟制度最完備的國家。 他以爲理想社會的實現，一定在英，美，德，法等國，不料事實上竟在經濟制度極不完備的俄國。」（見杜威博士五大講演上卷第六十四頁。）所以我們對於古人的學說，當參照現在的情形，加以考慮，斷不可一味盲從，做出那「孔趨亦趨，孔步亦步」的樣子。 並且我們要曉得馬氏固然極力陳說資本集中，產業發達的結果，社會主義必然實現，馬氏却未曾說，必須資本集中，產業發達，然後社會主義才能實現，否則决不能實現。

那些新頑固說「世界并沒有不經過資本階級而能到社會主義的。 中國若想社會主義實現，不得不提倡資本主義。」 這種無意識的曲說是我所絕對否認的。 因爲實行社會主義，並不必經過資本主義的發達，大家如不信我的話，我就要找出一個例給大家看一看，我們中國的南方不是有個澳洲麼？ 澳洲自英國人移殖後，他的政府和社會的組織都是社會主義化的。 澳洲各處政府是一種眞正平民的政府，而國家事業和私人事業的區別，並不明瞭，紐西蘭的國有煤礦，南部和西部澳大利亞的採礦機器以及生命保險，火災保險，公共托辣司等等都是澳洲所首創政府事業。　澳洲的勞動法令非常之多。　如一千八百九十四年紐西蘭和南部澳大利亞所實行的勞動界紛爭强迫仲裁制，一千八百九十六年維多利亞所組織的最小限度工貲部，一千八百九十八年紐西蘭所通過的養老年金制，以及各處保護勞工的工廠條例，普及教育的教育條例，和破除大產業制，保護定居農民，處罰擁有土地而不寄住在這種土地上面的土地條例等等，不過是澳洲勞動法令中幾種法令罷了。　我現在要問那些新頑固現今的澳洲各處沒有經過資本階級，何以能達到社會主義？

大家看了以上各節的理論和事實，自然知道社會主義是救我們中國的良藥，也自然知道那些新頑固所說資本主義不發達，不能實現社會主義的話，是荒謬絕倫，大錯特錯的了。

民國十年一月四日作於廣州看雲樓

中國底亂源及其歸宿　李漢俊

（一）

又是民國十一年元旦了！　我們每逢元旦，對於中國情狀總要一度追溯過去，希望將來。但每追溯一度，總益覺得過去的不堪回首；每希望一度，怕也要覺得前途的太覺渺茫。究竟中國眞是不堪追溯，沒有希望了麼？　我們與其徒然追溯與希望，却不如詳細討論這個問題。　我看這比無益的追溯，空洞的希望，更是有益；所以我今天特提出這個問題來討論，想來諸姊妹兄弟都是願聽的。

中國近年以來，眞是混亂不堪，不但毫無解決的希望，反是逐年加增劇烈；從這一點看來，實在足以令人悲觀絕望。　但我們試一研究這混亂底原因與內容，就未必盡可作爲悲觀絕望的結論，或者也可作爲樂觀努力的前提。　中國最近混亂底原因與內容雖然極其複雜，但也不難仔細解剖出來，歸納爲三個要素。

一，是因爲中國這社會各局部相互間的進化程度太不一致，而發生的劇烈的同化和淘汰作用底表現。

二，是因為中國與世界底進化程度懸隔太遠，而發生的劇烈的同化和淘汰作用底表現。

三，是因為中國底資本階級與世界底資本階級爭奪中國這市場的表現。

這三種要素混合起來的表現，就是中國最近過去的混亂。

（二）

中華民族在現在世界有力民族間開化最早、但因地廣民衆、各部分底進化速度不能一致。譬如在交通便利的地方，進化速；在交通蔽塞的地方，進化遲。隨版圖底擴張，歷史的延長，同一中華民族，而進化程度就越發懸殊了。到了近今，有的已經進化到了現代進化底最高程度，有的還在原始狀態。社會原來是一個有機體，凡組成一個社會的一切局部，都是要互相調和的。如果有一部分與別一部分不想調和的時候，同化與淘汰的作用就要發生，非至於調和不止。如果社會處在這種狀態之下，而這種作用竟不發生，那就是死的社會，終久是要歸於滅亡的。就是這種作用發生而力量不强，那就是生活力不充分的社會，終久也是要歸於滅亡的。組成中國這社會的各局部進化程度既然這樣互相歧異，而且最高級與最低級的中間又這樣相隔懸殊，自然不能調和。這種不能調和的狀態，在從前交通不便，中國還沒有形成一個社會，各地方各自為其一個獨立的社會，各在其進化程度內以其進化程度相當的各局部互相調和的時代，還可以不發生同化與淘汰的作用。但中國因近數十年來輸入了新式交通機關的緣故，現在大體上已經形成了一個社會。到了這個時期，中國如果不是死的社會，就一定非發生這種作用不可了。不但非發生不可，因為程度太離，懸隔太遠的緣故，中國社會底生活力如果充分，並且還要發生劇烈的作用纔行，並且還要隨交通底發達愈加劇烈纔行。

中國自從鴉片戰爭以後，新式的交通機關纔漸漸輸入，所以在全體上的社會底形成也就從這時期開始，同化與淘汰的作用也從這時候發芽。自後隨交通底發達，這作用就漸漸加劇烈，到了近來就現成了許多混亂。我們由這一點看來，就可以知道中國並不是死社會，並且還是生活力很充分的社會。不過我們在這裏所應注意的，還是進化在後的去同化或淘汰那進化在前的呢，還是進化在前的去同化或淘汰那進化在後的呢？如果是進化在後的去同化或淘汰那進化在前的，這就是正在退化的表現。 在退化的方向上，無論其作用是緩是急，中國社會都是免不了滅亡的；因爲退化就是滅亡的意思。 （人類進化是迫於征服自然的必要而然，人類退化就是人類受了自然底征服或失了征服自然的必要而然，人類受了自然底征服是滅亡，失了征服自然的必要也是滅亡。） 要是進化在前的去同化或淘汰那進化在後的，這纔是在進化方向上的作用，中國社會纔有希望。 但看歷年來的情形，却是進化在前的去同化或淘汰那進化在後的。絕不是進化在後的去同化或淘汰那進化在前的。 諸君不看那機械工業正在征服手工業，新式交通機關正在征服舊式交通機關，君主立憲主義曾征服了籠統的保皇主義，第三階級民主主義曾征服了君主立憲主義，民主派曾征服了洪憲和復辟，第三階級曾征服了貴族階級，新文學正在征服舊文學，愛國主義正在征服賣國主義，社會主義正在征服資本主義麼？ 諸如此類，都是表現那同化和淘汰作用正在進化的方向上。 於是我們又可以曉得中國社會不但沒有死，生活力很充分，並且還正在進化呢！ 所以我們敢說中國最近過去的混亂就是中國社會進化急速的表現，將來的希望就懸在這一點上，絲毫沒有悲觀絕望的必要。

（三）

以上所述，是說明中國最近過去的混亂乃中國各個社會各局部間的同化所淘汰作用底表現。但中國混亂底要素，並不止於此；此外還有一部分是中國這個社會在全體上以世界這大社會底一局部的資格，受世界底同化與淘汰作用的表現。中國內部底同化與淘汰作用，很受這個要素底促進，（如新式交通機關，新式生產技術，各種新思想底輸入等等），而又是觀測中國在全體上進化與全人類進化關係的標準，並決定中國這個社會底運命的要素。所以這個要素比中國內部這要素更為重要，我們非仔細研究不可。

中華民族在現在世界有力民族間，雖是開化最早；但因地理的限制，向來與世界隔絕，獨居東亞底一隅，獨自發展，無論世界如何進化，無論進化程度如何懸隔，皆不能發生甚麼影響。但自交通機關底發達打破了地理的限制以後，中國就漸漸失去孤立的地位，成了世界這社會底一局部；於是世界底進化與進化程度底懸隔，使世界與中國都要受影響了。

不幸而中國在全體上的進化較之世界還全部的社會，又差不多要距退三四百年；鴉片戰爭時代的中國，在大體上只能當中世紀家庭手工業時代的歐洲。　在進化途上，中國與世界既相隔這樣遠；世界爲免請自身底滅亡，非趕快同化（或淘汰）中國，使中國趕快成爲世界底有機的一局部不可；中國爲免掉自身底滅亡，也非趕快進化，成爲世界底有機的一局部不可　於是中國於急速調和自身種種進化程度不同的各局部之外；又非以世界一局部的資格　急速進化前去，與那進化在三四百年前的世界求調和不可。　中國自鴉片戰爭以後發生的種種變動，就是追隨世界進化的表現。　我們只看在產業上由家庭手工業向工場手工業，由工場手工業向機械工業的移動；在政治上由君主立憲向共和革命的發展，在思想上由保皇向君憲，由君憲向共和，由共和向社會主義底推移等等，就可以知道了。　不過因內外的兩種調和作用都發生在一時，在內外的進化程度又相隔太遠，所以作用異常劇烈，腳步也非常凌亂；因之就表現成了種種變亂，而且變亂也非常混沌。　再加以中國底資本階級與世界底資本階級爭奪中國市場的戰鬥，這變亂就愈加混沌而且激烈了。

（四）

中國在上述的進化中，也步世界底後塵，發生了資本主義。 在人類進化途上，以資本主義發生的結果，自然要在政治上要求第三階級的「德謨克拉西」。 因為要求第三階級的「德謨克拉西」，資本階級自然要與封建貴族爭鬥，以期推翻封建制度，這也是調和作用上，必然發生的現象。 但一方面世界底資本主義也正在圖謀占領中國這市場，於是中國底資本階級又與世界底資本階級在中國市場發生了爭奪戰。 世界底資本階級為制服中國底資本階級，就要去帮助中國底封建貴族，妨礙中國底資本階級握得政權。 但世界底資本階級是由各國資本階級混合而成的；各國底資本階級，在其本質上又有互相競爭的性質。 因為有互相競爭的性質；如果有哪幾國底資本階級去援助中國底封建貴族，要獨占中國的市場，就必有別幾國底資本階級去援助中國底資本階級，以期合占中國底市場。 所以在政治上的紛爭情形，就複雜起來；中國底封建貴族本來沒有存在的實力，但似倒而不倒，中國底資本階級本來可以握得政治，但似得而終不得，終陷於不死不活的狀態，紛爭終不得解決。 再加以各國資本階級又反覆無常，隨情勢底轉移，時而援助封建貴族，時而援助資本階級；愈使紛亂無止境，內容也愈加複雜。　因內外的調和作用已經陷於沌混的中國變亂，又因中外資本階級底市場爭奪戰，更陷於混沌而且激烈了。　但我們却由這沌混而且激烈的變亂裏面，看得出中國社會進化急速的表現來，認中國前途的希望懸在這一點，不但不作悲觀絕望的結論，並且還要作爲樂觀努力的前提。

（五）

或許有人要說：「就是急速進化，也當是循次進化，決無發生變亂之理；恐怕中國底變亂相繼，不是進化急速的表現，乃是滅亡底徵兆罷。」　這話，我們却不承認。　我們雖也承認：人類在進化途上有一定的歷程，進化雖能有遲早緩急之分，歷程卻不能或有欠缺。但我們不能承認：進化必定要循次而進。　在進化緩的，固然可以循次而進；但在進化急的，却不能保其沒有脚步凌亂的現象。　大凡進化早或在一環境裏面進化在前的，可以進化緩，但進化遲或在一環境裏面進化在後的，就非進化急不可了。　中國在內部既有進化程度極相隔離的各局部，對外又比世界退後三四百年之遠；極端在後的局部對於極端在前的局部，上中國對於世界，都處在非急速進化不可的狀態；自然不免有脚步淩亂的現象發生。　譬如在歐洲是有了產業革命，資本主義底發生，纔發生亞丹斯密（Adam Smith）底經濟學說；有了資本主義底生長，纔有空想的社會主義；有了資本主義底發達，纔有科學的社會主義。這是一絲不亂，按步就班的進化。　但是到了後進的俄國，就不然了；俄國底空想的社會主義在該國產業革命以前就發生了；該國資本主義還沒有發達，科學的社會主義先就發達了。　其餘在產業上比英國爲後進的德法日等國，多少也免不了這種現象。　至於中國近年來的現象幾就與俄國非常相像了。　這種都是因爲有急速進化的必要，而發生了脚步凌亂的現象的，所以不能說進化必是循次而進。

至於進化與變亂，有時是絕對離不開的。　社會是隨生產力底進化而進化的，生產力進化了，自然要促起別的一切局部底進化。　要這一切局部能够自由隨生產力進化，纔不會發生變亂。　如果有一部分人頑強他妨礙這自由進化，變亂就絕對免不掉了；這是不問進化底緩急如何的。至於變亂底大小，就由妨礙自由進化者底力量與意志，與進化底緩急如何而定的。不過在進化緩的，變亂與變亂中間都有相當年數的和平期間，我們只看得見和平底繼續與變亂底間斷的排列；而在進化急的，這和平期間不是完全沒有，就是極短，我們就只能看見變亂底連續或極密的排列罷了。就如歐洲，彼在彼底環境裏面是進化在前，可以進化緩的。所以能夠按步就班，循次而進，舊的為新的準備，新的由舊而蟬蛻；凡一現象發生，都必先有相當年數的醞釀、後有相當年數的生長，然後纔醞釀新的，以至於蟬蛻。這生長和醞釀底期間就是和平底期間（這醞釀期亦可以說是搖動期，但對變亂說，仍是和平期。）蟬蛻底期間就是變亂底期間。譬如路德（Luther）底宗教革命：舊宗教作惡的期間就是彼底醞釀期，三十年戰爭的時代就是蟬蛻期，文藝復興等時代就是彼底生長期；盧梭（Rousseau）提倡人權的時代就是醞釀市民（Bourgeos）政治的時期，法蘭西革命的時代又是蟬蛻期。文藝復興及盧梭提倡人權等等時代就是和年期，三十年戰爭及法蘭西革命就是因蟬蛻而發生的變亂，由三十年戰爭到法蘭西革命中間有兩三百年的和平，所以我們只看得見和平期之長，看不見變亂底連續。因此，我們也就覺得一切進化都不應有變亂了。其實何嘗如是！

由上所述，我們也可以曉得中國底變亂。不必就是滅亡底徵兆了。中國內面的進化在後的局部，要在極短時間，赶上那進化在幾千年前面的局部；中國全體，又要在極短時間，赶上那進化在幾百年前的世界，在在都非急速進化不可。因爲要在極短期間，把幾千幾百年的歷程都要經歷完全；自然不能像在進化緩的那樣有相當年數的生長，相當年數的醞釀；只能蟬蛻繼以蟬蛻，寓醞釀於蟬蛻，以現出變亂底連續或極密的排列來。所以中國近年以來，無論是在哪一方面，無論發生一件甚麼事情，都是等不到得了結果，就入了蟬蛻，而別一新事件又發生了。就政治運動上而說罷！變法，保皇，君憲，排滿，共和，洪憲，復辟，護法。就思想上而說罷！擁舊排新，寓新於舊，新舊併用，忠君主義，君憲主義，種族主義，開明專制主義，賢人政治主義。諸如此類，不勝枚舉；這些現象都是一二十年內發生的，都是沒有得到結果的。第一個沒有得到結果，倒了，第二個又發生了；第二個沒有得到結果，倒了，第三個又發生了：風湧雲起，如走馬燈一班，蟬蛻繼以蟬蛻，絲毫看不出生長期底繼續來。還是何等熱鬧，何等變化，何等迅速！這種現象，在歐洲看得出來麼？但我們不能因爲在歐洲看不出來，就發生悲觀。因爲這些變化雖是激烈，但仍是沒有離開進化的原則的；彼等還是一個蟬蛻了，又發生新的一個的。只不過因爲進化太急速的緣故，容不了彼等有生長期，只能有蟬蛻罷了。而一方面從世界這全部看起來，那些運動，思想，等等都不過是達到現有最高程度進化的點過程，在進化底原則上雖然必須經過，但沒有要彼等生長才得到結果的必要。所以我們只能認這種現象是中國進化急速的表現，而應爲中國前途慶賀的。

在這種情形中，所可憐的並不是中國，乃是代表一種現象的人物。我們曉得在進化經的，凡是一種現象發生，都必有相當年限的生長，前後又有相當年限的醞釀，所以都有相當年限的生命，因之代表那一現象的人物也能有相當年限的生命，譬如上述各種運動，各種思想，在從前歐洲都是代表了一個時代，有過相當的生命的。但現在到了中國却沒有了生長期，只有蟬蛻，醞釀又寓在蛻蟬裏面，生命也就很短了。所以在從前歐洲，凡是代表其中哪一種運動的人物，或主張其中哪一種思想的學者，都能有相當年數的生命，至少都能以一種運動或一種學說終其生，譬如路德底宗教革命運動，到他死後，生長期纔開始：盧梭底人權論，到他死後，纔發展而成法蘭西革命；亞丹斯密底經濟學說，經過了馬爾沙士（1766—1834）李加特（1772—1823）等人數代的祖述，直到馬克斯（1818—1883）學說昌行，纔漸漸消失其價值。而在現在的中國，這些人物或學者如果不時常變更其運動或學說底內容，就要落伍，就不能維持其地位了。這些人很是可憐，但這可憐却是對於那代表進化過程上的人物的可憐，並不是對以中國前途的可憐。這種現象適足以表示中國進化的急速，表示中國前途的光明，並不足以悲觀。

（六）

由上所述，我們也可以曉得中國近年來的混亂就是中國進化急速的表現，前途的希望就懸在這一點，絲毫沒有悲觀絕望的必要了。但是中國要進化到甚麼地步。這混亂纔能終止呢？　我們既然曉得這混亂是中國內部各進化程度不同的局部在求調和，與中國在全體上與世界求調和的表現；自然是一方面要內部的各局部進化到能够互相調和形式成一個有機的全部，一方面要中國在全體上進化到能够與世界調和形成世界底一個的局部，纔能終止，換句說話，就是要中國在全體上進化到能與世界調和，這混亂纔能終止。　但中國要進化到甚麼樣地步，纔能與世界調和呢。　自然是要中國進化到能够在進化途上與世界會合了（至少到能够會合的程度），纔能够與世界調和。　但中國與世界的會合點是在哪里呢？在世界現在的地點麼。　這是要世界暫時停在這里等待中國，纔會有的事，但世界是不會停着的，也不能停着的；彼是時時刻刻向着進化的。　在速度上中國現在雖然是比世界急速，但等到中國進化到世界現在地點的時候，世界已經不在這個地點，已經又在前面了。　中國就是進化到了世界現在地點，還是不能與世界會合，還是不能與世界調和，混亂還是不能終止的。

（七）

究竟中國將來與世界會合的地點，應當在哪裡呢？「一葉落而天下知秋」，黃花岡七十二士之義舉是滿清將亡的徵兆，法蘭西革命是世界君主貴族政治潰滅的烽號，此次俄國底社會革命，無論其就此成功與否，也不失爲世界資本主義崩壞的豫兆。　世界是一個有機體，凡一現象發生，必有彼生的環境，或條件(Condition)，要這環境成就(或條件完備)了，總會發生。　又因爲世界是一個有機體，凡一地方或一局部底現象就是代表其他一切地方或一切局部底狀態的；在一地方或一局部發生的現象決不是限於哪一地方或一局部的現象，乃是別的一切地方或一切局部也發生了這現象，或也在要發生這現象的表現；在一地方或一局部發生了一種現象的環境決不是限於哪一地方或一局部的環境，乃是別的一切地方或一切局部也有了同一的環境的表現。

黃花岡七十二士在廣東的義舉，決不只是表示這七十二人在廣東的義舉，乃是全中國人要在全中國推翻滿清的表現；所以他們雖然失敗了，終久由一團兵士發生了武昌底革命。武昌革命底成功，決不只是表示湖北人在武昌的成功，也決不是表示成功底環境只在武昌成說，乃是全中國人要在全中國成功的表現，也是成功底環境在全中國成就了的表現；所以義旗一舉全國響應，滿清終於倒了。 在這環境之中，就是武昌不動遲早在別處也要爆發的，因爲全中國人都要推翻滿清；就是武昌不成功，遲早在別處也是要成功的，因爲成功底環境在全中國已經成就了。七十二士在廣東起義，一團兵士在武昌成功，都不過是一種偶然（因機會發生的偶然）；但滿清底滅亡却是一定的必然了。 法蘭西革命不是只表示法國人在法國的革命，乃是全世界人要在全世界推翻君主貴族政治的表現；所以雖然有列强底壓迫，帝政底恢復，而終於成功了。 法蘭西革命底成功也並不只是表示法國人在法國的成功，乃是全世界人要在世界成功的環境已經成就了的表現：所以妨礙法蘭西革命的列强終久也建設了第三階級的民主政治。 革命由法國人在法國先發，功由法國人在法國先成，都不過是一種偶然（因機會發生的偶然）：然而君主貴族政治底潰滅却是一定的必然了。 革命就是不由法國人先發，遲早也是要由別國人發的；革命就是不在法國先發，遲早也要在別國發的；因爲世界人都要推翻君主貴族政治了。

俄國這次的社會革命，決不只是一俄國人底事，也決不只是一俄國底事，也決不是表示發生社會革命的環境只在俄國成就了；乃是全世界人都要推翻資本主義了的表現，也是發生社會革命的環境在全世界已經成就了的表現社會革命由俄國人先發，在俄國先發，只不過是一種偶然（因機會發生的偶然）；就是不由俄國人先發，不在俄國先發，遲早也是要由別國人在別國發動的：因為全世界人都要推翻資本主義了，發生社會革命的環境在全世界已經成就了的緣故。　無論俄國能不能夠就此成功，總之資本主義底崩壞在世界已經是一定的必然了。　近代世界底進化非常迅速，其全體崩壞也必不遠。　中國進化雖然比較急速，也未必三五年內就能達到世界現在的地點，恐怕中國還沒有達到這地點，世界就已經改變了；縱使中國能夠在世界改變之前就達到這地點，恐怕世界也未必能夠容中國得到結果。　無論如何，中國就是進化到世界現在的地點，混亂都是不能終止的。　所以我們認中國要進化到了社會主義，混亂總能終止。

最後，我們還要作全部的結論，就是：中國底亂源，一是因爲中國這社會底各局部間的進化程度太不一致而發生的激烈的調和作用；一是因爲中國在全體上與世界底進化程度懸隔太遠而發生的劇烈的調和作用；一是世界底資本階級與中國底資本階級在中國這市場上的爭奪戰；而這混亂就是中國進化急速的表現，要中國進化到了社會主義，纔能終止。

我們如何使中國底混亂趕快終止

李漢俊

（一）

我們在「中國底亂源及其歸宿」一文裏面，知道中國底混亂是中國進化急速的表現，又是要中國進化到社會主義，纔能終止。我們要使中國底混亂趕快終止，自然要努力使中國趕快進化到社會主義。但要現在的中國進化到社會主義，還是要經過資本主義充分發展的階段呢？還是不經過資本主義充分發展的階段，直接就向社會主義的路上走去呢？我對於這個問題，可以作答案說：現在中國要進化到社會主義，沒有要經過資本主義充分發展的階段的必要，可以直接向社會主義的路上走去，並且資本主義在現在的中國沒有充分發展的可能，以中國現在的環境又有直接向社會主義路上走去的必要。

（二）

有人說：「社會主義是要物質的條件完備，（卽產業充分發達），纔能實現。 現在中國底產業還幼稚得很，物質的條件還沒有完備，社會主義怎能就實現呢？ 像先進各國底產業發達到那樣程度，都還不能實現，中國怎能直接就向社會主義的路上走去呢？ 中國必要經過資本主義底充分發展，然後纔能談到社會主義。」 這話言之成理，很能動聽；但不免有許多誤解，我們不能不加以解釋。

「社會主義是要物質的條件完備，纔能實現」：這話是不錯的。 但我們所說要中國直接向社會主義的路上走去，並不是說要在二十四點鐘以內就把中國完全變成社會主義的狀態，只要在制度上把中國引向社會主義的路上去進化的意思。 再我們所說要在制度上把中國引向社會主義的路上去進化，也並不是要在二十四點鐘之內就把完全向社會主義的制度實現出來，只要把一切足以妨碍中國社會主義自由進化的制度剷除，改建一切足以促進中國向社會主義自由進化的制度，使中國能够自由向社會主義急速進化的意思。　我們也知道在物質的條件沒有完備以前，完全社會主義的制度是不能實現的：譬如在完全社會主義制度之下，一切生產工具（如工場，機械，土地，房屋之類）底私有，一切私人貿易，一切差別的待遇，都是不能容許的；但在（像中國）一切農業都還在小農狀態，手工業占全產業底大部分，小資本經營占機械產業底大部分的國家，除了把一切地主過剩的土地，大資本家所有的工場機械，一切房東所有的過剩房屋，收爲公有之外，自作農所有的土地，手工業者及小資本家底生產工具，自己居住的房屋，我們無法收爲公有，自然還須承認他們私有。　既然還容許部分的私有，相當條件下的私人貿易自然也不能不容許。　又若生產上必需的技術人才，因爲還沒有了解社會主義，非報酬比一般勞動者高，不肯服務的時候，相當期間的相當差別待遇，自然也不能免。　但剷除一切足以妨礙中國向社會主義自由進化的制度，建設一切足以促進中國向社會主義自由進化的制度，是沒有甚麼不可能的。　譬如在現在中國，一切政權，教育權，都在少數資本階級之手，（在實際上雖在官僚武人之手，而制度上卻在資本階級之手），資本家可以任意掠奪勞動者，勞動者沒有團結權，受教育的機會，發表思想的自由，這些制度在在都是妨礙中國向社會主義自由進化的大障礙。　我們現在是要把一切政權、教育權，都移到那從事有益於社會之勞動的階級，收大計劃的產業為公有；限制一般資本家自由掠奪勞動者；使勞動者有團結權；普及不收費的教育機關，使一切勞動者及其子女皆受教育；並排除一切足以妨礙社會主義實現的思想，專授以實現社會主義必須的一切思想；授勞動者以發表思想的自由權，使社會主義的思想能夠急速廣布：這些是不待物質條件底完備，都可以作得到的。　至於完全社會主義的狀態，以及完全社會主義的制度，自然是要待物質的條件完備，纔能實現：我們現在不過是要在這新狀態之下，使這條件完備罷了。　至於說一定要在資本主義的制度之下使產業發達了，然後纔能向社會主義的路上走去，那就太遠了。　因為這物質的條件不必一定要在資本主義制度之下纔能完備，在這新制度之下一樣也能完備，並且還要比在資本主義制度之下完備得快，因爲凡在資本主義制度之下所必然發生而爲產業發達之障碍的種種產業上及社會上障碍，在這新制度之下都可以完全剷除的緣故。所以要使中國進化到社會主義，不必一定要經過資本主義充分發展的階段。

（三）

或許又有人要說：「照馬克斯底唯物史觀說，是『物質的生產力發展到一定階段，纔發生與這階段適應的生產關係，這生產關係底總和就是法制上及政治上的上層建築所依以立的基礎』。所以要先有了一定生產力，然後纔能有一定的生產關係；有了一定的生產關係，然後纔能有一定的上層建築。現在中國底產業還沒有進化到資本主義確立的階段，而你卻要建設那產業比中國發達不知多少倍的先進各國所還沒有的制度，並且還要在這制度下促進生產力，這不是與馬克斯底唯物史觀相違背麼？這新制度怎能夠適應現在中國底生產力，又立在甚麼基礎上面呢？」這話也似乎很有道理，但是把馬克斯唯物史觀，和許多反對馬克斯者與贊成馬克斯者一樣，太作了機械的解釋了。其實，馬克斯底唯物史觀，並不能作為這樣機械的解釋，我們很有糾正的必要。

我們要曉得馬克斯所說的，是為說明人類進化底原理，就正規的進化程序而說的。人類在本能上是要生存的，生存底目的在本能上是在得到幸福。人類要達到這生存底目的和使這生存能夠得到幸福，非有維持這生存的物質（即生活必需品）不可，並且非要物質豐富和容易生產不可。因為要這維持生存的物質，要物質豐富，要物質容易生產，於是就有生產器具和生產技術底發生和進化。這生產器具和生產技術，就是生產力底代表。有了一定的生產力，就發生一定的生產方法。有了一定的生產方法，人與人間就發生一定的生產與分配的關係。這生產與分配的關係就是所謂生產關係。人與人間既發生了一種生產關係，就是他們底行動和相互間的感情，他們底法律和習慣，他們應當作甚麼或不應當作甚麼的意念，就都要由這生產關係發生了。所以有了一定的生產關係，就發生一定的社會的，政治的，精神的生活形態。這生產關係底總和就是社會底經濟的構造，就是社會底經濟制度，就是社會的生活形態底表現，政治的生活形態就是法制上及政治上的上層建築，其表現就是法律及政治的諸制度，總括名爲社會組織。所以生產力變化了，社會組織也就要隨着變化。同時，生產力不變化，社會組織也不能變化。因此我們可以說：要生產力變化了，社會組織纔能變化。還是正規的進化底現象。好比機器底正規的運轉，發動輪轉動了，甲乙丙丁等受動輪也就順次隨着轉動。同時，發動輪不轉動，受動輪也不能轉動。因此我們可以說：要發動輪轉動了，受動輪才能轉動，但我們不能說：發動輪轉動了，受動輪就一定要轉動；因爲發動輪與受動輪是互相獨立的部分，發動輪底轉動不能直接就傳到受動輪的緣故。發動輪轉動了，要受動輪也隨着轉動，其間非有一種連槓，遶帶，或輪齒之類的傳動媒介物不可。如果沒有這傳動媒介物，發動輪底轉動就不能傳到受動輪。同樣，我們不能說：生產力變化了，社會組織就一定要變化；因爲生產力是物質的，社會組織是人與人間的關係，物質的生產力底變化不能直接就傳到人與人間的關係的社會組織的緣故。生產力變化了，要社會組織也隨着變化，其間也非有一種媒介物不可。社會多數是的人相集而組織而維持的，社會組織底變更自然是要這社會裏面的若干人底行動來成就的。人底行動是由人底意志出發的，所以這媒介物就是人類底意志。生產力與社會組織之間，如果沒有這人類底意志，生產力底變化是不能傳到社會組織的。馬克斯在總底唯物史觀底公式（見「經濟學批評」——Zur Kritik politischer Oekonomie——底序文，「唯物史觀底公式」還名稱是後人為便利上取的）裏面說：

「社會底物質的生產力，發展到了一定階級，與彼從前在其內繼續了活動的當時的生產關係——或單為其法的現表的財產關係——發生衝突。這些關係就由生產力底發展形式變而為生產力底桎梏。於是社會革命的時代就開始。巨大的上層建築底全部就或緩或急地隨着經濟的基礎底變動而變革。當觀察這種變革的時候，我們總非把那能够以自然科學的精密而論證的，在經濟的生產條件上發生的物質的變革，與那人類所依以意識這衝突而且所與以決戰的法制上，政治上，宗政上，藝術上，或哲學上——即觀念上——的諸形態區別開來。……人類總是只以問題本身能够解決的問題為問題的……」

這就是表明生產力與社會組織底變化之間有人類意志的媒介的。這人類底意志就如同機器裏面的運槓，運帶，或輪齒。我們離掉了人類底意志不能想像人類底進化，如同離掉了運槓之類不能想像機器底運轉。 人類底意志就是人類進化底紐。 這人類意志底表現，在一切過去(除開古代共產制時代)，就是階級鬥爭。 所以馬克斯又有階級鬥爭的學說。

據馬克底斯意見：一切過去的社會是階級的社會，同一社會裏面有兩個以上利害相異的階級底存在，有的階級以維持現狀為於己有利，而相反對打破現狀；有的階級以維持現狀為於己有害，而主張打破現狀。 于是這些階級間就發生所謂階級鬥爭。 在階級鬥爭上，那要求打破現狀的階級制勝，社會組織底變革才實現。 社會組織底變革是要人底意志——或為其表現的階級鬥爭——來實現，由此也可以明白了。 所以馬克斯又在「共產黨宣言」(一)(Kommunische manibest) 上面大聲疾呼地說：「一切過去的歷史是階級鬥爭底歷史。」 馬克斯之注重階級鬥爭如此，所以我們不能離開了他底階級鬥爭的學說，來解釋他底唯物史觀。 我們離開了人類底意志來觀察人類底進化，人類底進化就要成為不可思議；我們離開了階級鬥爭學說來解釋唯物史觀，唯物史觀就要變爲機械論。

（四）

由上所述，我們也可以曉得生產力底變化是要透過人類底意志才能傳到社會組織的了。但人類底意志不是獨立的，乃是環境底產物，是要有了相當的環境才能發生的。人類要求社會組織變革的意志，是要生產力發展到了相當階段，與社會組織發生了衝突，才能發生。所以馬克思在他底唯物史觀裏面說：

「……這意志非由物質生活底矛盾，社會的生產力與生產關係間的現存的衝突，說明不可。」

他所以說：「要生產力變化了，社會組織才能變化」，就是因爲生產力不發展到相當階段，人類還不至于感受因生產力與社會組織相衝突所發生的痛苦；不發生痛苦，人類就不能發生要求社會組織變革的意志，也不能知道應當怎樣變革的緣故。這是正規的進化應有的現象。如同機器底正規的運轉，其所以要發動輪轉動了，受動輪才轉動，就是因爲發動輪不轉動，傳動媒介物不能發生作用的緣故。但機器底運轉不一定非規正的不可，傳動媒介物不一定要發動輪轉動纔能發生作用的；我們用別的方法，如以一種相當的力量轉動受動輪，也一樣能使彼發生作用的。人類底進化不一定非正規不可，人類底意志不一定要身歷其境才會發生；因了別的原因，如別一部分人底經驗，也一樣能夠發生的。我們如果能以一種方法使傳動媒介物發生作用，發動輪就是還沒轉動，受動輪也是能夠轉動的。同樣，人類如果能因着一種原因，先於生產力底進化程度的發生要求社會組織變革的意志；就是生產力還沒有進化到相當程度，這社會組織也是能夠變革的。所以我們不能把馬克斯底唯物史觀專作機械的解釋，社會組織有時也能先於生產力底進化程度而變化的。

再我們從唯物史觀底別一方面觀察，也可以曉得社會組織是可以以意志先於生產力而變化的。馬克斯在唯物史觀底公式裏面雖然說：

「人類在其生活底社會的生產裏面，進入了一定的，必然的，由他們意志獨立的關係——即與他們物質的生產力底一定的發展階段相適應的生產關係。這些生產關係底總和……就是法制上及政治上的上層建築所依以建立的（及一定的社會的意識形態所與適應的）眞實的基礎。」

但社會底物質生產力是有不斷地變動的流動性的，社會組織是在一定期間內當繼續的維持的固定的。如果我們把生產關係與生產力間的適應關係，法制上及政治上的上層建築及社會的意識形態與生產關係間的適應關係，認爲機械的，那麼社會組織就沒有固定的可能了。如果社會組織固定了，就要阻礙生產力底進化，人類也永遠沒有進化了。然而我們人類現在確是比原始的人類不同，可見確是進化了，所以我們不能把那些適應作用認爲機械的。其實馬克思那幾句話底意思只是「社會底物質的生產力變化到或一程度以上，連有固定性的社會組織也至於不能不隨着變化」的意味。所以馬克思又說：

「社會底物質的生產力，發展到了一定階段，與彼從前在其內繼續著活動的當時的生產關係——或單爲其法的表現的財產關係——發生衝突。這些關係就由生產力底發展形式變爲生產力底桎梏。於是社會革命的時代就開始。巨大的上層建築底全部就或緩或急地隨着經濟基礎底變動而變革了。」

因此我們可以作解釋說：社會底物質的生產力與社會組織中間雖然可以說有適應關係祇存在；但更嚴密地說呢，就是社會組織底歷史有前後二期，其第一期就是社會組織與社會底物質的生產力正相調和，其社會組織立在便於生產力發展的關係的時代：其次的第二期就是社會底物質的生產力因爲發展到了或一程度以上，其與社會組織間的調和破裂了，從前助長了生產力發展的社會組織反而成了妨碍生產力發展的束縛的時代。照這樣看來，我們可以曉得社會組織有與生產力相調和的時代，有相衝突的時代；換句話說，就是有相適應的時代有不相適應的時代；再換句話說，社會組織有在生產力進化程度前的時代，有在生產力進化程度後的時代，至少在第一期底初期是在生產力進化程度之前的。因爲生產力是無間斷地變動的，而社會組織在第一二期是固定的。於是我們就可以曉得社會組織是可以先於生產力而進化，只要人類能夠因相當的原因發生要改變的意志。

一部分人類底經驗，就是全人類底教訓。

沿江沿海的人民因爲看見人赤身涉水而溺死，纔製造船隻；耳聞這種經驗的山間人民就不必因爲沒有眼見人溺死，於借水下山的時候，一定不預備船隻。　先進各國底人民因資本主義的制度感受了莫大的痛苦，發生了要改建社會主義制度的意志，並且也知道應當怎樣改建了；這不是我們底教訓麽？　山間的人民雖然沒有眼見人赤身涉水而溺死，但因沿江沿海人民底教訓也就曉得借水下山的時候要預備船隻；我們雖然沒有因資本主義下的產業發展，像先進各國人民受過那樣苦痛；但因先進各國人民底教訓，也就應該曉得要在非資本主義制度下發展產業了。　這是我們底意志，因先進各國人民底教訓，先於生產力而發生了。　如果受了這教訓，而還不發生這意志，那就是山間的人民一定要親自溺死一回，纔來預備船隻了。　意志是人類進化底繫紐，我們只要肯受人家這貴重的教訓，發生這意志，我們就能先於生產力底進化程度，而改變社會組織了。

（四）

因爲人類進化有關和作用的緣故，這社會組織的改變自然要引起生產力底改變。　如同機器底受動輪運動了，自然要引起發動輪底轉動，我們所以說：物質的條件在新制度之下，一樣也能完備；就是爲此。 以一種方法使傳動媒介物發生作用，當然有相當的條件：同樣，以意志先於生產力底進化程度，而改變社會組織，當然也有相當的條件。 這種改變當然不能出乎生產力底可能範圍之外，所以我們沒有希望完全社會主義底馬上實現，只要在生產力底可能範圍內建設新制度。 這可能範圍，就是生產力與社會組織間在適應關係上現存的空隙。 由上所述，我們可以曉得我們先於生產力底進化程度而建設更進化的「新制度」，並不違背馬克斯底唯物史觀，也沒甚麼不可能了。

（五）

由上所述，我們可以曉得現在的中國要進化到社會主義，沒有一定要經過資本主義充分發展的階段的必要，直接就可向社會主義路上走去的理由了。 再就我們中國現在的環境而說，資本主義在中國也沒有充分發展的可能。 如我們在「中國底亂源及其歸宿」的一文裏面所說，中國因爲受世界底調和作用，進化非常急速；凡世界在進化途上從前經過的種種歷程，雖也非經歷一遍不可，但皆不能有生長期，只有蟬蛻繼以蟬蛻，寓醞釀於蟬蛻；一種現象發生了，還沒有得到結果，第二種現象又發生了。現在世界社會革命的機運已經成就，社會主義實現的時機已經不遠，資本主義要在中國發展，也必蹈從前一切現象底覆轍，等不到結果就要入蟬蛻的。所以資本主義要在中國得到充分發展，是不可能的事。由此，我們也可以懂得中國要進於社會主義，不但沒有要經過資本主義充分發展的必要，並且資本主義要在中國充分發展是不可能的事了。

(十八)

再，我們就現在中國種種情形而言，又有種種理由也非直接向社會主義路上走去不可。

第一，我們要中國一切部分赶快進化到能互相調和，非赶快普及教育不可。但在資本主義的社會，要教育底急速發達已是不可能，至於普及就絕對不可能了。因爲在資本主義的社會，財富在少數資本家私人手中，不在社會手中，社會不能任意支配；所以教育底急速發達是不可能，又因爲在資本主義的社會，占人民大多數貧窮階級底子女皆沒有受教育的權利，所以普及是絕對不可能，要教育底急速普及非在社會主義制度之下不行，因爲在社會主義制度之下，一切財富都是社會底所有，社會可以應需要而自由支配，並且一切子女都有受教育的權利和義務。　關於這一層，有俄國底先例可證。　俄國自從實行了社會主義革命之後，教育底普及非常迅速。　在革命前全國識字的人只占全國人口百分之十的，革命後不到三年，就倒過來，不識字的只占全國人口百分之十了。　還是日本「朝日新聞」底記者報告的，到了現在，我怕不識字的人已經沒有了。　至於施設教育的情形，「覺悟」，「新青年」等紹介的也很多，諸君儘可參考。　由這一點看來，中國也非直接向社會主義的路上走去不可。

（七）

第二，我們要中國作急速而且健全的進化，非先剷除一切足以阻害進化的障礙不可。而世界底資本階級對中國市場上的爭奪，是阻礙中國作急速健全進化的最大障礙，　我們非先把他們這種行動遏止不可。　但中國是在他們支配之下，中國資本家底勢力又遠不及他們，絕對沒有遏止他們這種行動的可能。　就是以全中國人底愛國心來遏止他們　也沒有可能的希望，因爲要遏止他們這種行動就是與全世界資本階級爲敵的意思，就是把全中國人底力集合起來，也沒有這樣大的勢力。　諸君請看！近年來中國底愛國主義者對於日本的努力怎樣！結果又怎樣——以那樣的熱心對付日本一國底資本階級倘且只能得那樣的結果；如果與世界資本階級爲敵，其結果就可想而知了。　請諸君再看！太平洋會議底情形怎樣！全中國人這樣的熱心，這樣的努力，但是中國人民所要求的達到了沒有？　達到一部分沒有　？要與全世界資本階級爲敵，除了使中國向社會主義的路上走去，沒有第二條路。　因爲全世界底無產階級現在都在社會主義的旗子之下與資本主義爲敵的緣故。　我們如果以社會主義的旗子與世界底資本階級爲敵，就是全世界無產階級結合起來去和全世界資本階級爲敵的意思、我們就可以操必勝之券。　倘若我們不用社會主義的旗子，而用資本主義的旗子，那就是以全世界人爲敵了。因爲我們在國際上是以全世界資本階級爲敵，在階級上是以全世界無產階級爲敵的緣故。　以對付日本一國資本階級的力量都還沒有的中國人民，怎能以全世界人爲敵呢？　還不是必敗之道麼？　向資本主義的路上走去，是適而必敗之道；向社會主義的路上走去，是順而必勝之道。 由這一點看來，更可以曉得中國非直接向社會主義的路上走去不可了。

八

由上所述，我們就可以懂得現在的中國要進化到社會主義，一但沒有一定要經過資本主義充分發展的階段的必要；並且資本主義在現在中國沒有充分發展的可能，並且又有非向社會主義的路上走去不可的必要。因此，我們就可以曉得要中國進化到社會主義，只有直接就向社會主義走去的一條路了。 中國要進化到社會主義，只有直接向社會主義走去的一條路；中國底混亂又要中國進化到社會主義纔能終止；我們要使中國底混亂趕快終止，自然非努力使中國趕快上社會主義的路上不可了。 中國底同胞！努力罷！

馬克斯底共產主義

施存統

(一)序論

大家都知道馬克思是一個科學的社會主義者，他底社會主義是有科學的體系的。在他以前的社會主義，都是空想的社會主義，沒有科學的體系；自從他出來之後，社會主義才具備了科學的體系，劃了一個新紀元。這個區別，我可以借河上肇底話來說明：

把「共產主義的社會」當做理想來描寫的思想家，在馬克思以前，也很多很多。可是他們都只能在他們底頭腦中描寫那個理想，至于可以實現那個理想的「物質的基礎」，卻都不能發見，所以他們都只做一個空想家就完了。簡單點說：那種只想飛到空中去而不去研究怎麼樣才能飛到空中去的手段的人，我們可以說他是一個空想家罷。但是如果有人想做出像飛行機那樣東西來，用他飛到空中，我們就不能說他是空想家；因為他已整然想出為實現那個目的的「物質的基礎」了。因為馬克思關于(一)為實現那個當做理想的共產主義社會要怎樣的「物質的基礎」，和(二)那個必要的「物質的基礎」如何才能完成——這兩個問題，曾做了科學的研究，所以在這一點上，他底社會主義可以稱做科學的社會主義，可以同他以前的空想的社會主義相區別。」

這一段話，很足以說明科學的社會主義和空想的社會主義底區別，也很可以表明馬克思底共產主義能夠實行的理由。

關于(一)問題，就是生產力十分發展；關于(二)問題就是改造經濟組織。換句話說：要實現共產主義，必須以生產力十分發展爲前題：生產力十分發展，必須改造經濟組織才能實現，卽只有靠社會革命才能實現。社會革命，簡單點說，就是改變經濟組織的革命。經濟組織一改變了，社會底全部制度都要隨之而改變；于是新社會也就因而出現。

但是要完成這個社會革命，實現共產主義，是有一定的順序的。馬克思在一八七五年所著的「哥達綱領批評」當中，把這個順序明白告訴了我們。馬克思是一八八三年死的，離他做這篇文章只有八年，所以我們很可以在這篇文章裏窺見他底成熟的思想。我們從他這篇文章裏，可以把他底實現共產主義底順序分爲三期：第一期，是革命的過渡期；第二期，是共產主義底半熟期；(這就是普通所說的社會主義的時期)第三期，是共產主義底完成期。

（其實，是不能這樣嚴密區分的，大家以意會之就是了。）在這第三期各人都得着「生存保證」，自由社會也就全實現了。

（二）革命的過渡期

現在先說第一期，這一期就是革命的過渡期。我們把馬克思在這篇文章中關于這點的話一同引在下面，當能格外明白。「法蘭西內亂」上說：

「勞動階級要想達到自己階級的目的，單靠掌握現存的國家是不濟事的」。

大家不要輕輕看過這句話，這句話是馬克思主義底精髓呢；因爲馬克思主義底根柢是唯物史觀，依唯物史觀底解釋，一種經濟組織，一定要有一種政治組織和他相適應，所以一面改變經濟組織，同時也非改變政治組織不可。那些要想在議會裏實現社會主義，死守有產階級德謨克拉西的先生們，在這一點，明明是違背馬克思主義底教義的。所以列寧罵他們爲「馬克思主義底淫賣婦」，實在是不錯的。我們之所以不承認正統派社會主義（就是柯祖基所代表的那一派）爲純粹的馬克思主義，也就在此。純粹的馬克思主義，據我看來，只有布爾塞維克主義。

「哥達綱領批評」裏說：

「從資本主義社會推移到社會主義社會底中間，必須經過一個革命的變形時間。同這個革命的變形時期相適應的，有一個政治上的過渡期。這個政治上的過渡期，就是無產階級革命的獨裁政治。」

這一段話可為緊接上段而說的，也就是山川均先生所說的「這是唯物史觀說當然的結論與應用。」

「共產黨宣言」上說：

「勞動階級的革命，第一步是使勞動階級跑上權力階級的地位。……既達到第一步，勞動階級就用政治的優越權從資本階級奪取一切資本，將一切生產工具集中在國家底手裏，就是集中在組成權力階級的勞動階級手裏！這樣做去，那全部生產力，就可以用最大的速度增加起來了。起初的時候，少不得要用強迫的攻擊手段對付私有財產權和資本家的生產方法，纔得達到目的。……勞動者和資本階級戰鬥的時候，迫于情勢，自己不能不組成一個階級，而且不能不用革命的手段去占領權力階級的地位，用那權力去破壞舊生產方法；但是同時階級對抗的存在和「一切階級本身，也都是應該掃除的，因此勞動階級底權勢也是要去掉的。」

「空想的及科學的社會主義」上說：

「勞動階級掌握政權，先把生產機關收歸國有。　從此之後，把無產階級自身也一同廢止，一切階級區別，階級對抗，都一概廢止，就是成爲「國家」的國家，也隨着廢止。……無產階級握取政權，用這個權力，把離開有產階級底手的「社會主義生產機關，一完全移歸公共機關所有。」

這一段話，是昂格思說的，雖沒有像前面那幾段話那樣明白；但也明明白白敎無產階級奪取政權的了。　總之，馬克思主張「勞工專政」，實是一樁很的確的事實。　他從一八四七年草「共產黨宣言」以來，就抱有這個思想，不過明白確定的，都在一八七一年巴黎自治團失敗之後。 有人說他到了後年思想成熟了，放棄這個主張，那是不對的。

在這個革命的過渡期中，無產階級最大的工作，就是把一切生產機關收歸國有，及把一切階級消滅。 俄羅斯同志現在所做的，就是這第一期的事業。 這第一期，是由資本主義進到社會主義的過渡時期，就是馬克斯所說的社會革命的時期。 這個時期經過的長短，我看要以各國底經濟發達狀況和人民智識程度如何而定的。 在俄國，中國這些產業幼稚，人民無智識的國家，過渡時期要比別國多一些時日也未可知。 究竟要多少時日，我們固不能預定；不過共產主義不是一舉而成的這件事實，我們是無疑的。 我們也只有同心協力，盡我們最善的努力，以期早日通過這個過渡時期就是了。

（三） 共產主義底半熟期

共產主義底半熟期，就是共產主義底第一期。 到了這時期，因為已經經過了「久產之苦」的過渡期，把一切生產機關都收歸國有了；所以就沒有有產階級和無產階級的階級區別了，也就沒有一切階級區別了；因之無產階級專政這個政治形態，也便隨着告終了。 而同時在別一方面，因爲全社會底生產機關已成爲「國家的統一」和全社會底生產力已成爲「意識的計劃的結合」：所以「全生產方法底變革」也就實現了，「社會的生產力」也就大大地增加了。到了巨大的生產力增加的時候，社會才進到共產主義底第一期。但是在這時期底共產主義，起初還不通半熟的東西罷了。現在再把馬克思在「哥達綱領批評」中關于這共產主義第一期的話寫在下面：

「我們這裏要處置的東西，並不是在那個固有基礎上發展來的共產主義社會，實在是那個剛從資本主義社會產出不久那些時候的共產主義社會。在這時期無論在經濟上，在道德上，在精神上，在其餘一切關係上，都還沒有脫除那個生彼的母胎舊社會底遺風。在這種社會裏每個生產者，都向社會正確地取回自己所給與社會的東西（扣除爲社會全體所必要的費用之後）。他給與社會的東西，就是他個人的勞動量。……他向社會領受了一種證券，這種證券上面寫明「供給這些這些分量的勞動」（扣除了他爲共同團體所貢的勞動）：拿了這個證券，向消費物底社會的倉庫，取出與這個所費的勞動相等的東西。這就是：他把他在這一個形式上所給與社會的東西，在別一個形式上取回。

換句話說，就是同量的勞動互相交換。」

這是已經過了過渡期，進了共產主義第一期以後的事。在這時期，社會已完全沒有生產機關和掠奪剩餘價值的有產階級了，所以一切人都成為「社會的勞動者」而勞動，各人都應其提供的勞動多寡從社會領受一定的報酬。在這各個人「在別一個形式上」取回同「在這一個形式上所付給社會的勞動」相等分量的勞動」一點看起來，可以說是實現勞動全收權。（但是因為從全體勞動收益當中，先扣除了為社會全體的必要費用之故，所以實不是各人完全取回他底勞動收益全部的。）但我們要問：這種承認勞動全收權的社會，就是馬克思當做理想的「共產主義的社會」嗎？那不是的。據馬克思底意見，一切權利，都是有產階級社會底殘滓，勞動全收權也是一樣。同在哥達綱領批評」當中，他又接着說道：

「在這種地方，明明白白被同「那個規定商品交換（限他在同一價值內交換）的原則相同的原則支配着。不過在這變化過的事情下面，因為（一）無論是誰，都不能提供他底勞動以外的東西：和(二)除了個人的消費物以外，無論什麼東西，都不能歸個人所有；所以內容和形式，都發生了變化。　但是關于個個生產者之間底消費品分配，是被同一商品同價量交換」一樣的原則支配着的：但是這個形式同量的勞動，同別個形式同量的勞動交換。

「在商品交換裏，「等價的交換」這條原則，只是在全體平均上存立的，在各個的場合是不存立的，但是在這個場合，是沒有說有「原則和實際不一致」那樣的事的。　不過那個「平等權利」，從其原則上說，還仍舊是有產者的權利。

「這個平等權利，雖然如上述那樣有進步，但仍舊還負有有產者的限制的。　為什麼呢？　因為生產者的權利，與其「勞動給付」成比例，平等還存在用「勞動」這個同一尺度去測量這一點上之故。　(所以其結果，不免要發生種種不平等)有人對于別人，在肉體上或精神上，占着優等的地位，所以在同一時間當中，能夠提供更多的勞動，或者能勞動更多的時間。

因爲把勞動當做尺度使用，所以其張度及强度，也不可不斟酌的。不然，那就不是尺度了。這樣說來，這個叫做「平等權利」的權利，實在是對于不平等的勞動的「不平等的權利。」不用說，各人都同別人一樣，單是一個勞動者，階級底區別，是不承認了。但是這個，在不知不覺之中，已經把不平等的個人的天分，以及不平等的個人的給與能力，認做「自然的特權」了。所以這個，同一切權利一樣，從其內容來說，也是不平等的權利。……還有別的種種差別；例如一個勞動者結了婚，別個勞動者沒有結婚；這個人底小孩子，比別個人多等都是。所以縱使大家做同一勞動勤務，對于社會底消費財物取同一的分量，也要發生一個人在事實上所得的東西比別人多，一個人比別人富那樣的事情。如果要想避免這些弊害，那麽我們就可以知道：「權利」不是平等的，實在是不平等的。「然而這些弊害，在共產主義社會底第一期——即在吃了「久產之苦」（按這是指革命的過渡期的）之後，剛從資本主義社會產出不久那些時候的共產主義社會，是不可避的現象。大凡權利這個東西，決不能成爲比「社會底經濟狀態及靠這經濟狀態附做條件的文化底發展」更高的東西。」

所謂「在變化過的事情上面，無論是誰，都不能提供他底勞動以外的東西；在別一方面，除了個人的消費物以外，無論什麼東西，都不能歸屬個人所有」，以及「大家都不過是一個相同的的勞動者，不承認有階級的區別」那些話，都不過是說明這麼一個時期底社會狀態：卽一切生產機關都歸社會公有，社會沒有了叫做有產者及無產者這種階級區別的時期——卽社會已經過了過渡期進入共產主義的時期——底社會狀態。 在這個時期，社會雖然已經進了共產主義的時期了，然而在起初的時候，社會還沒有脫除舊社會底惡習，所以關于消費品底分配，也不能就採用「各取所需」這條原則。 爲獎勵各人底勞動起見，還有應其所提供的勞動底分量而定財富分配的必要。 所以雖然已經進到共產主義社會了。然在第一期，卻也還承認近于「勞動全收權」的權利。 但我們已經知道：在主張有權利的時候，是沒有平等的；一切權利，都是不平等的權利。 在這種以各人勞動分量多少來定分配的時候，要發生種種的不公平：例如有兩個人，雖然在同樣必要的時候，但因爲二人底勞動分量不同，所以就發生一個得到較多消費手段，一個得到較少消費手段的事情：還有有更多的必要的人，所得的分配額，反而比有更少的必要的人少的事。這樣說來，社會雖然已經進入共產主義時代，然在第一期，什麼正義，自由，平等這些東西，都還不能達到完滿境域的；據馬克思想，這些弊害，到底是不能避免的。

總之，在共產主義底第一期，只不過免除了從生產機關私有所生出來的弊害；至於跟着以勞動量爲標準的分配制度所產生的種種不公平，一時還不能免除。這時候有兩條重要原則！一條是「不勞動的不許吃」，一條是「做多少工作，給多少報酬。」這就是馬克思所說的共產主義底第一期。

（四）共產主義底完成期

共產主義「在那個固有的基礎上發展」起來，漸漸兒使社會的生產力成就了巨大的發達，最後就達到「實現共產主義所必需的程度」，而社會的一切組成員也就都得着「生存保證」。做到這樣，也決不是不可不能的事。到了這個時候，共產主義才脫了半熟期而進到完成期，人類也成爲眞正的自然支配者。　關於這個時期，馬克思在「哥達綱領批評」裏說道；「在共產主義社會更高級的狀態；即在從服從分業原理而發生的個人底奴隸的隸屬消滅了，隨之精神勞動和肉體勞動底對立消除了之後；在勞動不當做爲單維持生活的手段，而勞動自身成了第一個生活要求之後；在生產力隨着個人底全面的發展一同增加，而共同財富底源泉都十分流出了之後：——到了這個時候，社會才完全從狹隘的有產者的法律的地平線超拔出來，而且只有在這個時候，社會才能在旗幟上大書特書着：「各盡所能，各取所需。」」

所謂「各盡所能」，就是「各人應其能力爲生產財富而勞動」的意思；所謂「各取所需」，就是「各人應其欲望而消費社會財富」的意思；這兩句話，是把共產主義社會底生產及消費底根本原則，最簡單明晰表現出來的話。　這樣的社會，馬克思並不以爲立刻就能實現的；他以爲要實現這樣的社會，必須先經過許多年數；等到社會的生產力大大地增加，最後「共同財富底一切源泉都流出來」的時候，這樣的社會，才能實現。　他底共產主義不能稱爲烏托邦，也就在此。我們之所以不相信別的共產主義，而獨信馬克思底共產主義，也在於此。

這樣的一個社會，就是我們所要的自由社會。在這種社會裡，「勞動已不單爲生活的手段，而其自身就是第一個生活要求。」這種爲「生活要求」的勞動，也就是一般人所仰慕的優美愈的快勞動，也就是一般藝術家所企望的「勞動底藝術化」。在這時候，人人都能夠自由勞動，自由消費，眞是一個快樂世界！而且社會的生產力既然十分發展，精神勞動和肉體勞動底對立既然消滅，則勞動時間一定可以大大減少，餘暇時間一定可以大大增加，什麼科學，術藝這些東西，誰也不能獨占了：眞正的自由，平等，正義，幸福，也都只有這時才能完全實現！這就是「各個人都能夠自由發展，全體才能自由發展的協同社會」！馬克思所謂「共產主義底更高級的狀態」，就是這樣的！

（五）結論

由上所說，馬克思底共產主義是什麼東西，大概總可以明白了。我爲讀者容易記憶起見，再把上文大意總括如下：

1.社會革命期　這期底特質，就是無產階級專政。　這期最大工作：(一)把一切生產機關收歸國有；(二)征服有產階級並消滅一切階級；(三)整理生產事業並發展生產力。　這期工作，大部分都屬於破壞。

2.共產主義半熟期　這一期就是剛從資本主義社會脫出的新共產主義社會的時期，也就是經過了社會革命期後的時期。　(在社會革命期中，是正與資本主義社會戰爭的時期，不能說是已經脫出資本主義社會。)　因爲他去資本主義社會未遠，所以無論在經濟上，在道德上，在精神上，在一切關係上，都還遺留着舊社會底遺風；因之，強制力在這時期也還不能免除。　這個時期，已沒有了階級的區別和生產機關底私有。　無產階級的國家也已消滅，全社會人都已變做生產勞動者。　這時破壞已完，完全努力建設。　因爲生產機關已爲全社會所有，生產事情已有統一的計劃，所以生產力也就能充分發展起來。　至於分配消費品，還僅能採用「各取所值」一條原則，做多少工才給多少報酬，所以在這時候，還有許多不公平的事情。

(3)共產主義完成期　這個時期，就是生產力已達了十分可驚的程度，完全能夠做到「各盡所能，各取所需」的自由共產社會的時期。這就是恩格斯所說「的自由的王國」，馬克思所謂「協同的社會。」

大家請看：馬克思底共產主義是對的嗎？　把共產主義底目的，手段，過程，都一一告訴我們的人，除了馬克思之外，還有什麼人呢？　這種從經濟上來主張的共產主義不去相信，到底要信什麼共產主義呢？　世界上主張共產主義的學說，還有比馬克思更完備的嗎？自由，平等，正義，幸福，是憑空建築得起的嗎？　究竟是先有了共產主義的經濟組織，然後有平等，自由，正義，幸福呢？　還是先有了自由，平等，正義，幸福，然後有共產主義的經濟組織呢？　這一個差別，是很大的呢！　朋友們！都要仔細想一想呵！

現在再說一點我底意見。　我以為馬克思主義全部理論，都是拿產業發達的國家底材料做根據的；所以他有些話，不能適用於產業幼稚的國家。　但我以為我們研究一種學說一種，決不應當「囫圇吞棗」「食古不化」，應當把那種主義那種學說底精髓取出。　比方唯物史觀告訴我們：經濟組織起了變化，社會組織也就要隨之而起變化。　我們因此就可以知道：要改變社會組織，必須先改變經濟組織。　又如馬克思經濟學說告訴我們：產業社會化底結果，共產主義是必然到來的運命。　我們因此又可知道：要想實現共產主義，必須先使產業社會化。　諸如此類，舉不勝舉。　所以我們在中國主張馬克思主義，實在沒有違背馬克思主義底精髓，乃正是馬克思主義精髓底應用。　我們很知道：如果在中國實行馬克思主義，在表面上或者要有與馬克思所說的話衝突的地方；但這並不要緊，因為馬克思主義底本身，並不是一個死板板的模型。　所以我以為我們只要遵守馬克思主義底根本原則就是了；至於枝葉政策，是不必拘泥的。

我以為我們千萬不要忘記唯物史觀，忘記了唯物史觀就沒有了馬克思主義。　非但馬克思主義者應該注意唯物史觀，就是別的社會主義者，也非注意唯物史觀不可。　一種社學組織，一定要建在一定的經濟組織上面。　經濟組織，是社會組織底基礎；沒有基礎，怎麼建築得起？　空想社會主義者底弊病，我們千萬不可犯。　社會革命，決非偶然僥倖的事，是要在一定的條件下面來行的。　不顧一定的條件，空談社會革命，是一件無益的事。　我們如果眞要使社會革命成功，除了遵守唯物史觀之外，沒有別的辦法。

什麼正義，人道，自由，平等，都要建築在一定的經濟基礎上面。　找不到那種經濟基礎，空講自由，平等，就是講一萬年，也不會實現。　我們並不是不要自由，平等，我們只不過要先築成能夠得到自由平等的經濟基礎。　我們知道：社會是進化的，由較不完善進于較完善的。　要想一步跳過，那完全是夢想。　我們對于社會進化必須經過的階段，是避免不來的。　所以我們必須實行階級鬥爭，必須採用勞工專政。　拿什麼「澈底不澈底」的話來反對馬克思主義，我看是一錢不值。

總之，馬克思底共產主義，一定可以在中國實行的，不過如何才能實行，卻全靠我們底努力了！

一九二一，八，一四，

我們要怎麼樣幹社會革命

我這篇文章，只是發表我個人底意見，並不可當做同志們全體底主張　我本不敢冒昧發表這種研究未熟的東西；只因（一）編緝員催稿太急；（二）近來對于我們誤會的人頗多；所以才迫而出此。　我很希望同志們或非同志們看了我這篇東西之後，能够細心去研究一番，再把研究底結果來糾正我底謬誤。　總之，我決不以爲自己底話都對的；不過沒有知道哪些不對以前，我却要當「不對」也爲「對」的。　眞心改造社會的同志們！我們大家都是爲社會，我們大家都當處處以「社會」爲前提啊！

有一個朋友問我：「支那將來怎麼樣？」我說：「我不是活神仙，我不能詳細告訴你這個問題；不過有一點，我很可以確實地告訴你，就是「支那人努力到怎麼樣，支那將來才會怎麼樣」。」我覺得除了這個答案之外，再沒有第二個答案了。　社會革命，一半是「經濟的必然」一半還靠着「人類的努力」。。 社會革命，沒有「人類的努力」，是決不會成功的；但是單有「人類的努力」，沒有「經濟的必然」，也決不會成功的。 所以馬克斯一面證明社會主義是必然到來的命運，一面又極力主張革命。 那些糊塗的社會主義者，要想專在議會裏等社會主義實現，不過徒見其夢想罷了。

我現在有兩種根本信念：(一)無論哪一派社會主義，如果要將他實現，一定要擱在一個物質的基礎上面；否則一定立不穩固，要倒下來。 (二)無論哪一派社會主義，都不過是適用一時的，決不可當作永久絕對的眞理。

由第一種信念而說，不管你主張什麼主義，你總要找到一個物質的基礎來。 共產主義也好，無政府共產主義也好，你們都應當築在一個強固的「物質的基礎」上面，才能搖不可動。 不在物質的基礎上努力，儘管你天天叫共產主義，天天叫無政府共產主義，也決不會實現。

由第二種信念而說，那麼「自由組織」，「自由聯合」，「各盡所能」「各取所需」這些原則，就不見得完全不能實現，但也不能一時實現。據我底意見，無論哪種主義，未實現以前與既實現以後，性質上總有多少不同。這是什麼緣故？因爲提倡主義的人所根據的事實與實現那種主義後的事實有差異的緣故。

凡是在那個時代適用的東西，必然發生的東西，我們都不能非難彼。階級鬥爭，乃是在階級制度下面必然發生的事情，也是只在階級制度下面才能適用的東西。所以我們看明了這一層，就不應該說什麼「大家都是人，人與人是應該互助的」那種廢話。無產階級專政，也是在一定社會下面一定發生的事情，而且也只在階級對立的社會方能適用的東西。無產階級專政，本是一種革命手段，並不是共產黨底目的；共產黨底目的，乃在於實現共產主義。革命手段，並不是不可變的，我們也不是以無產階級專政爲最好的革命手段；不過沒有發見更好的革命手段以前，我們却無論如何都不能不承認彼是最有效的革命手段。無論哪個革命主義者，都應該採用最有效的革命手段。凡是在一個時代（或地方）適用的革命手段，我們都不能非難彼——除非有更適用的革命手段。

我雖不是一個無政府主義者，然我對於無政府主義者所狂呼的幾種原則——自由組織，自由聯合，各盡所能，各取所需等——却很相信有實行的可能，而且我們也是向這方面進的。據我所見，共產主義，非但不與這幾種原則衝突，而且只有將這幾種原則完全見諸實行，然後共產主義才算完滿達到。不過這里要明白一件事：這幾種原理，决不是一時可能達到的，只是漸漸與彼接近的。那些要想從現社會一跳跳到理想社會的人，只是一種妄想，事實上是斷斷做不到的。事實上做不到的理由：（一）物質的生產力沒有像那麼樣快的；（二）教育不能一時就普及的。我們無論實行哪一種主義，都應該有一種過程；不經過那種過程，什麼主義都不能實現。

現在有許多人以為我們反對「自由組織」「自由聯合」「各盡所能」「各取所需」，其實是不然的。我們非但不反對這些原則，而且是力求與彼接近。我們所反對的：乃是不能「自由組織」，而硬要實行「自由組織」；不能「自由聯合」，而硬要實行「自由聯合」等。人們底組織能力，不是一天養成的，是要在團體中習練成功的。當個沒有「自由組織」能力的時候，吾人自然只有引導伊加入團體中練習組織能力；等到伊有了自由組織能力的時候，自然不成問題了。

據我所見，我們共產主義者與無政府主義者現在所爭論的問題，並不是無政府主義者所狂呼的幾種原則——自由組織，自由聯合，各盡所能，各取所需——到底能否實現的問題，乃是推翻有產階級的國家之後要否建設無產階級的國家問題。我們共產主義者，主張推翻有產階級的國家之後，一定要建設無產階級的國家；否則，革命就不能完成，共產主義就不能實現。據馬克斯底意見，國家原是一階級壓迫一階級的機關，等到階級消滅，國家自然也會消滅的。所以我們底最終目的，也是沒有國家的。不過我們在階級沒有消滅以前，却極力主張要國家，而且是主張要强有力的無產階級專政的國家。階級一天一天趨於消滅，國家也就一天一天失其效用。我們底目的，並不是要拿國家建樹無產階級底特權，是要拿國家來撤廢一切階級。無政府主義者根本不贊成這種辦法(也有例外)，所以我們才起爭論。我現在不是做一般的爭論，只是單從支那來觀察一下，到底適用哪種手段。

二

講到改造支那，眞是一件困難又困難的事。我常常想到改造支那底難處，不覺會失望。常常與許多朋友談到改造支那底難處，大家都會束手無策。這種痛苦，我想不但我一個人如此，許多眞心改造社會的同志，只要對於事實問題稍加研究，都會與我同感的。我雖是篤信共產主義，但也很知道中國實行共產主義是很困難。豈但共產主義，就是要使資本主義發達都是非常困難的。雖然如此，但我總不信支那是永遠沒有希望的，支那底無產階級和青年是永遠死的。有這一線希望。所以總想盡我底最善努力對於支那有所貢獻。再三研究，只有共產主義才能挽救支那，只有這個主義比較地能在支那實行；所以才決定終身為共產主義努力，終身為共產主義犧牲。

實行共產主義，第一個條件，就是「一切產業底社會化」。換句話說：一切產業，都由社會來經營，絕對不許個人來經營。產業一天沒有完全社會化，共產主義也便一天不能完全實行，私有財產也便一天不能完全廢止。資本主義底根本謬誤，在於「社會的生產，私人的占有」這一點。　共產主義，就是要免除這個不合理的矛盾的。　馬克斯看明了這個矛盾，知道資本家已經沒有能力管理生產事業，非由社會直接來管理不可了；所以才來主張共產主義，他底共產主義，並不是他特別聰明發明出來的，乃是他從資本主義的經濟組織中發現出來的。　他看見物質的生產力，已經一天一天地向着共產主義的經濟組織那里進步了，所以才敢斷定共產主義是必然到來的運命。　共產主義，如果沒有這個經濟的基礎，那是一定不能實現的。　因此，我們可以說：共產主義，是生產力進步底結果——就是「經濟的必然」。

但是拿這個話到中國來說，就有些困難了。　有什麼困難呢？就是中國資本主義還沒有發達，中國還沒有實行共產主義底經濟的基礎。　不錯，不錯，這是很實在的，我是十二分承認的；沒有經濟的基礎，共產主義是空想的。　不過這里有一個問題，是非先解決不可的；就是：資本主義的生產方法和共產主義的生產方法有什麼不同，哪一個方法能使生產品急速地增加。　據我所知，凡是資本主義的生產方法底好處，共產主義的生產方法中都包含有；所不同的，只是把資本主義的生產方法中所包含着的種種矛盾，衝突除去罷了。實行共產主義的生產方法，生產力只會比資本主義的生產方法增高，決不會比彼減少。這個問題解決了，然後再談中國應否主張共產主義。

我敢大聲叫道：要想支那有希望，就非實行共產主義不可；我們在支那提倡共產主義，決沒有與馬克斯底主張衝突；就是馬克斯生在支那，恐怕也一定要提倡共產主義。我底在支那主張共產主義，有兩種根本理由：第一，資本主義，是帶國際性質的，彼是要征服全世界的；共產主義也同彼一樣，也是帶國際性質的，也是要征服全世界的。這兩種主義，是根本不相容的，決不能並存于世界。俄羅斯共產主義國家，已經替全世界無產階級開一個新紀元了；從此各國無產階級，必然奮起猛進，推倒有產階級，與俄羅斯同志們携手協力建設共產主義的世界。支那是世界底一塊地方，住在這塊地方的無產階級，也當然要起來與全世界無產階級同心協力幹這個全世界的社會革命，共同創造「人的世界」。我們自己如不起來這麼樣幹，恐怕「人的世界是不許這種賤骨頭進的呵！總之，中國底資本主義雖不發達，世界底資本主義却已由成熟而崩壞了；決沒有世界底資本主義滅亡而中國底資本主義能獨存之理。　這是從世界底大勢看起來，支那也非實行共產主義不可的。　第二，支那無產階級過的「非人生活」，連張東蓀先生都知道了，可見其「非人生活」底程度了。　要想使無產階級脫除「非人生活」過「人的生活」，就非發展產業，增進物質的生產品不可。用資本主義來發展產業，非但不能給與無產階級以「人的生活」，而且還給與許多非常可怕悲慘于無階級，這是歐美產業先進國已經教訓我們了的——就是上海等都會地方也已教訓我們了。　所以我們不敢用資本主義來生產，主張用共產主義來生產。　而且用共產主義來生產，比用資本主義來生產，生產力要大得多；再加以公平地分配；那麼使無產階級個個都得到「人的生活」，便不艱難了。　總之，支那非赶快發展產業不可；要發展產業，只有用共產主義才能以很大的速力增加生產品，也只有用共產主義才能使無產階級得着「人的生活」。這是從發展產業底見地看來，支那也非赶快實行共產主義不可的。　以上兩種理由，是我根本贊成共產主義底理由。

「經濟的必然」，乃是指一切社會底經濟組織而說的；「人類的努力」，却要看各地底情形而定了。 有一定的生產力，就有一定的經濟組織；有一定的經濟組織，就有一定的社會組織。 反轉來說，要造成一定的社會組織，必須先造成一定的經濟組織；要造成一定的經濟組織，必須先發展一定的生產力。 總之，經濟組織，是社會組織底基礎；基礎不築穩固，上層構造一定要倒下來。 所以我們要想造成共產的社會，第一就要把共產社會底基礎築得穩固才行。 換句話說：要使共產主義完全實現、必須將彼擱在一個強固的經濟組織上面。 這是馬克斯主義底根本原理，我們決不敢違背這個根本原理。 我們相信：違背這個原理，共產主義決不能實現。 我們遵從了這條原理，斷沒有與馬克斯底主張衝突。 有些書獃子，讀了幾句死書，以爲馬克斯主義只有在資本主義發達的國家才配提倡才能實行，這實在是大錯特錯，被死書蒙蔽住了。 還有些糊塗的朋友，以爲馬克思主義是機械論，宿名論，這尤其是妄不可言了。 你們拿這種話來反對，我們只有請你們再去研究，沒有別的話好說。

無論什麼人，總要知道自己底短處，才有進步可言。 對于社會的事也然，知道那個社會底缺點，才有改造可言。 有些朋友，以為支那資本主義不發達，是支那底幸；我却以為不然，反以為支那底不幸。 這不是我不近人情，實在是很有原因。 我不是根本咒罵資本主義的人；我以為資本主義發達的國家，至少有兩種好處；一種是替社會主義築了一個經濟基礎，一種是使勞動者團結起來。 凡是資本主義發達的國家，多數產業，都已實行「社會的生產」，可說已有社會主義的經濟基礎了；所以他們實行社會主義，並不很難，只要把資本家推倒就行了。 中國却不然，社會主義的經濟基礎，可說是正待建造的。 實行社會主義的第一個條件，就是「產業社會化」，不管工業農業都要社會化。 實行社會化的必要條件，就是用機器生產。 工業固要用機器來生產，農業上可以用機器的也都要用機器來生產。

我們支那是一個農業國，工業很不發達；實行共產主義，比別國要加倍困難。 拿現在底經濟基礎來行共產主義，當然是做不到的。 所以我們知道自己底缺點，自己既比別人加倍困難，就不能不比別人加倍努力，好好兒建造一個共產主義的經濟基礎了。 要建設這共產主義的經濟基礎，在這種產業不發達，人民無教育的國家，除了用政治的權力以外，我實在想不出有第二種方法——他沒有聽見人家說有第二種方法。 大家想想：手工業勞動者和自作農如是甚多（大約占全勞動者三分之二），除了借助政權之外，有什麼法子能夠實行共產主義？我們總要從事實上面去想一想，不要空抱着一個徹底的理想呵！

勞動者底團結，可說與資本主義底發達成正比例；資本主義發達一分，勞動者團結力也發達一分。 英吉利是近代資本主義國家底標本，關于這個傾向，表示得非常明顯。 資本主義發生最早的是英國，所以勞動運動發生最早的也是英國。 資本主義最發達的是英國，所以勞動組合最發達的也是英國。（英美兩國，貴族勞動者底發達，那是另一問題）其餘各國，也莫不表示這種傾向。 支那資本主義最不發達，所以勞動者也最沒有團結。 從此看來，支那資本主義不發達，就不一定是支那底幸了。 要使勞動者有强固的團結，只有兩條路：一條是使資本主義發達；一條是用革命的手段，推翻現政府，得着政治的自由。 前一條路是緩進的路，就是英國勞動者所走的路；後一條路是急進的路，就是俄國勞動者所走的路。 俄國勞動者，在三月革命時，加入勞動組合的，還不到四十萬人；現在還不到五年，加入勞動組合的勞動者，已經有七百多萬了。　這種可驚的進步，就是勞工專政底成績。他們在這五年當中，竟做到英國勞動者需要四五十年才能做到的團結了。　支那資本主義底不發達，勞動者底無團結，還遠過俄國，如果不取俄國式手段，我眞不知道支那勞動者幾時才能做到英國俄國勞動者那樣團結，幾時才能起革命啊！

總而言之，統而言之，要想在支那實行共產主義，是一件很困難的事，也是一件特別該努力的事。　共產主義的經濟基礎。現在支那還非常薄弱；我們要使共產主義完全實現，就非努力造成一個共產主義的經濟基礎不可。　現在的支那，實行共產主義，已成的「經濟的必然」很少，未來的「人類的努力」很多。　我們底職務，就是盡這個「人類的努力」，去完成那個「經濟的必然」。

「註」關於這一章，本來想列舉實行社會主義種種困難而想方法解決之，那知單單關于經濟問題，已經寫了這麼許多，如果再寫下去，離題愈遠，篇幅也太長了；所以不得已只得寫到此地爲止，以後再論別的事情了。

三

在支那幹社會革命，據我所知，只有兩種方法：一種是緩進的方法，一種是急進的方法。前一種方法，就是丟開政治，專向社會上去活動，等到社會上多數人信從了那種主義，然後才起來幹革命，從此把政府永遠廢除。後一種方法，乃是一面向社會上去活動，一面又向政治上去活動，有了少數人信從了那種主義，即乘機而起，將政權奪到手中，借政治的優越權來完成革命。我現在不是討論這兩種方法底優劣，只是研究這兩種方法底效力。據我所見，一切革命手段，都無優劣可說，只要有效力的，都可說是優的。所以我們只要認哪種為最有效的，就採用哪種好了。

我現在假定前一種手段，是無政府主義所採用的手段；後一種手段，是我們共產主義者所採用的手段。無政府主義者，是不是都主張採用那種手段，我並沒有一個一個問過；不過無政府主義者如果堅守絕對排斥政治活動那個信條，就勢非採用那種手段不可。

炸彈，手槍，大家都知道是無政府主義者慣用的武器；少數人暴動，也為無政府主義者所極端贊成：但這都不過是一種革命行動，要想由此得到革命成功，那便是夢想了。據我所見，如果眞要使無政府革命成功，在未推翻政府以前，至少要做到下列兩個條件：（一）已得全社會多數人信從；（二）已有多數强固的自由組織的生產者團體存在。沒有做到這兩個條件以前，無政府革命斷不會成功。（其實做到這兩個條件以後，無政府革命能否成功，在我還是一個疑問）沒有得到全社會多數人信從，不組織政治强制機關，要被反對黨推翻，這是顯而易見的事。沒有多數强固的自由組織的生產者團體，就是沒有經濟的基礎，就是無政府主義沒有建築的地方；所以無政府主義者，多很熱心幫助工團主義底運動。有一個朋友說：無政府主義如不與工團主義聯合起來，是不能實現的。這話實在不錯。可笑自號無政府主義者的費哲民先生，在答存統的信中，舉了一些什麼商會呀，教育會呀，學生聯合會呀等等不相干的團體，當做支那可以實行無政府主義底證據，眞要令人把肚腸經都笑斷了。我眞不敢知：在無政府主義的社會，還有這種莫名其妙的官僚式的團體存在。我尤其不敢知：這些官僚式的團體，於建設無政府主義的社會有什麼用處。（我不是說無政府主義社會不要教育會，學生聯合會等團體；我只是說現在這種教育會，學生聯合會，於建設無政府主義社會斷斷無用。　我對于學生聯合會不滿，是對于團體組織不滿，並不是對于學生個人不滿。）

我很遺憾：我只聽見支那無政府主義者說支那人民怎麼樣與政府沒有關係；我沒有聽見支那無政府主義者說支那底經濟狀況怎麼樣可以實行共產。　我起初以爲他們是個人的無政府主義者，然又聽說是共產的無政府主義者，所以眞令人莫名其妙。　我眞不知道：共產的無政府主義是建築在那一種經濟基礎上面的？　現在支那有沒有那種經濟基礎？　如果沒有那種經濟基礎，又怎麼樣可以實行共產的無政府主義？　這些疑問，我很希望支那無政府主義者給我一個詳細解答！支那無政府主義者，關于別的問題，實在說得不少了，獨獨關于這個根本問題，却還沒有人說過（也許我沒有看見），眞令我百思而不得其解！

總而言之，統而言之，目下支那，共產主義的經濟基礎還沒有的，（只有一點）無政府共產主義的經濟基礎也沒有的。　這兩種主義底經濟基礎，都是正待建造的。　但是這里有一個問題：雖然兩者都沒有經濟基礎，然有一個先後難易的不同。據我所見，即使要實行無政府共產主義，也必須先要實行共產主義；共產主義底圓滿達到，或許就是無政府共產主義。在現在底支那，我敢大膽說一句：要無政府不能要共產，要共產不能要無政府，二者不得而兼。大家說我是武斷麼？我就要問：(一)自由組織的生產者團體有多少？(二)自作農(約占農民三分之二)如何能自願地拋棄土地？(三)手工業勞動者如何能轉為機械工業勞動者？(四)用什麼法子使工業社會化？(五)用什麼法子使農業社會化？(六)全國交通事業(特別是敷設鐵道)，如何辦理？(七)全國生產事業，如何調劑？(八)對付反革命派，用什麼手段？(九)對付半數有勞動能力而不勞動的人有什麼辦法？(據小山淸次君推算：支那有勞動能力的人，約占全人口十分之七；實際從事勞動的人，約占全人口十分之三)(十)一向無組織無訓練的人，如何能自由組織？(十一)各團體間互相衝突，用什麼方法處置？(十二)以現在支那底經濟情形，能否「各取所需」？(十三)普及教育，用什麼法子？以上這些問題，都是我要請教無政府主義者的。我固然也不迷信國家萬能，以為有了國家什麼事都可辦：然我却很相信要解決上列幾個問題，得了政治機關底幫助，總容易解決許多。總之，我底意思，要在支那實行共產主義，無論如何，總非借助政治的權力用很快的速力造成共產主義的經濟基礎不可；否則，講什麼無政府共產主義，都是空話。現代的共產主義，根本築在工業制度上面；沒有工業制度，決不能實行共產主義。換句話說，工業制度一天沒有穩固，共產主義也便一天沒有完成。我們最重要的任務，也就是使工業制度發達。

現再在講那種緩進的方法，在支那是否適用；我看是不適用的。要想等到多數人信從了然後起革命，事實上決做不得：(一)多數自作農，決不會受我們煽動起來革命，(二)多數手工業勞動者，也不會受我們煽動而起來革命；除了這兩部分人之外，還有什麼多數人可說？我們要知道：勞動者能幹社會革命的，主要的是工場勞動者。支那工業不發達，全國機械工業勞動者，還不到一百萬人，也可見人數之少了。從這種地方看來，要想多數人革命，事實上是做不到的了。況且資本主義不發達，勞動者決不能有很大的團結，因為沒有團結的機會○　在未革命以前，勞動者能團結：一是工場勞動者，二是無產農民○　除此兩種勞動者以外，就很難團結○　我以爲這種單向社會活動的緩進方法，在支那決不適用○我們要在支那幹社會革命，必須要從社會上政治上兩方面並進，否則斷斷無效○

我是一個狂信少數人革命的人，我以爲革命在事實上總是少數人的事○　不過我這個少數人，並不是指幾百人幾千人，至少也指幾十萬人○　我們不信支那之大，能以幾千人幾百人成就革命○　我所謂少數，乃是對支那全人口而說的；所以就使有幾百萬幾千萬起來革命，我還是要說彼是少數人革命○　俄羅斯底社會革命，在我看來，也是少數人革命○　我所謂少數人革命，就是有少數覺悟的人就幹，不必等多數人都覺悟了然後才起來幹○　總之，少數人革命者，非禁止多數人革命也；惟多數人不起來革命之時，則少數人亦不得不起來革命耳○　換句話說：多數人革命，是緩進的革命（其實是不可能的革命）；少數人革命，是急進的革命；因爲等不住了，所以才先幹了○

社會革命與政治革命底分別，決不能從人數多寡上去分別，應當從革命底性質上去分別。社會革命，簡單點說，就是改變經濟組織的革命。（政治革命，簡單點說，就是改變政治組織的革命。）凡是要求改變經濟組織的革命，不管人數多少，都可說是社會革命。固然，社會革命，同時也是要求改變政治組織的；然爲主的目的，却在于改變經濟組織。在支那幹社會革命，同時也可說是幹政治革命，因謂我們同時還要向着那個專制政治革命，先求得政治的自由。支那政治革命，事實上並沒有成功，勞動者並沒有得着政治的自由。所以我們現在要幹革命，就要將政治革命和社會革命合攏來幹。我們第一步就要把現政府推翻，自己跑上支配階級地位去，藉着政治的優越權，來改變經濟組織。我以爲在支那幹社會革命，除此之外，再沒有第二個方法。

無產階級專政，是完成社會革命的手段，也就是達到共產主義的手段。等到一切階級都消滅，共產主義完全實現了，無產階級專政，自然失其效用。列寧說無產階級專政，有三種作用：（一）壓伏有產階級；（二）強迫小有產階級及智識階級；（三）訓練無產階級。據我底意見，可以分爲兩種作用：（一）對付反對階級；（二）對付自己階級。前者就是壓伏反對階級，使他們就我們底範圍，使反對階級漸歸消滅。　後者就是訓練自己階級，使個個無產階級分子成爲革命者，擔任建設共產社會的事業。　簡單說一句，無產階級專政，乃是造成共產主義的經濟組織底唯一手段；不實行無產階級專政，共產主義決不能實現。

所謂無產階級專政，在事實上，起初只是少數人專政；這是不能諱而且也不必諱的事。大家想想看：多數無自覺無訓練無組織的無產者，怎樣就可以叫他們來專政？叫他們來專政，共產主義豈不是要糟了麼！所以要想使共產主義沒有危險，起初必定只有少數有覺悟有訓練有組織的無產者專政。　總之，我們爲擁護共產主義起見，凡足以危及共產主義的事，必須要用一切手段來防止彼。　這並不是我們要歡喜如此做，實在是因爲非如此就不能實現共產主義的呵！

不過這里有三件事我們要弄明白：第一件就是加于無產階級的强制力，與無產階級底覺悟程度成反比例：無產階級覺悟一分，加于他的强制力便減少一分；——一直到了沒有强制力加于無產階級爲止。　第二件就是無產階級覺悟的人數，與無產階級參預政治的人數成正比例；無產階級多一個覺悟，就多一個參預政治的人：——一直到了一切無產階級都參預政治爲止。　第三件就是不必强制的事，决不主張强制。　等到無產階級個個都有覺悟，有訓練，有組織，有教育，那時一定不必强制，只要大家商量好大家去實行就是了。　我想將來人們除了服從生產上的指導以外，別的事情都可以自由。　就是服從這個生產上的指導，我想也沒有不自由；因爲我們已知道彼非如此不可的了。　服從這個指導，可說與服從醫生底話一樣，不聽醫生底話，我們就要生病或者會至於死；不聽生產上的指導，生產就要不得法或者會擾亂社會。　我們講共產主義的人對于這一層不可不注意。

四

我們現在再來研究：社會運動，還是既拿到政權從容易幹呢，還是未拿到政權前容易幹呢。　這個問題，不用說，我是回答前一種的，我是主張先拿政權的，我是相信支那社會革命不借政權是决不能成功的。　我們要明白下面兩件事：

，現存的政治組織，是我們幹社會運動最大的障礙；政權拿到我們手裏，非但除了我們幹社會運的障礙，而且還可使着政治的優越權來大幹特幹。

，政治的優越，同時就是經濟的優越。，我們掌握了政權之後，就可以使着這個政治的優越和經濟的優越來建造共產主義的經濟基礎。

社會革命是要從下面幹的，這話我十分承認。　可是上面的障礙沒有除去以前，在下面是很難幹的這件事，我想大家也不能不承認。　先拿取政權，至少也能除去這個障礙。俄羅斯無產階級及到三月革命後才能風起雲湧地出來組織團體，實在是得了政治的自由底緣故。　所以先從政治着手，藉政治的權力來幹社會運動，於無產階級只有利決無害。　無產階級得了政治的自由，一定能于很短的期間成熟，俄羅斯底無產階級，就是三月革命後才急速成熟了的。　要想使無產階級急速成熟，除了使無產階級先得了政治的自由以外沒有第二個辦法。　我們如果願意無產階級早一點成熟，早一點脫除這種束縛，决不應該反對先從掌握政權入手。（我是主張政治革命和社會革命一氣來幹的，這里所說的掌握政權，是少數覺悟的無產者掌握政權。　俄羅斯分為三月革命和十一月革命，支那却不必照那樣做的。）

歐美各民主國底無產階級，也是得着政治的自由以後才成熟的。　為使無產階級成熟，相當的德謨克拉西是必要的。　支那雖然號稱民主國家，事實上却仍舊是專制國家，無產階級，什麼政治的自由都沒有。　在這種政治狀態底下，　無產階級，是很難熟的。無產階級沒有完全成熟，要想幹社會革命，勢非帶幾分政治革命的彩色不可。　無產階級，為實行社會主義的最有力的分子。沒有了佢們，社會主義就不能實行。　無產階級成為實行社會主義最有力的分子，是既成熟以後的事；我們要使無產階級成為實行社會主義最重要的分子，就非先使無產階級成熟不可。　所以現在如有人幹政治革命，實行民主主義，我也是很贊成的。　不過沒有人幹政治革命，我們又不能一時使得無產階級完全成熟，我却主張一部分無產階級成熟了，就來幹社會革命，把政權握到自己手中，使無產階級急速成熟了的。（即使無產階級能够在現社會完全成熟，　我也是主張無產階級專政的，因為彼還有別的作用，這里恐有誤會，所以聲明一句。）

我相信要使人民信奉共產主義，非從教育上用功不可。　但是現在教育底權柄不操在我們手裏，我們要施行教育也是不可能的。　我們現在所能做的：一是口頭宣傳，二是文字宣傳。就是這兩件事，也難得普遍；因爲有(一)受政治的障礙，(二)受經濟的限制，(三)受文字的限制，(四)受生活的壓迫四種原因底原故。　如果政權拿到我們手裏，除了不識字一時不能使佢們都識字外，其餘三種原因，可說都是沒有。　文字宣傳雖不能普遍，口頭宣傳可說是容易普遍的。　到了那個時候，既沒有種種障礙，大家努力宣傳，我敢斷定能以短少期間得到很多信徒。　無階級掌握政權之後，無產階級底勢力，一定是一天盛似一天；共產主義底信徒，一定是一天多似一天。　我們再在這個時候，藉着政治的權力來實施強迫教育，使全人民國個個都識字，個個都信奉共產主義。　只有從智識上澈底瞭解共產主義的人，才是眞正相信共產主義的人。　所以我們一面雖然要極力防止佢們有反對共產主義的行動，一面却要設種種方法教育佢們相信共產主義。　等到大多數人眞正相信共產主義了，共產主義的社會方才建築得起。　要使大多數人眞正相信共產主義，却非信賴教育不可。　簡括地說：一方面要行強制，一方面要施教育：最後的完成，却要靠教育。

敎育底用處，在于使人們信共產主義。然而單靠「信」是不行的，「信」了之後還須要「做」的。這個「做」，就是從經濟上做了。我們共產主義者，一面要從敎育上去做，一面却要從經濟上去做，總要比一般非共產主義者格外吃苦地去做。我們這種做法，也就是一種實際的敎育，能給一般非共產主義者以一種好影響。我們共產主義者，必須盡我們底能力，幫助無組織能力的無產階級組成種種團體，使佢們習練團體組織，團體訓練。有了强固的生產者團體，才能從事社會主義的生產。而社會主義的生產，一定要生產力比資本主義的生產力大，然後才沒有危險。要生產力大，必須要服從生產指導者底指揮。我們爲建造社會主義的經濟組織起見，實在是非如此不可的。所以我們共產主義者，必須要把這個道理使無產階級個個明白，同心協力建造這個社會主義的經濟組織。

這里還有一件很重要的事情，就是使無產階級個個加入政治團體，個個與政治發生關係。無產階級的政府，必須要做到眞正無產階級的政府。我們共產主義者，必須引導無產階級個個參加政治，個個發生政治興味，個個成爲共產主義者。我們要訴告佢們，要完成無產階級底解放，要完成全人類底解放，要完成社會革命，必須無產階級都起來做一個革命者。這個政治組織，就是完成社會革命的機關。我們爲完成革命起見，無論如何，總要使無產階級個個參預治政。

以上教育，經濟，政治三件大事，在無產階級沒有握到政權以前，都是很難辦的。既握到政權以後幹社會運動，比未握到政權以前幹社會運動要容易得多多，這是很顯明的事。前者有政治的優越和經濟的優越，後者有政治的障礙和經濟的障礙，剛剛正相反對。所以拿到政權以後，即使不能積極地建設，也能消極地免除障礙；何況我們正要憑藉政權來大謀建設呢！我現在再把無產階級先掌握政權的好處，簡單寫在下面：

一．能使無產階級急速成熟；

二．能使無產階級在短期間就有强固的團結；

三．能使無產階級在短期間就得受教育；

四．能使無產階級在短期間就可以做到八點鐘制；

五．能使無產階級在短期間就可以得到合理的工銀；
六．能使無產階級在短期間就可以免除失業的苦痛；
七．能使無產階級底生活，在短時間就得了保障；
八．能使無產階級底身體，在短時間就得着自由；
九．能使無產階級底家庭，在短時間就得着安樂；
十．能够用以壓伏反對階級；
十一．能够用以抵抗國外壓迫；
十二．能够用以帮助造成社會主義的經濟基礎；
十三．能够藉彼沒收土地；
十四．能够藉彼集中資本；
十五．能够用以帮助造成全國鐵路；
十六．能够藉彼强迫不作工的人作工；

十七·能够用以幫助別的建設事業。

總之·我認政權是一個完成社會革命的東西。　在中國這種產業幼稚國談社會革命而不主張利用政權，眞可謂玄之又玄的玄想了！

五

從上面所說的看來，在支那幹社會革命，必須要利用政權，大概總可以明白了。　我現在所要說的，却是怎樣奪取政權的問題了。這個問題，是目前第一個重大問題，我們都非仔細研究不可。　據我近來再三研究底結果，只有下面一個方法：

由無產階級，兵士，學生三角聯盟成的直接行動，我現在再把三者關係，畫圖如下：

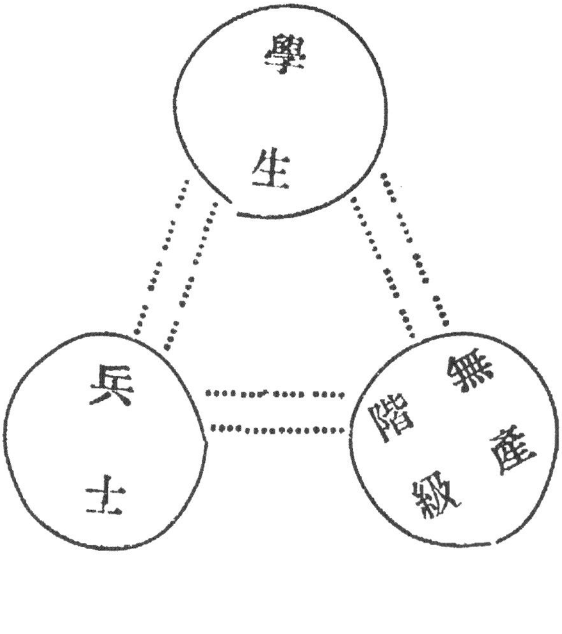

這個國底意思，簡單點說，就是：在支那實行社會革命，最有力量的人，是無產階級和兵士：然這兩種人，現在都是無覺悟的，不懂社會主義的；要使他們有覺悟，相信社會主義，就非有覺悟的學生跑進他們團體裏去宣傳不可；等到無產階級和兵士相信社會主義的多了，然後三者團結一致，利用機會，猛然幹起社會革命來，把那個地方底政權奪在我們手中，憑藉政權來建設社會主義的經濟組織。據我所知，只有這個方法，才是最有效力的方法。

學生本身，本是沒有什麽力量的；然而一加入其他團體之中，就很有力量了。學生因爲環境比一般無產階級和兵士好，所以就容易發生覺悟，容易感受社會主義，也便容易爲社會犧牲。青年學生，雖然也有少數腐敗的，然而大多數却總是純潔天真的。現在各種社會主義的書報，看的人要以青年學生爲最多，信的人自然也不少。我想在支那幹社會革命，學生諸君底責任是很重大的。沒有學生諸君，社會革命是决不會成功的。爲什麽呢？因爲目下支那，能够做宣傳者的，大概只有學生。無產階級是要學生去宣傳的，兵士尤其是要學生去宣傳的。　學生可說是這兩者底關健。　沒有了學生，無產階級和兵士，就不能在同一主義下面聯合起來。　這樣看來，學生諸君底責任眞重大呵！學生諸君，你們應當怎麼樣盡你們底責任呵？

學生諸君，既然要向無產階級和兵士去宣傳主義，第一就非自己有組織有聯絡不可。各學校有覺悟的學生，都可以集合同志組織主義上的團體，再與那個地方同性質的團體聯合，同時也與全國同性質的團體聯合。　學生自己組織的團體，最主要的是互相研究各種宣傳方法，把研究所得，施諸實行，把實行所得，又拿來研究。　如此做去，宣傳方法，一定可以一天一天地有進步。　社會革命，第一要努力宣傳，所以宣傳方法是很重要的。

我常常與朋友談起宣傳社會革命，沒有不說日本比支那容易。　這里有兩種原因：(一)日本雖然是一個君主國，然還有相當的言論自由，許多支那政府查禁的書，日本反能公然出版；支那卻不然，那班糊塗東西，不問青紅皂白，拿着「過激派」一個名詞就可以槍斃人。(二)日本勞動者，到底總受過四五年教育，所以都看得懂關于各種社會主義的宣傳品。

支那卻不然，勞動者連自己底名字都不認識，怎麼樣叫他們能看各種宣傳品呢！所以在支那用文字宣傳社會革命，只能宣傳到一般學生，多數無產階級還是宣傳不到的。　支那底兵士，也是多不識字的，所以用文字也宣傳不到他們頭上去。　由此觀之，在支那宣傳社會革命，主要的是在「口」不在「筆」了。　只有用「口」宣傳，才能普遍，才能宣傳到有力量的人底頭上去，這里所需要的「口」，就是學生諸君底「口」。

學生諸君，如何才能應用他底「口」呢？　我以為學生諸君要好好兒應用他底口，有兩種方法：（一）露天演講，（二）投身工場和加入軍隊。　前一種方法，在校的學生可以實行，為主的是宣傳一般無產階級。　後一種方法，出校的學生可以實行，為主的是宣傳工場勞動者和兵士。　這兩種方法，據我看來，主要的還在後者。　前者散漫無組織，只有一時的力量；後者統一有組織，很有持久的力量。　擔當社會革命的主要分子，到底要靠工場勞動者和兵士。　我們為宣傳這兩種人，要費十分氣力。

先講宣傳工場勞動者。　現在支那工場勞動者，大半都是無自覺，無訓練，無組織的人。要想使他們有自覺，有訓練，有組織，就非我們投身工場，與他們親近不可。我們站在圈子外面來講勞動運動，是不會有大效果的。我們要幹勞動運動，還須我們自己親身跑到勞動者羣裏去。我們跑到勞動者羣裏去，然後才好着手組織工會等團體。工會有兩種作用：一種是謀勞動者生活底向上，與資本階級作鬬爭；一種是訓練勞動者，預備將來管理生產事業。我們爲幹社會革命起見，工會是必須趕急組織成功的。不過工會底作用，實際上是隨勞動者底覺悟程度而改變的。這一層，投身工場的朋友，要善於引導，總要引導多數勞動者漸漸傾向於社會革命一途才好。

再講宣傳兵士，我是認爲非常緊要的。武裝在人家手裏，我們怎好講革命，這是很淺明的事。支那是資本主義尚未發達的國家，全國機械勞動者還不到百萬人；所以卽使全國工人實行總同盟罷工，（其實事實上决不會有的）也不會影響到政治上去。你們總同盟罷工了，他們用軍隊來壓迫，你們怎麼樣？卽使他們不用軍隊來壓迫，單用經濟來壓迫，已足制你們底死命了！我是很贊成總同盟罷工的人；但我以爲總同盟罷工，只有得着軍隊底援助，才能成功社會革命。　單用總同盟罷工一種手段，决不能成就社會革命。　況且總同盟罷工這種手段，支那實在無法應用。　我們要知道：武裝在他們手裏，總是不濟事的；「力」只有「力」能抵抗。　所以在支那談社會革命而不主張用軍隊的，簡直是笑話。　我是極端贊成宣傳兵士起革命的；但宣傳的方法，却要十分愼重。　萬一方法錯誤，便會貽誤全局。　我以爲我們要兵士眞正相信主義，爲主義犧牲，必須自己加入軍隊裏去。　我們加入軍隊裏，與兵士做朋友，知道他底性情，然後才可慢慢地在無形中宣傳。　否則，站在門外，投了幾本小册子，說了幾句空話，縱使一時能够激起革命，也是非常危險的。　從前運動政治革命的人，只曉得向下級軍官宣傳，以致一般弟兄們，及到看見掛起「民國」招牌的時候，還不知道民國爲何物，實在可爲殷鑒。　這種覆轍，我們現在千萬不應該再蹈。　我們現在要運動社會革命，應當直接加入軍隊去運動弟兄們去。　我們要去運動一個一個的弟兄們，使弟兄們一個一個地相信我們底主義，能爲主義去犧牲。　我們不要多，我們只要眞，要運動到一個就能算得一個。這樣運動法，大概每人至多只能運動十個人。　如果要運動十萬兵士，一至少要加入一萬運動者去。這種運動者，大部分都要學生諸君去做。不是這樣運動法，決不能成爲眞的赤軍。或者有人看了我這個話，以爲太難，要問這許多運動者到哪里去找；那麼我只得說：朋友！難道你以爲幹社會革命是容易的事麼？哪里！哪里！社會革命，沒有許多人吃苦，沒有許多人犧牲，哪里會成功！支那要是不致于絕望，我想一年一年地年下去，總有許多勇敢有爲的青年出來挑這付重擔子的！如果竟是沒有這許多青年起來挑這付重擔子，那麼我們自己也只有鞠躬盡瘁，死而後已罷了！

此外還有一種屬於無產階級的人，是非聯絡不可的。這種人就是商店勞動者——夥計學徒們。商店勞動者，有許多人目爲商人，不去注意他們。其實這是錯的，他們也是一種勞動者，他們也是被掠奪的。我們所反對的是掠奪的商人，並不是他們。在社會革命時，商店勞動者也是很重要的，我們要叫他們利用其熟手，把所存的貨物計算出來，用一個公平方法分配給無產階級。社會革命，如果沒有商店勞動者加入，那麼佔領商店，分配貨物，一定要發生大困難。我們爲使將來分配問題容易解決起見，現在就不可不聯絡商店勞動者，使他們也來參加社會革命。我希望商店勞動者，自己起來組織團體，做無產階級應該做的事；同時我們共產主義者，也應該極力幫助他們組織團體，促他們覺悟。

無產階級，範圍很廣，如工場勞動者，鑛山勞動者，商店勞動者，交通勞動者，運輸勞動者，佃戶，農業傭工，小工，失業軍，及其他一切無產者都是。這些無產階級分子當中，最有力量做社會革命的，就是工場勞動者和交通勞動者；因為他們在經濟上占最重要的位置。我們總要盡我們底能力把這些無產階級分子與兵士，學生等聯合團結起來，趁着機會，一同起來幹社會革命，把那個地方一切政治機關，生產機關，交通機關，教育機關，販賣機關……等等都奪在我們手中，建起無產階級底最高權，拿這個最高權去完成社會革命。我們要想達到社會主義，只有這個法子，除此再沒有第二個法子了。我們底社會革命，只有「由無產階級，學生，兵士三角聯盟成的直接行動」才能成功。這三種人，各有各底作用，缺一就不能成功。

不過這樣大的計劃，實行起來，還須要細細討論的。萬一冒昧從事，遺誤大局，那眞是百死莫贖！我們這裏有一件最可怕的最該謹慎的事，不可不先知道。 什麼事呢？就是！萬一事機不密，或者同志告密，那就事情糟了！所以我們同志，應當大家謹慎，應當互相勸勉，應當互相監督，萬萬不可做了社會革命底罪人！

六

現在我很聽見有人在那裏說：「勞工專政，勞工專政，不過造成幾個袁世凱第二罷了！」我對于說這種話的朋友，非常感謝，因為他們肯先對我們下這種警告。 不過我這裏所感謝的人，乃是坦白無私真為社會的人；至於那些無恥的政客先生們，要想借這句話來反對我們底主張，我們却只有冷笑着道：「先生！只要你不去奔走袁世凱底門下就好了，」

關于這個問題，我們要平心靜氣地細細研究，要先研究為什麼會有袁世凱這種人出來，然後再研究袁世凱這種人能不能在勞工專政的時代發展其野心。 為什麼會有袁世凱這種人出來，我底答案如下：

一，以一個抱君主主義的人，做民主主義國家底總統；

二，在一個民主主義的國家，沒有擁護民主主義的階級和兵士；

三，自從袁世凱做總統日起，一直到做皇帝日止，沒有一天不逆民主主義而行；

四，民主主義者，變節的變節，出亡的出亡，沒有一個握到政權。

大家想想：有了以上四種原因，袁世凱之膽敢稱帝，發展其個人野心，自然不足奇了。

但我們現在再換一面來看一看：假定(一)袁世凱是一個民主主義者；(二)國內有擁護民主主義的階級和兵士；(三)一天一天向着民主主義進行；(四)一切政權，都歸民主主義者掌握；那麽縱使袁世凱抱有野心，要想專擅自利，事實上也自然做不到了。

這樣看來，使袁世凱得以發展野心，爲所欲爲者，並不是袁世凱自身，乃是民主主義者呵。　爲什麽呢？因爲民主主義者，(支那那時究竟有多少民主主義者，與我這裏所說的沒有關係)沒有將政治革命弄好，就與非民主主義者妥協。　與反對階級妥協，這是我們共產主義者所根本反對的；所以我們決不會有自己幹社會革命而讓人家掌握政權的事情。

我常說：假使還十年來，由真正的民主主義者來掌握政權，中國一定要比現在好得多。

憐支那沒有許多真正的民主主義者，所以支那才糟到如此。辛亥革命，所以不能造成民主主義的國家，並不是別的原因，實在是民主主義者實力不足。然而辛亥革命，自有彼歷史上的價值；吾人斷不當因為彼沒有成功，就根本否認彼底價值。至於造成袁世凱等專制魔王，其實乃是社會底罪惡，斷難歸咎于民主主義者；尤其不能歸咎于辛亥革命：因為這些東西早已存在了。「越革命越壞」乃是一般反對革命的人底無常識的話。這種倒果為因的說法，我們革命黨總萬不應該有。我們要責備從事辛亥革命的人的，只是說他們無志氣，不應該沒有將一切遺孽除盡以前，就苟且議和起來。其實這個責備還是無用的，因為那時除了少數人以外，懂得什麼民主主義，只要有官做就是了。總之，我所不滿意于辛亥革命的，乃因為彼是不徹底的革命，不完全的革命，並不是因為革命後所發生的壞現象，因為那些現象決不是革命所帶來的。我們沒有理由因為軍閥跋扈，就罵到辛亥革命頭上去。

如果現在北京那個政府，是民主主義者所組織的政府，糟到這步田地，我們或者還可以去罵罵辛亥革命，無奈不是的呵。就算彼是民主主義等所組織的政府，也不該罵到辛亥革命頭上去；因爲辛亥革命，乃是一椿必然爆發的事情呵！我們現在的問題，決不是過去革命好壞問題，乃是將來革命如何問題。　將來革命底方法，我想只有我上面所說的一個方法。能否實行這個方法。却完全在於人爲。　我們支那人如果不是完全劣種，我想決不會到終都不能實行這個方法的。　我們決不願像辛亥革命那樣幹了一年就停了不幹，我們必須要幹到底。　除非是我們共產主義者沒有實力能夠奪取政權；要是一旦奪得了政權，我想決不怕非共產主義者如何反對。　我們儘我們底能力如此幹了，如果終不成功，我們自己却也可以對得起自己底良心了！

無產階級專政，在事實上，起初一定只是少數人專政，這是沒有法子的。　在這種產業幼稚，教育幼稚的國家，勢必非少數人專政不可，或者應于事實的必要，竟致于一個人專政的場合　同志某君說：「我們雖主張階級專政，却不贊成個人專政，」這話自然不錯；然我以爲在某種事實的必要上，如非個人帶政就要危反共產主義的時候，我却極端贊成個人專政的。　是否有這種事實，我不得而知；假使有這種事實，我是極端贊成個人專政的。　我以爲我們共產主義者應當有這麼一個信條，就是「爲主義犧牲一切」？我常常想：我們連生命都要犧牲，怎麼一時的個人自由都不能犧牲？主義重要，還是一時的個人自由重要？革命家尚不能犧牲一時的個人自由，還有誰能犧牲一時的個人自由？我願我們同志大家都要「爲主義犧牲一切」！

無產階級專政，最初一定要事實上的領袖，這是不能否認的。關于生產事情，非有專門家指導不可，這也誰都不能否認的。不過這種領袖，完全是能力問題，對於領袖個人決無特權可說。只有像列寧那樣刻苦，犧牲，堅忍，溫和誠實……………的人才，有做無產階級領袖底資格。支那有些妄人，只知道列寧是勞農政府底首領，不知道列寧是怎麼樣一個人，便妄然以支那列寧自命，眞是可笑又可憐。我告訴你：列寧底人格，列寧底精神，只有七個大字，就是「爲主義犧牲一切」。你自已把腦後摸一摸，你能做得到這七個字麼？我很佩服列寧先生，我很希望大家都學列寧先生；所以我很不願大家把「人民委員長」五個字，認做列寧先生！

說到這裏，又該說到袁世凱了，就是要說勞工專政的時代，袁世凱這種人能不能發展其野心這個問題了。　這裏又可以與前面對比一下：

一，一定要抱共產主義的人，纔能做無產階級底領袖；

二，無產階級的國家，一定有擁護共產主義的無產階級和兵士；

三，我們一定一天一天向共產主義進行；

四，一切政權，都握在共產主義者手裏。

我們既然能夠做到上面四個條件，那裏還怕什麼袁世凱！我現在再細說幾句：袁世凱要是一個民主主義者，他決不會做什麼皇帝夢。辛亥革命，如果民主主義者得勢，決不會舉袁世凱為大總統。　袁世凱如果沒有舊有的爪牙，決不能發展其野心。　袁世凱底軍隊如果是相信民主主義的，袁世凱決不敢作皇帝。中華民國背後如有擁護民主主義的階級，袁世凱決不敢專擅自恣。　總之，袁世凱之所以為袁世凱：(一)他本是一個專制主義者；(二)他擁有私人軍隊；(三)民主主義者沒有能力與他對抗。　有了這三種原因，他自然敢為所欲為了。

這樣看來，所謂袁世凱者，不過是舊勢力底代表罷了。 如果把這種舊勢力根本剷除了，哪裏還有什麼袁世凱呢！我們只要問自己有沒有能力剷除這種舊勢力，不必管什麼袁世凱不袁世凱。 我們沒有能力剷除這種舊勢力，自然只有任袁世凱在那裏專制了！我們要明白：我們不革命，也是有袁世凱的，袁世凱不是我們革命造成的。 你看：袁世凱之後有些什麼人，什麼段祺瑞哪，馮國璋哪，徐世昌哪，張勳哪，張作霖哪，曹琨哪，吳佩孚哪，…………這一些東西，是哪個造成的？ 我們專向社會上去活動，難道這些東西都會自已消滅了不成？

有人說：「我們所謂造成袁世凱第二，並不是指眞正幹社會革命的人而說的，乃是指借着社會革命底名義來實行個人攬權的野心的人而說的。」我說：朋友！你所說的這種人，是不是從現在才發生的呢？他們還實行個人攬權的野心，有什麼名義不可以假借呢！難道我們不主張勞工專政，他們就不會假借這個名義麼？這個權一天沒有奪在我們手裏，總有一個野心實在那裏攬的，我們又何必妄生差別呢？ 我們只要問這個權應不應當歸無產階級手裏，不必管什麼有沒有野心家在那裏利用。我們只要幹我們眞的就是了，不必去管人家幹假的。

眞的成功之日，就是假的滅亡之時！

至於無產階級專政，領袖不會變節，又有下面幾種理由：

一，無產階級和無產階級領袖，都是信奉同一主義的人，大家都爲主義努力，爲主義犧牲；所以一旦有人背叛主義，勢必爲衆所棄。

二，無產階級領袖，只有職務比別人多，並沒有關于個人的特權。

三，無產階級底領袖，並沒有一個私人軍隊，並沒有一個是他底底下人。

四，無產階級底領袖，一定是平日爲無產階級所敬佩的人；那麼他底人格一定是很可靠的。

五，無產階級底領袖，一定是共產黨底老同志；他如有什麼野心，一定早已被人覺察了。

六，凡是共產主義者，一定是互相監督的。

七，無產階級底領袖，一定要以無產階級底利害為利害。

八，無產階級的國家，是築在無產階級上面的；縱使領袖變節，國家也決不會動搖。

九，無產階級底領袖與一般無產階級保有密切關係，無產階級能夠刻刻監督着領袖。

十，無產階級未掌握政權以前，已經有許多無產階級分子及兵士相信共產主義；既掌握政權之後，無產階級相信共產主義的人一定一天一天地增加，共產主義也便一天一天地穩固。這個時候，決沒有一個妄人，膽敢冒犯多數人意志，而逞個人底私慾。

總之，只要使大家眞正信奉共產主義，認為共產主義犧牲；即使有野心家，也無所施其技。而一個眞正的共產主義者，也決不會做了領袖之後反而變節。照上面所說看來，無產階級專政與野心家兩個名詞，可說聯合不起。眞正的無產階級專政，決不怕什麼野心家！

不過話雖如此說，我們却仍舊不可不十分審愼。我們現在組織團體固要非常審愼，就是將來掌握政權也要十分留意，總要極力防止這種野心家發生才好。 一切事情，都是人做的：俄羅斯同志們做得到，難道我們就做不到麼？ 同志們！互相勉勵，互相監督，同心合力，建設共產的社會！

一九二一，五，一六。

唯物史觀在中國的應用

施存統

唯物史觀，本是人類社會進化底一個法則；彼底應用範圍，當然無中外之分。 不過有些人說唯物史觀是不適於中國的，又有些人是把唯物史觀誤解了的，更有些人是把唯物史觀未解了的；所以我今天把這個問題提出來向大家請教。

要講唯物史觀在中國底應用，非先了解唯物史觀不可。 唯物史觀底要義，大要如左。

一　經濟組織（生產及分配方法），是社會組織底基礎；一切法律，政治，宗教，藝術，哲學等精神的文化，都是築在這個基礎上面底「上部構造」。

2. 社會底「物質的生產力」發達到一定的程度，就要同既存的生產關係發生衝突。　只有解決了這個衝突，社會才有進步。　社會革命，爲的是解決這個衝突。這個衝突解決了，經濟的基礎變動了，於是那些上部建築也都跟着變動了。

3. 一切精神的革命（不管是法律的，政治的，宗教的，藝術的，哲學的），根本原因，都基於生產力和生產關係（或財產關係底衝突。　人類因爲要解決這個衝突，所以才發生了精神的革命。　一切「危險思想」，都不過是經濟事情底反映。

4. 一切革命的階級鬥爭（不論政治的，經濟的，思想的），其根本原因，都源於生產關係和生產力底衝突。　人類越是意識了這個衝突，越努力階級鬥爭，也就越能早一天解決這個衝突。

5. 一切問題，只有具備了「物質的條件」時，才能够解決。

以上就是唯物史觀底大意。　我現在所要討論的，是如何應用唯物史觀來解決中國社會問題。據我所見，根據上面底原則，可得如下的應用：

1.既然經濟組織是社會組織底基礎；那麼我們要根本改變社會組織，當然要先改變經濟組織了。所以照唯物史觀來說，如果要使中國有救，必須全中國人合力來根本改造經濟組織改造成一個適於社會主義的經濟組織。

2.資本主義社會底生產力，早已同生產機關發生衝突了，這是誰也知道的。中國資本主義雖不發達，而生產力和生產關係底衝突，却仍不免。我們只要看失業勞動軍如此之多，就可以明白。況且資本家生產制最大的矛盾，就是「社會的生產」「個人的占領」。馬克斯在七十年前，已經大聲疾呼，說彼不合理，大矛盾了。我們現在既然意識了這個矛盾，當然應該設法避去這種矛盾。我們中國樣樣都落人後，當然不該再蹈人家覆轍，應該兩步幷一步走才是。

3.社會底經濟基礎一變動，什麼習慣，風俗，道德，法律，政治等等，都自然要隨着而變動。所以我們要知道：社會發生新習慣，新風俗，新道德，新法律，新政治等等東西，都是經濟組織變更了之後的事。　在經濟組織沒有變更以前，要想社會發生新習慣，新風俗，新道德，新法律，新政治等等東西，是一件不可能的事（在某種範圍以內，自然是可能的；然基礎上，根本上，却絕對不可能的）。　所以凡是有志改造社會一般制度的人，都當然要向改造經濟組織這一個目標去努力。　如果不向這個目標去努力，妄想藉改造人心來改造社會，包管改造一萬年也沒有效果。　所以人性是善是惡，不成什麼問題；有善的環境，就會變做善人；有惡的環境，就會變做惡人。　環境改善了，自然大家都會變做善人。　我們應該知道：能夠用言論思想去改變的，只是極少數人；至於大多數人，只有用「事實」才能改變。　所以我們眞要幹社會革命，應該靠少數人（但也不是幾千幾百人）就幹，决不能等多數人都覺悟了然後才動手。　以這少數覺悟者做先鋒，去引導多數無覺悟者去改變經濟組織；等到經濟組織改變過了，一切社會制度都會隨之而改變。

4. 什麼新思想家，都不過是經濟事情底反映。　新思想之所以發生，根本原因，是在於意識了這個以「私有財產」「自由競爭」「工銀制度」三根柱子所造成的資本主義社會底罪惡和矛盾。所以一切精神的革命，都應該極力向這社會去攻擊，把社會底一切罪惡都暴露出來，以期早一日解決這社會問題。

5. 要想解決中國社會問題，不願中國永遠被一般軍閥，官僚，政客，紳士，資本家，地主等等東西支配，惟有一切被掠奪被壓制的階級一同起來實行無妥協的「階級鬥爭」，把一切權柄收回自己手裏之一法。歷史已經教訓我們：除此更無別法，只有用這個方法社會才有救藥。

6. 我們知道要救中國，要使中國人個個都能夠得到「人的生活」，只有趕快實行社會主義之一法。但唯物史觀教訓我們：要實行社會主義，必須先具備了實行社會主義的「物質的條件」。實行社會主義的「物質的條件」是什麼？就是「一切生產社會化」，工業也要社會化，農業也要社會化。我們深信唯物史觀底眞理，我們深信違背了唯物史觀底法則，社會主義決不會成功；所以我們如果眞心要實現社會主義的社會，必須先造成實現社會主義的「物質的條件」。我們一面知道中國非實行社會主義不可，但一面又知道中國現在很缺乏這個實行社會主義的「物質的條件」；所以現在中國要實行社會主義，眞是難乎其難。　所以我希望大家要知道自己底短處，對於這種短處多加注意；不要一味空想，說些不負責任的話。　我們應該知道：經濟社會底進化，由農業時代到工業時代，由小規模到大規模，由分散到集中，由國家到國際，這些都是不可抗的趨勢。　我們應該認明社會進化底趨勢，建立順應進化的政策，萬萬不可樹立反動的政策或空想的政策。　反動的政策和空想的政策，結果一定是失敗，這是歷史底教訓，所以我們既然要實行社會主義，第一必須明白社會主義是建築在什麼經濟基礎上面的。　在這社會主義的經濟基礎沒有築成以前，無論如何，社會主義決不能完全實現。　因此，在這裏就要有一個過渡期，這過渡期，就從資本主義渡到社會主義的時期。　俄羅斯同志們現在所做的，就是這過渡期。　既名爲過渡期，當然是社會主義還沒有完全實現的時期了。　在這時候，如果就要說什麼徹底不徹底，那簡直是無意識的妄談。　試問在這種經濟基礎上面，這個底如何徹法？　自己沒有辦法，又要批評人家不徹底，試問不是狂徒是什麼？　所以我很希望大家先要明白

：在這過渡時代，一定有許多不滿人意的事，但都是無可如何的。 拿中國來說：這個過渡時代底作用，一方面固然在於剷除不勞而食的階級，而最重要的，卻還在於造成社會主義的經濟基礎。 今天社會主義的經濟基礎完全造成，也就今天完全實現社會主義。 簡單點說：在中國實行社會主義，是用社會主義的生產方法，做資本主義所未了的事，以實現社會主義。

我現在總括上文底意思，簡單寫在下面： 「要改造中國社會，只有實行社會主義：要實行社會主義，只有遵守唯物史觀。」

這是我唯一的答案。

但這裏有兩個誤會，不可不加一點解釋。 現在先講第一個誤會。 這個誤會是什麼呢？就是有人以爲俄國革命，並非根據於唯物史觀的，卽非根據於馬克思主義底根本敎義的。 其實不然：俄國革命，乃正是根據於馬克思主義底根本敎義的，卽俄國現在施行的一切政策，也莫不以唯物史觀爲指針。 後者已「有目共見」，我可以不必多說。 前者，我可以拿馬克思自己底話來證明。當普拉哈諾夫（Pleohanoff）翻譯「共產黨宣言」的時候，馬克思和昂格爾斯在其序文裏說明他們對於俄國革命的意見如下：「在今天的時候，唯一可能的答案，就是如此：如果俄羅斯革命成爲西歐勞動者革命底信號，雙方革命都能因此完成，則近世俄羅斯村落自治體裏底土地共有制度，變成共產主義發達底基礎，也未可知」。

我們從這一段話看起來，就可以知道俄國共產黨並沒有違背馬克思底根本教義了。非但沒有違背馬克思底教義，而且是最忠實馬克思底教義的人了。馬克思底社會主義，是國際的社會主義，志在全世界的革命。俄羅思底社會革命，正是世界革命底導火線，正是馬克斯所期望的；所以說彼非根據於馬克斯底教義的人，一定是只知道半個馬克思的人。

第二個誤會，就是拿馬克斯底唯物史觀來反對中國提倡馬克斯主義。這一層，佛海已經在「新青年」九卷二號上駁過，我可以不說。我現在要說的只有二點：第一點，就是他不懂資本主義和社會主義底國際性；第二點，就是他不知道除了資本主義的生產方法以外還有社會主義的生產方法。因爲不懂社會主義和資本主義底國際性，所以他要在中國主張資本主義。因爲不知道除了資本主義的生產方法以外還有社會主義的生產方法，所以他要爲實行社會主義而主張資本主義。其實這是笑話，沒有這種滑稽的辦法。現在的局面是這樣：不是國際的資本主義戰勝了國際的社會主義，就是國際的社會主義戰勝了國際的資本主義，二者決不能並存。這是稍懂世界大勢的人，都會知道的。而從唯物史觀說起來，國際的社會主義戰勝國際的資本主義，更是一件千眞萬確的事。這樣看來，可知決沒有國際的資本主義已滅亡而中國的資本主義能獨存的道理了。

唯物史觀在中國底應用，據我所見，應該如此。如有人以爲不然，倘望詳細指教！

八月二十七日

第四階級獨裁政治底研究

施存統

在今日而還要我來解釋「無產階級獨裁政治」底意義，似乎太浪費筆墨了。但，事實卻不然：我看了好些反對無產階級獨裁政治的文章，聽了好些反對無產階級獨裁政治的說話，大半總是誤解，不懂無產階級獨裁政治是什麼東西。　因爲不懂，所以就亂做文章反對了！

還有一種：他本懂得，但要求自由，要想及身實現完滿無缺的理想社會，所以也很熱心反對無產階級獨裁政治。　這些朋友底口號是：「有政權處無自由」。　他們很激底，他們反對一切强制。　但可惜：我沒有聽見過他們說過沒有强制就能得到自由（自然不是一個人啊）的道理，也沒有聽見過他們有什麼「到自由之路」。　這種反對，完全是無條件的反對。　無條件的反對，就是不負責任。　這樣不負責任，還什麼改造社會呢？　我希望這些朋友：自己沒有找「到自由之路」以前，千萬不要輕易反對人家所要走的「到自由之路」。

原來無產階級獨裁政治，有兩種性質：一種是政治的獨裁，一種是產業的獨裁。　政治的獨裁，用於反對階級，是應於階級鬬爭上底必要。　產業的獨裁，用於無產階級自身，是應於生產技術上底必要。　這兩種所屬的範疇，完全不同，千萬不可混而爲一。　拿這一種理由來反對別一種理由，簡直是笑話，是自暴其醜。

馬克斯在「哥搭綱領批評」上說：「從資本主義社會到社會主義社會中間，必須經過革命底變形的時期。這時期中須有一個政治上的過渡期。這政治上的過渡期，就是無產階級底革命的獨裁政治。」他這里所說的，就是第一種性質——政治的獨裁。我們對於他所說的，完全承認。

但我們不可忘記：馬克斯底話，是以「無產階級既成熟，產業既發達」爲前提的。照馬克斯底意思，在「無產階級既成熟，產業既發達」的國家，產業的獨裁，可以不要（這是我底解釋）。可是中國却是一個「無產階級未成熟，產業未發達」的國家，如果實行勞農政治，產業的獨裁，就非常重要。

要想從社會主義基礎穩固，有兩個必要條件：一個是無產階級都有自覺，有訓練，有組織；又一個是生產力要比資本家社會增大。到了這兩個條件圓滿做到，產業的獨裁也就成爲不必要，產業上的自治主義也就可以完全實現。

列寧從產業上的見地極力主張過渡期中獨裁政治底必要。他說：「一切大機械工業，是社會主義生產力底源泉及社會主義生產力底基礎；所以都要絕對的緊密的「意志底一致」。而且必要由這個意志底一致，來指導幾千百萬人民底共同工作。這個必要，從技術上，經濟上，歷史上底見地看起來，都是很明白的：只要是有心社會主義的人，沒有個不承認彼為必要條件的。」那麼「我們要怎麼樣才能確保意志底一致呢？」列寧自問自答道：「就是使多數人底意志服從一個人底意志。」這就是在工作的時候，要絕對服從生產指導者（即獨裁者）底指揮。不過這種「使多數人底意志服從一個人底意志」的事，在形式上，在實質上，在程度上，都是隨着實際的狀況而生差異的。而這種從生產技術上底理由而發生的獨裁政治底必要，是跟着由「產業別」的勞動者團體組織底發達程度而減少其必要的。

由上所說，現在我們所謂無產階級獨裁政治，決非單是階級鬥爭上的一種歷程，而且是建設社會主義生產組織的一種手段。大概總可以明白了。政治的獨裁，是無產階級為貫徹階級鬥爭，消滅一切階級起見，自己組來組成一個階級，用團體的力，壓伏反對階級的意思。產業的獨裁，是無產階級為鞏固社會主義的經濟組織起見，由無產階級底有覺悟的分子，率領無產階級全體，組成很大的團體，選出生產指導者，在生產時間內絕對服從生產指導者的意思。　這兩種獨裁性質，都是過渡時代底辦法，都不是我們底目的。

就拿俄國來講，也不是列寧獨裁，也不是託羅茨基獨裁是蘇維埃獨裁。　而蘇維埃是建築在無產階級德謨克拉西上面的，所以叫做無產階級獨裁。

我現在總括上文的意思，把無產階級獨裁政治底定義簡單寫在下面：

「無產階級獨裁政治，是一種强有力的政治組織，是無產階級德謨克拉西。　彼底性質有兩種：一種是政治的獨裁，一種是產業的獨裁。　前者用於反對階級，是從階級鬥爭上來主張的。　後者用於無產階級自身，是從生產技術上來主張的。　兩者合起來說，就是實現社會主義的一種過渡組織。」

這里隱隱聽見有人叫道：「朋友，你底話也有幾分道理；可是你們所主張的却不是馬克斯主義呵！　你們所主張的既不是馬克斯主義，請你們以後不要用「馬克斯主義」來號召，因爲馬克斯主義和你們底主義毫不相干！」　說這種話的人，還自以爲很得意的；其實他何嘗懂馬克斯主義！

馬克斯主義，如果分析起來，我以為可畫如下一個統系(假定的)：

唯物史觀——階級鬥爭——剩餘價值——資本集中——資本主義崩壞——無產階級獨裁——社會主義實現。

這樣畫法，我自已也知道不妥當的；因為彼此都有聯絡的關係。但為明白馬克斯主義全部起見，也未始不可以這麼樣畫。我底意思，是要使大家明白「馬克斯主義」一個名詞，從來沒有當做「勞農政治」底意義去用的。說勞農政治是馬克斯主義底特點則可，說勞農政治就是馬克斯主義則不可。勞農政治，最多只能說是馬克斯主義底一部，決不能說是馬克斯主義底全體。要知道馬克斯主義者中，儘有反對勞農政治的呢！所以縱使獨秀主張的不是勞農政治，也沒有理由就斷定他不是馬克斯主義者！自已不贊成生吞活剝地吃下去，難道要人家生吞活剝地吃下去嗎！錯了！

他或者以為無產階級專政，是今天革命，明天就能全體登壇的。如果真有這種想頭，只可說完全不懂時間空間的關係。我可以很明白地說：「我們底目的，是實現社會主義；手段也是真正的無產階級專政。但是在革命之初，社會主義固然不能完全實現，政權也一定是操在少數覺悟者之手(事實上)。由這少數覺悟者，協同多數無覺悟者組成一個階級，由此得到覺悟進而爲眞正的無產階級專政。由無產階級專政這個手段，來撤廢一切階級，實現社會主義。但，如果在這中間，不管反對階級或無產階級底無覺悟者，有危及共產主義者，吾人當就力之所及，取一切防衛手段。」

我們對於馬克斯主義底很本原理，一一承認；至於一切實行政策，自然不能完全一致，一定要參酌中國情形。還一層，不必反對者担憂，說什麼「生吞活剝」。我們主張產業上的獨裁，正是根據事實上底必要，正是不肯「食古不化」。正是唯物史觀底應用，正是忠於馬克斯主義，馬克思自己是一個臨機應變家，他在萬國勞動者同盟(第一國際)中指導勞動運動，完全根據那時情形而示方法。中國，俄國，產業既不發達，實行馬克斯主義，方法上自然要有與別國不同。那種只知道馬克斯說過的才是馬克斯主義的人，正是不懂馬克斯主義爲何物的人！

我們相信：凡是一種能實行的主義，決不是幾個人從腦子中隨便想出來的東西。馬克斯主義，決不是馬克斯特別聰明所發明的，乃是資本主義底下必然的產物。縱使十九世紀沒有馬克斯，也一定有馬克思主義。我絕不是爲馬克斯而信馬克斯主義，乃是爲馬克斯主義而信馬克斯主義。要想推翻馬克斯主義，除非先把馬克斯所證明的事實推翻！要想中國不要實行馬克思主義，除非中國能夠閉關自守，長爲農業國！

朋友們！你們反對也好，贊成也好：你們總不要無條件地反對，無條件地贊成！在這種產業幼稚的國家，實行社會主義，是何等困難的事！有心共產主義的朋友，不要看得太容易了！

讀新凱先生共產主義與基爾特社會主義

施存統

（一）

大約二月前，有一位朋友寫信給我，說張東蓀等辦了一種什麼「社會主義研究」，主張基爾特社會主義，反對共產主義。

我當時看了這封信，不覺自己對自已笑道：這不過是主張資本主義底別名，聊以自慰而已。我為什麼這樣說呢？因為基爾特社會主義者

1 主張蠶食主義；

2 反對暴力革命，

其實這二者就是一個東西，因為主張蠶食主義，自然要反對暴力革命，這是毫不足怪的。簡單說，彼是一種漸進的，改良的方案，不是急進的，革命的政策。

既然主張蠶食主義，第一必須有可「食」的東西，第二必須有食東西的「蠶」，這是誰也明白的常識。基爾特社會主義者所要食的東西是資本主義，「食」資本主義的「蠶」就是加入組合的勞動者。

既然反對暴力革命，則要想發達勞動組合，自然只有促進資本主義發達之一法。因爲資本主義發達了，勞動者集中到工塲底結果，自然會因利害相同而團結起來；他們底蠶食計劃，才有實現的希望。

所以我說主張基爾特社會主義，就是主張資本主義底別名。因爲主張基爾特社會主義底結果，勢必要去贊助資本主義，延長資本主義底壽命。不然，不但無可食的東西，而且無食東西的「蠶」。

因此，我認在中國主張基爾特社會主義的人，就是存心要想主張資本主義而不敢明目張膽主張資本主義的儒人：不然，就是自欺欺人的僞善者。我可以自白：我老實不承認這種人是我們底朋友。

這種主義，不要說在中國是空想，就是在英國也恐怕不免是一種空想。爲什麼？因爲英國人口有四千七百萬，筋肉勞動者有三千萬，而加入勞動組合的勞動者實不過八百萬餘；假定這八百萬加入組合勞動者都相信基爾特社會主義，也不過占全人口六分之一强，全勞動者四分之一强；以這樣的數目，就能夠蠶食資本主義，廢除資本主義嗎？不經過暴力革命，而能夠達到他們所夢想的那種自由自主的社會嗎？這不是夢想是什麼？何况英國貴族勞動者尙占大部分勢力，勞動者相信基爾特社會主義的並不多呢！

在這種有一百多年勞動組合史的國家裏，尙且不免成爲空想的主義，說要在人口四萬萬，機器工業勞動者不到一百萬，勞動組合初萌芽的中國來實行，我想世界上再沒有比這還更偉大的空想，幻夢了。

總而言之，基爾特社會主義，雖名爲蠶食，其實是延長資本主義底壽命！

（二）

基爾特社會主義，本是一種把國家社會主義和工團主義混合成的東西。 彼底特色，在于調和國家社會主義和工團主義二者爲一，並非在于主張產業自治和廢除工錢制度。 主張產業自治的，不僅基爾特社會主義者，工團主義者早已倡之於前，俄國共產黨更已和之於後。 至於主張廢除工錢制度，更不自基爾特社會主義始，這是稍研究社會主義的人都知道的。

我們共產主義者，非但不反對產業自治和廢除工錢制度，乃正是最熱心最盼望產業自治和廢除工錢制度的人。　這話怎樣講？(一)因為要實行產業自治，第一必須產業發達，第二必須勞動者有練習管理產業的機會。　這兩個條件，在我們中國，(實不但中國)，只有在無產專政的制度下面才做得到。　所以無產階級專政，實是促進產業自治的最有效的手段。(二)因為要廢除工錢制度(名實俱廢)，根本辦法，只有廢除貨幣經濟，實行「各取所需」。　然而要想廢除貨幣經濟，實行「各取所需」，第一必須發展生產力。　無產階級專政，在另一方面上，實有發展生產力的作用。　生產力既非常發展，生產品就自然豐富，也就可以實行「各取所需」。　到了這個時候，工錢制度實不廢而自廢。　所以無產階級專政，實是廢除工錢制度的最有效的手段。

不從手段上着想，只是亂叫什麼「產業自治」「產業自治」，試問有什麼用處？　英吉利底勞動者，已經做到產業自治了沒有？　他們底自由，自主在哪里？　呵！何不同俄羅斯去比較一番呢？

是的！俄國是一部分勞動者壓迫別一部分勞動者；可是英國卻是一個資本階級壓迫一個勞動階級呵！一部分勞動者爲實行共產主義而壓迫別一部分勞動者是不正當的；難道一個資本階級爲貫徹資本主義而壓迫勞動階級是正當的嗎？ 不然，爲什麼反對暴力革命？ 爲什麼反對無產階級專政？ 呵！難道以爲勞動者在資本制度下面所受的苦痛還少嗎？ 何其忍心如此也！

（三）

基爾特社會主義者，以爲國家社會主義要陷于消費者專制的弊病，工團主義要陷于生產者專制的弊病；所以主張消費者和主張生產者對立，以國家代表消費者利害，以基爾特代表生產者利害，使兩方勢力均衡，不致陷入一方專制之弊。 這就是基爾特社會主義底精髓。

有人批評說，這是一種空想。 爲什麼呢？ 因爲所謂均衡，就是五等五，十等十的意思，不能有一點相差。 如果勢力發生差異，或是國家强過基爾特，或是基爾特强過國家，就不免要陷入他們所咒罵的一方專制的弊病。 結果，不是實現了國家社會主義，就是實現了工團主義。 說起來很好聽的理論，實行起來。 會變成一種空想（這不是我獨創的意見）。

因爲凡是一個社會，如有兩種勢力，斷斷不能保持均衡，不是這方强一點，就是那方强一點。 强弱既分，壓迫自現。 將來基爾特與國家之間，仍不免要發生種種無謂的爭執。 這種「主權兩分」的辦法，恐怕實行起來會變成一種空想。 所以同是基爾特社會主義者霍布孫（Hobson）就不贊成這種辦法，主張只有國家有主權存在。

據我們看來，這種消費者和生產者底對立，實在沒有意義。 在社會主義社會下面，除了老，幼，殘廢以外，每個人當然同時爲生產者及消費者。 既然每個人都是生產者及消費者。 則生產者和消費者底對立，簡直是自己同自己對立，試問有何意義？ 所以我們不承認生產者和消費者期立的必要。

其實，基爾特社會主義，本不是一種成熟的主義，不過是一種正在形成中的概念罷了。

同時號爲基爾特社會主義者中，不但對於國家觀沒有一致，甚至於有主張破壞大規模生產，回復中世手工業的人，（如邊提（Penty）。所以我們到於這種未成熟而且於中國無關係的主義，實在沒有仔細批評的必要。

（四）

以上是我看了新凱先生底文章，覺得不得一吐的大概意思。新凱先生說每一派都給與我們許多教訓，我誠不知道基爾特社會主義教訓我們了的是什麼？ 產業自治嗎？ 廢除工錢制度嗎？ 這實不待基爾特社會主義來教訓。 國家與基爾特對立嗎？ 總算是基爾特社會主義給與我們的教訓了，然而霍布孫尙且不承認。 至於什麼分權嗎？ 那更不待基爾特社會主義者教訓了，無政府主義者已經叫破喉嚨了。 哎呀！我誠愚笨，誠不知基爾特社會主義所教訓我們的是什麼？

現在有幾點小的地方，要提出來同新凱先生商量一下。

（一）新凱君說：「派別雖各有不同，但每一派都給了我們許多教訓，我們不必絕對的排斥哪一種或信仰哪一種。我們不敢說哪一派的社會主義在中國有十分密合的可能性。所以主張雖各有不同，無妨並行不悖。」

我於未說本題以前，不能不先說一說我對於無政府主義者態度底經過。我起初本一心一意地想同無政府主義者攜手，幾次努力，皆歸無效。我細細研究這裏面底根本原因，知道在於「立場不同」這一點。我是狂信唯物史觀的人，他們大概都不信（或者不懂）唯物史觀，所以對於一件事情的觀察，見解，都因之而不同。這種不同，除了一方改變立場以外，是無法相同的。因之，我覺得我們要想同純粹無政府主義者一致進行，是一件不可能的事。所以我近來對於聯絡無政府主義者一層，頗覺失望。

我們底態度，主張，是決定了的，是不能絲毫讓步的。階級鬥爭，暴力革命，勞工專政，在我們是無商量之餘地的。所以我以為只有無政府主義者，遷就我們，沒有我們遷就無政府主義者的道理；因為我們不能跟着他們去反對一切强權，去反對一切政府，他們却可以承認這些是必要的手段。我對於無政府主義者的希望，就是希望他們多顧一點事實，對於唯物史觀多加一點研究或信仰。

無政府主義者，如果不攻擊我們，我是承認在某程度以內是可以並行不背的。和平的，可以從事教育去；激烈的，可以去投炸彈去。所以無政府主義者如果不攻擊我們，我們人極願意以朋友相待，決不願也不忍「自相攻擊」。

對於基爾特社會主義者，本也可以對無政府主義者態度對之。但我爲基爾特社會主義者着想，他們攻擊共產主義，實是勢所必然。因爲如果實行暴力革命，勞工專政了，他們底蠶食主義就無從實行。他們底蠶食主義既然不能實行，他們提倡基爾特社會主義豈不是發了瘋了嗎？所以從基爾特社會主義底本質上看來，反對共產主義乃是當然的事情。所以我只看見主張基爾特社會主義爲的是替資本家張目，沒有看見可以「並行不背」的道理。要想「並行不背」除非他們也主張階級鬥爭，勞工專政，暴力革命，但這已不是基爾特社會主義者了。

新凱君所謂「不必絕對的排斥哪一種或信仰哪一種」，我想要分開兩層來講（一）除了修正派社會主義以外，我們從來沒有絕對地排斥哪一種過。　就是基爾特社會主義，我我們對彼不滿的也只有兩點：第一是缺乏革命的精神，第二是國家與基爾特對立：此外並未加以排斥。

(一)絕對信仰一種主義，我看要依內容來定。　我可以自白，我是絕對信仰馬克思主義的人。　馬克思主義，純粹立在客觀上面，而且並不包含何種具體制度；所以絕對信仰，並無妨礙。至於蘇維埃制度，却不能絕對信仰的，因為還要參照自己國家底情形。

(二)新凱君說：「俄國是共產主義用事的國家，　他們底設施，　大部分很可以代表共產主義」。

這說恐怕要發生誤會。　俄國現在並不是已經實現了共產主義，不過只向着共產主義進行罷了。　所以彼底設施，似乎還不能說「很可以代表共產主義」，只可以說「可以代表社會革命期中的建設」。　列寧舉出現在俄國經濟狀況有左列五種：

一．程度十幼稚的農民生產；

二．小商品生產；

三·私的資本主義；
四·國家資本主義；
五·社會主義：

我們觀此，決不能說「很可以代表共產主義」。 俄國之所以讓步到國家資本主義，乃是爲開發實業的一種手段，並非各國都要如此。 如果在產業發達的國家實行共產主義，則此種國家資本主義當可免除。 再，如果在最近若干年內能起世界的社會革命，則國家資本主義實不成問題。 所以國家資本主義，決不是共產主義底必然性，這是要弄清楚的。

名實相符，這是我們該遵守的。 列寧戒我們不要把「共產主義」「蘇維埃」這種名字亂用，是很有意思的。 所以他自己就首先承認什麼是社會主義，什麼是資本主義；事實認做事實，一點也不含糊，所以我以爲「國家資本主義」「國家社會主義」「共產主義」三個名詞，是不能當做同一意義用的。

就俄國現在所行的有一些是國家資本主義，這是事實；但說共產主義，就是國家資本主義，那就錯誤了。共產主義不但不能稱爲「國家資本主義」，而且也不能稱爲「國家社會主義」，因爲這兩者都不過是達到共產主義的一種手段，並非共產主義底目的。

這里或者有人要發生疑問：你們現在所能行的既不是共產主義，爲什麼要自號爲共產主義者。這個答語很簡單：我們所以自號爲共產主義者，不過表示實行共產主義的決心，至於一切手段，只要能夠減少勞動者底苦痛，快點實現共產主義，我們都願意採取的。

總之。不能拿俄國現象來批評共產主義。眞正共產主義底實現，必須在全世界社會革命之後。

（五）最後，抄一段話以結此文：

「……革命的戰術家，很相信無產階級的俄羅斯底健康，可以抵抗資本主義者底侵入而有餘，他爲豫防資本主義底病毒，能夠講究一切方法，可以自由賣買于農民的勞動者底生產物，盡力求其通過消費組合之手而辦理。對于私人的僱主或商人，用種種的方法，加以嚴格的取締。原料供給底資源，主要的大工業，運輸機關，國家底權力，亦衞軍等，依然握在勞動者手裏。在這種不利的狀況下面，怎樣能發生危險的資本家階級？決沒有那樣的憂慮！那些東西，（自由買賣等），只不過是發達一時的補助的生產，救助今日的經濟的危機罷了。」

這就是所謂「國家資本主義」的俄國底情形！「實行基爾特社會主義」的英國能這樣嗎？哦！自由！

十一月二十八日於東京

今日中國社會究竟怎樣的改造？

許新凱

一，作這篇文字的原因並質張東蓀

——「共主產義與基爾特社會主義」的動機——張東蓀的無理——爲中國社會，世界光明而討論——說出具體方法以折服反對者——

社會改造是何等大的一件事情？ 中國社會改造是何等緊急的一件事情？ 我們受現在社會的壓迫已經是不小了。 我們對於今日中國社會怎樣改造的一個問題，不能不加以良心上的討論。 又因爲基爾特社會主義者對於我們所信奉的共產主義有許多誤解的地方，故此我作了一篇「共產主義與基爾特社會主義」，以提出討論。 這篇文字，蒙東蓀先生不棄，作了一個雜感，答復兩點。 這兩點的答復，在我看來，有許多欠通的地方，所以又作了一個申明。 我在這申明中，雖然沒把話句說的像糖似的，可是也並沒有一句謾罵的話。 這個，我是可以自信的，讀者早已經看過了一定也自有公論，用不着我來辯明。 不知道東蓀爲什麼緣故在答堉愷的信中，說我底態度不好，聲明不敢討論了？ 東蓀先生的不討論，我早就猜到了。 不過，借了這個口實來下台，實在是我所想不到的！

本來，我作那一篇，是祇就學理上來討論的，並沒有顧到什麼人的問題，個人道德的問題，不想東蓀先生說我這一種討論態度有害社會，有損道德。 諄！東蓀先生！談到有害社會，有損道德嗎？ 我不能不留一點口德了！ 民國十年來的罪惡，哪一件不是政客和政客底走狗們所給我們的好處呢？

我看了東蓀先生那一篇之後，本不打算再作了。後來一想，我們作文不是爲「出風頭」，也不是爲「每千字一元至……」。我們的討論也不是爲爭面子。我們爲救中國，救世界而作文，而談論；所以我雖然已經是決定不再作了，而爲良心之所驅使，又不能不可作一篇，以表明我們主張共產主義的意見。並且增愷的通訊中也曾說：「……現在單在空論上改變人家的主張是不易的：你忠於那種主義，論你告訴人家事實上的可能度，他自易折服於你！……」不錯！不說出具體的改造方法來，不容易堅人的信仰，那麼，請先生們看一看我們主張共產主義者對於今日中國社會的改革方法！

二，共產主義以外的改造方法

——空談之無益而有害——國內國之三種改造論者——無政府之無手段及將來之不及待——管理食之不可能——手工業同業公會之無助於組合——

宣傳主義爲的是實現，並不是爲少數學者在研究室中解悶的，所以一種主義的優劣，就在乎他的能否實現。描寫一種空想的社會就算終了的主義，和村婆婦的開講什麼瑤池，玉宇……是一樣的沒有價值！

豈獨是沒有價值？迷信一種空想而妨礙一種可能的主義的進行，使人類的黑暗，苦痛，……得以延長，實在是一種害人的東西。我們的朋友呀！你們不要嗎我這話太過火。我這話是有所感而言的。你們也不想改造嗎？請你們平心靜氣的想一想！

我在說明共產主義者改造方法之先，先研究一研究現在國內改造的別幾種方法：

現在國內的改造論者有三種不同的意見：共產主義自然是一個了。共產主義之外，則有無政府主義基爾特社會主義。無政府主義者是沒有方法的。這話，他們自已也承認。他們要在這百年中想方法。現在先不論方法想得出來想不出來，即或想出來了，恐怕那個時候，中國人早已經被軍閥和外國資本家把皮剝完了，血吸盡了！

第二，基爾特社會主義的具體改造方法，我也沒有聽見說過。我所看到祇有一管理蠶食」和於蓀先生所說的，「以中國舊的同業公會為胚子」。管理蠶食實在是不可能的。

資本家哪里那樣很恭順的許你蠶食呢？ 況且在中國尤其不能蠶食，此層在「共產主義與基爾特社會主義」中已經說過了。 至於東蓀先生的改良同業公會方法，尤其是作夢！ 我們所要改造成的社會是大生產制的機器工業的社會。 而現在的舊同業公會乃是手工業的。機器工業一定把手工業打的粉粹。 將來的工人乃是由舖店集中到工場。 所以我們祇能說各個工場的工人組織產業組合，這舊式的同業不惟不能幫忙，或者反有一些阻力也未可知。所以基爾特社會主義這兩個方法，完全是不可能的。

三，慢性改造的不可能

‖基爾特安那其的慢性改造‖中國人數的衆多‖中國人之愚‖農民手工業者的不易革命‖勞動者的無教育‖中國人的沈靜‖中國人習慣的惡劣‖政治的阻力‖經濟的阻力‖游民政客的阻力‖教育權的旁落‖改造者的墮落‖改造的不可緩‖中國改造的不可緩‖勞動者平民的苦痛‖

我以上所說的話，我想基爾特社會主義者，或無政府主義者一定皆否認着說：「我們用不着什麼特別的方法。　我們的方法祇有一個宣傳。　在下層宣傳久了，大多數人都信仰了，他們自然而然的就能聯合起來來實現我們的主義。」　這就是一部人所主張的慢性的，下層的改造。

這種慢性的改造，乃是一件太不經濟，並且是很難能的改造。　他的第一個缺點就是時間上的緩慢。　羅素先生說：「希望在極短促的時間，把公精神分播到民間去，實是痴想。」　中國人之衆，憑幾個人的力量要使大多數覺悟了，眞是說夢話！

中國人之多固然是一個阻力了。　多而明白還好辦哪！中國人是多而且愚。　大多數的人都是連自己的名字都不認識，我更不知道少數人在下層的努力、用何法以使他們覺悟！

社會革命的基礎是工場勞動者。　中國工場勞動者有多少？　在這個農民手工業佔絕對多數的中國，如何能使他們覺悟，自動而革命？　而此少數之工場勞動者又皆一點教育也沒有受過，更如何使其多數覺悟而革命？

中國經四千年專制的結果，人民已經是死了一大半了。　「好靜而不動」的習慣，恐怕沒有比中國更甚的了。 再加四千年來，孔敎，佛敎，……的結果，舊習慣牢不可破。 你要立學校，他要立老君廟。 你要改革新生產制，他說把造化之力奪盡了不到於子孫，……（這都是我親聽說的）。 他們對於新學說，新主義簡直就不聽，不看，我不知道祇講下層改造的如何使他反轉過來？

慢性的，下層的改造的大阻力，還是在政治。 政治是可惡的，但是他有實力來干涉你。 你費了二虎九牛之力辦了一份出版物，他拿出慈善的態度來，一封禁，停郵，你的能力立刻就完了。 你運動急了，他能請你到監獄裏邊去。 再不然加上一個過激黨的頭銜就能把你槍斃了。 你的辛辛苦苦的工作，他一天就給破壞了。 你看，政治的力量有多麼大呢？ 不要誤會，我並不是說，我們不必運動，宣傳，我是說祇在下層宣傳，而不顧及上層的改革是空費力而沒有効力的。 你看，中國之無政府運動已近十年了，信服無政府的人現在有多少？ 以這個比例行下去，要多少年才能使大多數信仰？ 況且以後的宣傳由學生移入勞動界中，比較以前將為更難。

經濟問題關係大的很。　在現在的經濟制之下，信服主義的人中，一定是貧者多而富者少。　沒有錢，什麼事也不能作。　無政府主義者印一本「克魯泡特金的思想」還要到各處去捐欵，法國的格列佛（Grave）困難到把舊雜誌賣了來印新傳播品。在無政府黨之大本營的拉丁民族中，今年印克氏的倫理學時倘且求助到中國。　在此種貧困的情形，於宣傳上實在受了大影響。　你們不要誤會，我幷不是說因爲經濟之壓迫就可以不必宣傳，我是說祇靠下層的宣傳，一定要經濟的影響而進行有阻。　結果，一定不能得大多數的同情。

中國的游民多的很咧！中國的政客多的很咧，……此等人皆反對新社會之實現者，使他們同情，眞是一件難事！

下層改造的又有一個障礙物，就是教育權之在於資本家手中。　小冊子的宣傳是一時的，效力小。　學校教育是年年月月受薰陶習染的，效力大。　況且學生對於教員所說的話的信仰未必不如對於宣傳者所說的話之深。　所以教育的力量也是很大的。　祇在下層運動，則教育權仍在資本家或資本家的走狗手中，對於智識階級——社會的中堅——主義的傾向有極大的阻力。你看，盤據現在教育界的完全是美國派的有產階級的德謨克拉西派。成天的和學生說美國怎樣富，甚且對於學生之主義的活動也加以直接或間接的阻力。宣傳者製造場的學校中有如此大的阻力，如何能使大多數覺悟？

在現在的經濟情形之下，青年的墮落甚是可能。五四以後自命為新文化運動者為政客，資本家所收買的有多少？此種慢性的改造，恐怕改造還沒有成功，而改造家早已經變節了！

由以上看來，慢性的，下層的改造是不可能的——即或可能恐怕也在極遠極遠的年代之後。有人問我：「改造為什麼要那樣快呢？」我說，改造越快，我們受的痛苦越少，我們為早入於和平，自由，安定，……的生活之中的緣故，不能不主張快快的改造。在中國的現在情形之下，尤其不能不趕快的改造。軍閥的敲剝，外國資本家的侵掠，如不趕快改造，恐中國就要處於外國資本的公共掠奪政權之下了，那時候，想革命，一定勢比登天還難！再者，你們看一看，那拉洋車的，為三個銅版跑八里地，有多少困苦，貧民窟中的人有多少可憐？ 唉，穿着大氅，帶着金絲托立克，不愁吃，不愁渴的研究室的革命家還要說我們急性的不好，罵我們是廿四點的趕辦。 唉！先生：請你可憐那般窮人吧！ 他們快被掠奪死了， 他們的生機一線就是社會革命，對於這刻不容緩的事情，你們先生還要拿出一步一個正方形的老官僚氣象來，唉！你們這種行爲哪里是打算改造，簡直是反對改造，恐怕那因你們緩辦，不能待及而死的那般勞動者，平民都要在地下罵你們狠心了！

四， 急性改造的方法和他的優點

‖學校宣傳‖聯絡工人‖感化軍隊‖實行改造‖運用政權‖政治優越之助‖經濟，教育……之助‖頑固愚蠢自利者不良習慣者的強制‖五四後對於政治之覺解‖白話文之實例‖

慢性改造的不可能，已經說過了。 現在說一個可能的改革方法：

我們改造的方法說來也很簡單。 我們的方法的第一步是學校宣傳製造宣傳人才。

第二步爲聯絡工人，以造成實力者。 此外，我們還要注意，中國是兵多的國家，兵是有力的分子，所以我們第三步是感化軍隊。　這三步辦的有眉目了，待一個相當的時機，我們就起而實行改造的工夫。　把資本家，軍閥，政客，一脚踢開。　由眞正的平民跳上台去，執掌政權，用他們所用以阻礙我們進行的工具，來阻止他們的反動，助我們的進行。　我以為改造中國祇有這一個方法，旁的我再也想不到了。

這個方法的起手，與慢性的改造差不了多少。　他的特點，乃在乎在某一個時期之後，能用政權的優越，助其進行；所以，以前雖是一樣的遲，但在以後則一瀉千里，前進的加速度比幾何的級數還大的很呢！

這個改造方法有幾種好處：第一，一切可為慢性之阻力，如政治，經濟，教育，……不惟不為我們之阻，反可以為我們之助。

社會有一部分頑固的，愚蠢的，自利者，……及一切不良習慣，不良分子，……皆可以用政權以强制其服從。　久而久之，也成為習慣而變為主義之擁護者。

總之，在獲得政權以後的宣傳，改造是快至不可名言的。　我說一個實例吧！　社會主義的基礎自然是勞工了。 要使勞工有力量也非勞動者聯合起來不可。 俄國在革命前的勞動組合不過四十萬人，革命後不及四年就增到四百萬人了。 其進步之速眞是可駭之至！

自從新文化運動倡始之後，青年對於「政治」的誤解太大了。 我們固然不以政治爲萬能，但是政治實在能爲我們改造之助則已無可疑的。 你看，白話文經教育部的一推行，比「新青年」幾年的傳播快的多。 政治之非無用，於此可見。

五。反對論的駁斥

‖急性改造的無害於建基‖忘了政治的建基的不可能‖多數之盲目與因循‖袁世凱之不能造成‖首領之不能變節‖勞動者的監督政府‖無辨弊之一方法‖因噎廢食之非是‖

這種急性的，上層的改造，有人說：「你們這個改造快到是快，可惜是基礎不固！」哈哈！改造要注意基礎，非常的對！但是你要把「建基」和「修補」分清楚。 要想建基，非先把舊的毀了不可。 況且這種急性的改造，不過是在運動到某一個時期後，把建基的阻礙物去了，以加增建基的速度就是了，於建基上不惟無損而且有利。我在這里可以聲明一句，我並不反對建基的根本運動，我是說建基運動到了某一個時期，就要作一點取得政權的運動。我所反對的，祇是忘了上層政治的改造之必要而永久的，繼續的建那一面建築一面被毀的「基」。譬如築室，泥水匠有了，磚瓦有了，我就可拆舊室，建新屋，不必等到人人都說到：「這個屋子住不得了，我們另築吧」的時候才築。因爲大多數人是盲目的，因循的，怕麻煩的。

又有人說嗌：「你們的方法，妙是妙了，可是危險的很，容易造成新式的袁世凱。」我以爲這是不足怕的。辛亥革命之後，哪里是國民黨執政呢？完全是在舊勢力之下。所以袁世凱是舊勢力的產兒，不是革命黨的孫子。如革命後，不和舊勢力調和，採用勞工專政的手段，政權不落于他黨之手，恐怕也不能再蹈已往的覆轍。至於首領的變節，恐怕是一件難事。首領與黨員已相處很久，一定有充分的了解。況且，社會主義的國家是以勞動者爲基礎。革命後一定要首先致力於勞動組合……。此種實力團體自足以監督政府。

我們也承認，此種方法是有流弊的。我要問，哪一種方法沒有流弊？況且，中國社會的改造，祇有此一種方法，我們祇有留心防弊就是了，哪里有因噎廢食的呢？如若旁人另有一種又沒有流弊又好的方法，我情願拋棄了我的方法；但是恐怕沒有吧。

六，共產主義的全體觀

共產主義之遠大‖共產主義者之不欲高論‖強制的反比於程度參與政治人數的正比於程度‖自治分權之日漸‖共產主義過程中之基爾特社會主義‖國家之廢止‖共產主義終極之無政府主義‖共產主義乃唯一完善的主義‖

我們的手段已經說了。我們的目的就止於此了嗎？不然，不然，我們的目的遠大的很。不過，我們以為其描寫二三步後的理想社會，不如在實際上邊用一番工夫。所以共產主義者對於理想，雖也少說一點，但不願意把全力都用在那一邊止。如今既是許多人對於共產主義有許多近視眼的毛病，所以我無妨稍談一談：

我們奪得政權之後，第一步自然是勞工專政了。當那個時候，人民程度未到，自不能不集中權力以沒收土地，强迫游惰分子的工作，集中資本以振興各種實業。　但是此種强制是一時的，不是永久的。　人民程度一天一天的增加，强制的程度自然而然的就一天一天的減少。

在革命之初，自然是不得已的少數專政。　但是人民程度日高，勞動者的訓練一天成熟一天，參與政治的人數也自然一天多似一天。

在革命之初，爲禦外防內起見，權力一定要集中，但是勞動者團體的能力日强一日，勞動者的自法能力日大一日，而中央權力一定也日減一日。　到了末後，中央之權力，也不過是辦理着公共衛生，……的事務罷了。　此時社會，也就像基爾特社會主義者所描畫的社會了！

國家是一種工具，用以壓制反對階級的。　反對階級沒有了，國家也自歸於無用了。　此時政府，軍隊……也一定隨之而消滅。　這不是無政府主義者所夢想的自由共產社會嗎？

由以上看來，什麼基爾特社會主義，什麼無政府主義，都不過是共產主義的一部而已。

基爾特社會主義，無政府主義乃是一種不完的主義。　惟有共產主義是一個有手段，有目的，一步一步的腳踏實地而進行的，可能的，完全的，主義！　眞正基爾特社會主義者呀！眞正的無政府主義者呀！你們的希望，就是共產主義；並且惟有共產主義中的基爾特社會主義，無政府主義才是可能的基爾特社會主義，無政府主義，你們加入我們的團體來吧！

七，結論

‖改造之公共目的‖討論之須開誠布公‖不要尙意氣顧面子‖討論之歡迎‖枝節之不必注意‖

我這一篇之中，內中有許多不好聽的話，這也是我一時奮慨之所致。　朋友們，我們不是全爲改造社會嗎？　那麼，我們不應當尙意氣，顧面子。　我們要開誠布公的討論，你們方法好，我一定從你們的。　如若我所說不錯，也希望你們有大毅力拋棄以前的主張。　朋友們！不要忘了，我們都是爲改造社會！

社會改造是何等重大的一件事體，朋友們的討論我是異常歡迎的。　不過，我的功課太忙了，這一篇文字祇作成於二三小時中，錯處一定是不少，請你們在我的本意上討論，不要在枝節上注意。

一九二一，一二，一三，於北高，

共產主義與基爾特社會主義

許新凱

一，

社會主義在西洋本來是早就有了的，近幾年來，中國才稍微有人談談。自從共產黨在俄國得勢以後，西方空氣的振動漸次波及了中國，於是「社會主義」，就變成最時髦的東西了。

社會主義在中國，本來是沒有派別的：但是到了現在，對於社會主義的內容漸漸明瞭了，於是主張也就因之分野了。

派別既然生出來了，各派之中就不免有時生了抵觸：共產主義與無政府主義，在廣東已經是「短兵相接」了。近來共產主義與基爾特社會主義，也到了「圖窮而匕首現」的時候了。共產主義者之所以如此，乃是因為他所處的地位及各方面底壓迫使然，並不是他底本意。

社會主義在各國所以不同的，是因為各國底特殊情形的緣故。派別雖各有不同，但每一派都給了我們許多的教訓，我們不必絕對的排斥哪一種或信仰哪一種。我們不敢說哪一派的社會主義在中國有十分密合的可能性。所以主張雖各有不同，無妨並行不背。

現在正是資本主義——社會主義的仇敵——得勢的時候，我們底公敵無時不想撲滅了我們。我們在這黑暗的過程中，更不應當自相攻擊以減少我們對外的能力。

因為以上的原因，我雖然以為共產主義大部分在中國最為適宜，並且有實現的可能，對於我們底朋友——基爾特社會主義，……——仍不加以攻擊。

但是據我最近的觀察，共產主義者所視為朋友的，都移動了他們底目標，轉而攻擊共產主義了。 你看，最近的「民聲」，不介紹無政府主義的學說，專門的罵列寧……。 自稱爲基爾特社會主義者所撰的「社會主義研究」，也偏重於攻擊共產主義的方面。 共產主義者在此情形之下，自不能長此默默而能不把屢次欲言而止的話說一說了。 在另一方面，眞理是越討論越足以堅人的信仰，所以我今天和我們底朋友——基爾特社會主義者——討論一討論，希望他們有以教我。

二，

共產主義與基爾特社會主義，大體上本來沒有什麼大不同之點。 共產主義者對於基爾特社會主義者所主張的「產業自治」，「廢止工錢制度」……，本是不反對的：不過因爲社會上的事體不是像粉團子一樣我們把彼捏成什麼樣子，就成什麼樣子的，所以在根本上，對於基爾特社會主義者底提議雖不完全加以否認，然而爲手段的迅速與實現的可能起見，在目前不能不舍去一部分而加以修正。 因此，共產主義與基爾特社會主義就生出了不同之點。

三，

共產主義者，為的是要打破資本家底國家，破壞資本家底帮手，解除資本階級底武裝，沒收資本家底財產以轉付於全體勞工階級的公共管理之下，……，不能不取「無產階級專政」及「權力集中」的手段。但是基爾特社會主義者對於這兩層非常的反對。

關於無產階級專政一層，基爾特社會主義者認為反對民主主義。其實，在無產階級專政的政府之中，才可以實現民主主義，才是眞正的自由。因為除了無產階級之外，所除的不過是有產階級而已，有產階級可以使他們有政權嗎？況且社會革命之後，人人都要工作，無論是用手或用腦，人人便都成了無產階級了。所以在社會主義下的勞工階級專政，就是人人都參與政權，還不是民主主義嗎？馬克斯在「共產黨宣言」第二章上說．「一切階級撤廢，至於自身(勞工階級)之優越地位亦撤廢。」

俄國是共產主義用事的國家，他們底設施，大部分很可以代表共產主義。俄國憲法第六十五條，對於剝奪選舉權及被選舉權者的規定：

「……犯以下各條者，不得選舉及被選舉權：

第一，雇傭他人以謀利者．

第二，不待勞動而恃資本，田產，企業之盈利以生者．

第三，商人，代理人，中間人．販賣人．

第四，各教之教士．

第五，俄舊政府下之警察，偵探，及前俄皇族，……」

由以上看來，所謂勞工專政者，不過是將以前的資本家，皇族，及他們底走狗底政權剝奪罷了。資本家，皇族，是極力想「反革命」的。他們底走狗也是時時想擁護他們復辟的。如若不把他們底政權剝了，他們固有的勢力大的很，能不能危及於新組織？所以在過渡期間內，剝奪一部人政權的專政，並不害於民主主義，反有利於民主主義。

四，

集中也是基爾特社會主義者所反對的。基爾特社會主義者主張分權。共產主義者並不是權力慾特別發展，因為在這過渡時代實有不得不然者。並且基爾特社會主義所主張的

社會主義討論集　四七八

絕對分權實在是一件辦不到的事情。

在平是，集中是易流於有弊的。在戰時，集中是必要的。戰爭的時候，如若號令不一，一定要失敗。這一點，恐怕誰也承認。社會革命就是一種戰爭——資本家同勞工底戰爭。在這個戰爭的期內，不把權力集中了，我不知道怎樣防止資本家，帝制派，守舊黨，……底反動？更怎樣防止外國資本家底侵掠？

由資本主義入於社會主義，並不是一天兩天的事情。幾千年的舊思想，舊勢力，雖經了一次社會革命的破壞，一部分仍然潛伏於許多人中。社會主義的仇敵多的很咧！仍有兵器的資本家，中產階級，大小夥計，不肖的軍官，守舊的分子，無聊的政客，以及種種不作工的游民，暴徒，都很容易的被人家煽動了來反對新組織。更有國外資本主義國家的進攻種種危險，多的很咧！如若不把權力集中了，恐怕不到一天就給反革命黨驅逐了。

不惟政治方面如此，經濟方面也是如此。自產業革命以後，大生產制打倒了手工業，資本集中的傾向，一天一天的明顯了。這個集中，一方面固然使資本家作了許多的罪惡，但在生產的一方面，着實有許多的成績。美國底工業最發達，而美國底資本最集中。資本主義，我們固然憎惡彼，但這資本集中制，我們無論如何不能憎惡彼，並且可以利用彼來發展工業。

中國現在沒有許多的工場，要發達中國的工業，自不能不把資本集中到國家，再由國家發展各種實業。除了這種方法之外，要想興實業，惟有私人經營的資本主義。這個私人的資本主義，恐怕不是基爾特社會主義所贊成的吧？所以要想發展中國的實業而不流入於資本主義，自然是舍共產主義的資本集中，由國家的經營之外沒有了。這個是基爾特社會主義者羅素先生所主張的，不知中國式的基爾特社會主義者以爲如何？

基爾特社會主義者，因爲共產主義者想把資本集中於國家，就罵共產主義爲國家資本主義。我以爲共產主義者不必自辯共產主義不是國家資本主義，即或是國家資本主義，也沒有什麼妨礙。國家資本主義與個人（或私人）的資本主義是大大的不同。由私人經營之資本主義的工業，私人可以因之得工業中大部分的利益，因而勞動階級受了無窮的痛苦。至於「國」，不過是一個抽象的東西，一國底行政領袖，既不能於各種工業中，分得大部的利潤如私人之資本家者（以俄國而論，列寧所得不及一個高等工師之收入），也就是沒有資本主義的流毒。　如此，雖名為「國家資本主義」，也不過是名詞上的不好聽罷了，此外並沒有什麼害處。

五，

在工錢制度上，共產主義者與基爾特社會主義者，也有了不同之點。　共產主義者為促進生產起見，宣言「各人的報酬，以致力於社會勤勞為標準。」　所以分配的方法，或用勞動券，或用貨幣經濟，基爾特社會主義者則主張絕對的廢止工錢制度。

工錢制度的不良，大部分是因為資本家所掠奪的剩餘價值，也就是因為勞動者所得的工錢，不等於他所生產的價值的緣故。　所以馬克思說：「鑛夫兩點鐘產生出來的價值，就夠了每天工錢的價值。　但雇主是把他底勞動力成天的買去了，所以能夠叫工銀勞動者每天作上十點鐘的工。」　如若沒有剩餘價值，工人所得的勞動券或貨幣，足以代表他所生產的價值，那又有什麼不可呢？

社會主義國家的基礎是生產。要想生產的發達，自不能不用這種代表的東西以鼓勵之。況且在中國，游惰的分子很多，他們底寄生生活已經成了習慣，尤不能不依勤惰等等，以區分他們的分配所得。所以共產主義者主張廢止工錢制度，至於代表式的工錢制度，在生產品沒有十分堆積過剩的時候，游惰的習慣，沒有完全去掉的時候，仍是可以存在的。

基爾特社會主義者又說：「若使勞動者因爲特殊的緣故，如疾病衰老，……必然的不能工作，更必然的不能得到勞動劵（或貨幣），那麼，他們所受於私人資本主義的苦痛，不特無法免除，而且必要一樣的受團體的資本主義——國家資本主義——的痛苦了。」這一項，基爾特社會主義者未免太過慮了。自俄國現行的法律，就完完全全的可以使基爾特社會主義者啞口無言：

一，勞農政府土地國有根本法第八條：「所有不能工作的人，因爲土地，樹林，……收歸國有的法令，失了他們底生計，……得地方法庭蘇維埃機關土地部的證明，承領一種恩給年金……」

二，俄國新訂勞動律第五條「……工人有病之時，於醫院基金中撥給應得工資……」

我們也承認，自由的工作——不為工錢的工作——理想上到是比較着好，但是因為生產的促進，……勢不能不如此。 基爾特社會主義者一點實際也不顧，天天的罵共產主義為奴隸制度，其實，按照基爾特社會主義者底主張，祇能永作資本家底奴隸罷了。

六，

在產業管理上，基爾特社會主義與共產主義又有不同之處。 基爾特社會主義者主張絕對的產業自治，工場管理應完全歸於勞動者，不受自己團體外的干涉。 共產主義者以為種種工業，是供給一切人民的需要的，和他有關係的，不祇是各工業的勞工，一切人民是都有份的，所以，也是必須依一切人的利益去管理，不能絕對的歸於從事這個工業的勞工。 況且，近世工業已經複雜的到了如此的地步，互相依賴的到了如此的地步，要想用最經濟的手段，出產最多的物品，那就不能不受一個概括計畫的支配，行集中的管理。

我們再看一看共產主義者用事的俄國底產業管理怎麼樣？ 現在俄國在每一個工場內，都設有三人組成的管理局。 這三個人，一人選自工人聯合（實際工人）；一人選自總局（專門技師）；一人選自在方經濟會議（民衆）。這種管理法，我想已經是很平允了。

再者，勞工管理能力的養成，也需要一些時間，這話是基爾特主義的健將柯爾先生所說的。 他在「共產主義與基爾特社會主義」上說：「由資本家主義進於社會主義……非至勞動者勢雄力壯，能憑其組合，對於現在行使管理權之人，奪取其管理權時，且組織完善，能自行管理，……殊屬無望。 ……現在勞動者，……皆缺此能力與經驗……

……欲得管理權以前，固宜先就能力與經驗從事練習。」

由此看來，基爾特社會主義者也承認現在勞工沒有管理的能力，也承認欲勞工管理工場，非到勞工有管理能力的時候不可。 所以在社會革命之後，資本家被驅逐了，而勞工尚未能有完全管理的能力，國家自不能不一方面使其自治，一方面助其管理。

現在各學校中，大半都提倡自治；但是一經成立了自治會之後，職教員就完全取放任的態度了，結果，反不如以前；把學校陷於無治的地步。 所以「自治」兩個字，不是一天兩天所能辦到的。 在未能自治以前，固不能因爲他不能，就不給他以發展自治的機會；但也不能不少加以扶助，以免陷於紛亂的情形。 這是共產主義者對於產業管理的態度。

在這一點，基爾特社會主義者與共產主義者在手段上的主張，又生了差異。 基爾特社會主義者主張養成管理的能力之後，再行社會革命（或竟不能行社會革命），所以他們主張「管理蠶食」，由柯爾底話可以證明。 他說：「基爾特社會主義者亦承認由資本主義進於社會主義，難免非常的破壞。 但以爲此種破壞，儻於勞動者已預備爲社會組織之建設的事業時……」（見基爾特社會主義與共產主義）。 共產主義者則以爲，在現在的資本主義制度之下，勞動者就不容易得着管理權，反不如以革命爲第一步；在革命以後，生產機關完全歸於勞動者，然後再從事於管理上的訓練，……較爲易行。

在中國，尤其不能按照基爾特社會主義者底主張。 因爲中國的特殊情形，是一方面要開發實業，一方面要不流入資本主義。 基爾特社會主義者旣不主張先行資本主義，則工業卽無由開發，勞動者卽無由達「蠶食」的目的，如何能等到預備好了之後再革命呢？

七，

基爾特社會主義者又主張什麽「國際關係的管理，委諸國家；生產管理，委諸公會。」不知在近代社會之中，組織，關係，……非常的複雜。哪種事是屬於生產的，哪種事是屬於國際的，實在是不十分容易區分的。 現在國際上的關係，經濟佔了一個很重大的位置。 按基爾特社會主義所主張的，恐怕有時不如是的簡單吧。

總之，基爾特社會主義，說着到有時好聽，到了實現時，在英國的特殊的國情之下，或者若干年之後，能以實現也未可知；在中國，則是一定的辦不到。 鼓勵一種辦不到的主義，作一個衞生的革命賣文者，本沒有什麽大防礙。 不過，天天的肆行攻擊那光明一線的可行的主義，使資本家，軍閥派，……暗中得了極大的利益，我們是不能永久取放任的態度的。 我的話，到這里，已經是完了，不知中國的基爾特社會主義者以爲何如？

再論共產主義與基爾特社會主義

——答張東蓀與徐六幾——

新凱

一，作這篇文字的旨趣

自從我作了共產主義與基爾特社會主義和今日的中國究竟怎樣的改造兩篇文字之後，很惹起了些風波。 先驅與社會主義研究就大打起其筆墨官司來了。 我對於東蓀，六幾，……所答復的，有許多不能贊同的地方；并且他們所答復的是眞正盲而且聾的答復。 對於我所說的，他們一點也沒有看，祇是再把他們所主張的基爾特社會主義重復說了一遍。對於此種各自東西的辯論，本沒有再理他們的必要，不過，有許多的地方他們錯認了我的意思，并且我也認爲我還沒有十分發揮盡致，所以再作這一篇，以求敎於中國的熱心於社會主義者。

社會主義是用以代替私有制度，資本制度的一種新的社會組織。　這種新的組織是舊社會中的治者階級所反對的，我們要實現這個新組織，不能不先打倒舊組織，趕起舊的治者階級。　我們相信舊的社會制度，資本制度，是打建在武力上邊的。　我們不是消極的無抵抗主義者。　我們相信惟有武力才能打破武力：惟有强權才能打破强權。　我們知道現在的政府，軍隊，報紙，學校，……都是舊社會中治者階級的武器。　所以我們主張先要把呻吟的舊社會制度的多數勞動者，趕快武裝起來，以他們的强權，武力，來解除舊社會中治者階級的武裝，也就是先要推倒了現在的政府，軍隊，報紙，學校，……，再另行建築勞動者的政府，軍隊，報紙，學校，……，以監視舊的治者階級：這種急進的，全部的，徹底的改造就叫作「革命」。　我們相信惟有革命，社會主義才能達到，所以我們看革命爲第一義。反對革命，就是反對社會主義的實現，就不是社會主義，所以我們的同志看革命爲社會主義的靈魂。

基爾特社會的態度則不然，他們是不主張革命的。　六幾說：「階級爭鬥和祈禱一樣，一個個心上都滿懷着兄弟樣的親愛，且受此種兄弟樣的親愛的鼓舞。革命是孤注的，……」他們主張求資本家的同情，不用劇烈的革命。這種手段和跪在强盜旁邊，求他開點恩少搶一些是一個樣子的可笑！這種「叫化式」的階級爭鬥，先不必說他可恥不可恥，簡直是辦不到。現在的治者階級，是處於優越的地位的，你勸他退讓，我想他一定是不肯的。

他們——基爾特社會主義者——是主張部分的，零碎的解决的——東蓀說：「他却於政治以外，無論在社會何方面，但求劃一部分便操練起來。」此種部分的，零碎的解决，表面上看來，彷彿是又容易，又可以避免革命的損失，其實，不先把政治問題先解决了，不把社會上最有力的機關打倒了，部分的，零碎的操練是不可能的。社會主義最温和的，最初步的工作，當然是傳播了，但是，不革命——就是不先作一個全的，徹底的改革——就辦不到。「勞動組合」是基爾特社會主義所認爲第一步必須辦的事情，也就是東蓀先生所首先要操練的，但是，不革命則勞動組合恐怕也是不容易辦的吧！湖南此次勞工會黃愛龐人銓之死我以爲正可以證明政治勢力的偉大，全部改革的必需與革命的萬不可緩。我們固然不能怕死而不去做此等事情，但是，我們要知道在舊社會中提出某一部來操練如何的困難，我們再看看俄國革命以前和以後勞動組合員數目的增加如何的可驚，我們便可以知道革命的重要了。我們不能因爲困難而就不作，但是我們要以同一的力量想作較多的事體，自不能不於勞動組合，……的種種運動達到了某一個程度——可以推倒舊制度的程度——後，先革命起來，以增加我們進行的加速度：這是我們共產主義者反對基爾特社會主義者的某部操練的理由。

又有的基爾特社會主義者說了，我們不反對革命，我們爲反對以革命是第一義，所以六幾說：「我們第一着必使勞動組合自由組織起來。」我們所說的革命日期自然不是今天，也是需要預備的，所以我們不反對勞動組合——不惟不反對，并且是極其注重的。不過，我們在現在的社會制度之下，所以運動勞動組合的態度和基爾特社會主義者的態度不同，我們現在的運動勞動組合的一部分的目的是預備作爲革命的一種武器，一部分是建設將來新社會一點基礎。所以我們的勞動組合是作戰機關，是預備作總攻擊的機關。我們的勞動組合是時時不忘革命時時想推倒現社會制度，以使他自身作一個長足的進步的。我們的勞動組合是不安於現在的制度的。 基爾特社會主義者則不然，他們主張「管理蠶食。」 他們的勞動組合是安於現社會的。 他們的勞動組合是想在現社會上一點一點的求管理權的。 我們的勞動組合是革命的勞動組合。 我們所反對的是此種蠶食的勞動組合。

中國與西洋的情形是絕對不相同的。 在西洋尤其是英國…………所需要的是如何可以使勞動者得着了管理權，如何可以使勞動者代替資本家。 中國則不同了。 中國的病是布遍全身的。 中國的急待解決的問題祇不是勞動者得管理權的問題，一切政治，經濟，內部，外部，上層，下層，生產分配，……無一不需改革。 管理蠶食的勞動組合，為獲得管理權的罷工是不夠用的。 先不必說管理蠶食的勞動組合，為獲得管理權的罷工的可以得到管理權與否，就說是可以得了，我們要知道中國的需要不是祇在勞動者的管理，所以我們的勞動運動要使他成一個作戰的武器，用他的武力以打破現社會制度，以謀全部分的改革：這是我們提倡革命的勞動組合的態度。

勞動組合固然是新社會的基礎，但是在現在的中國情形，則不能視勞動組合為唯一的要務。中國的工場勞動者非常之少。中國將來的革命事業的任務不像西洋完全設在勞動者的肩上的一樣。中國的革命事業一定要分担在勞動者，有良心的學者，學生，兵士，失業者窮困階級，……的身上，我們的任務是革命後如何把一切的軍士，失業者，窮困者，……變成工場勞動者使他們執掌政權，所以我們與其說是作勞動組合運動還不如說是作革命運動。基爾特社會主義者在中國大喊而特喊其「勞動組合第一義」眞是不問中國社會狀況如何，的盲而且聾的主義者了。

總之：我們現在的工作，無論是組合勞動也罷，運動軍隊也罷，宣傳學生也罷，罷工也罷，暴動也罷，暗殺也罷…………，他的目的都是爲打破現社會制度的也就是爲革命的。基爾特社會主義者不主張革命，我要問他們：仍然使現在的軍閥，：政客來執掌一切，所有改造的事情，能不能以實現？

三，政治與經濟

我們因爲政治勢力的偉大，所以主張實現社會主義要先解決政治問題。有人就說我們是忘了下層的改造，是偏重於政治的改造。其實不然。我們是說政治的權力是現在社會中最有勢力的一個。我們要實現社會主義非先奪了治者階級的武器以除去障礙，再運用這個武器以增加前進的速度不可。譬之上山，我們先要拔去荊棘，開出一條大道來，再把這個荊棘東立在道旁，作為我們的一個屏壁，然後我們才能以開步走，達到我們的目的。下層運動，我們不惟不反對，并且認為是極其重要的。不過我們所主張的不是單純的，忘了上層的下層運動。忘了上層的下層運動是足殘荊棘的上山者，結果恐怕是要被荊棘刺的體無完膚。成功與否固不可定，即或成功也未免太走迂路了。我所舉的白話文一例是證明社會上發動的事情，經了政府的幫助，前進的越發加快。東蓀先生誤會了我的意思以為一切事情都應當由政府發動，未免太冤枉死我了。況且東蓀也說：「凡社會自己在那裏活動而政府從旁援助沒有不是事半功倍的」。東蓀既然知道有政府的援助可以事半功倍，而又不主張先得了政權，我眞不知道是什麼緣故？難道東蓀先生以為現在督軍，巡閱使的政府可以為實現社會主義的援助者嗎？

政治是立在經濟的基礎上的，我們承認。我幷不是說，一經革命之後，共產黨有了政權的社會便是共產主義的社會。我們以為革命不過是據了向共產主義一路上的荊棘罷了。要實現共產主義的社會還要再向前走才行。現在的俄國，我們也不承認他就是共產主義的國家，我們祇承認他已經向共產主義猛進就是了。我們以為解決了政治問題之後，再振工業辦學校，使勞動者的知識增加了，經濟的條件滿足了，才能以達到真正的共產主義的社會。我們何常偏重政治？我們何常忘了經濟？

我們再聽的一句，就是「從經濟的勢力到政治勢力」。這話在中國也是要研究的。中國與英國不同。英國的國家中已經充滿了大工場。社會上的階級已經分成單簡的資本家與勞動者二種，所以在英國如若使勞動者先有了經濟的勢力，或者還可以再得着政治的勢力。在中國則不然。中國大部分是手工業及農業。他們不和工場勞動者一樣，他們怎樣能得到經濟上的勢力呢？中國的病不祇是勞動者的沒有管理權——經濟的勢力，所以由經濟的勢力到政治的勢力，在中國無從說起。中國的病是土匪式的軍閥的壓制病與外國資本家經濟的侵掠，所表現出來的政治侵掠病，也就「貧乏」與「混亂」二病。混亂病是需要政治為勢力的改造。貧乏病，一方面需要生產力的提高。一方面需要與全世界勞動聯合起來的政治活動的。外國的資本家的政治勢力固然是立在經濟的勞力上邊，但此二者是平行的。由歷史上看來，他們是先有政治的勢力，後有經濟的勢力，後來是又以經濟的勢力促進政治的勢力，同時有了政治的勢力，他們的經濟勢力也是越發的鞏固。我們要打破他們的勢力，無論是經濟的勢力是政治的勢力，都另取一個方式，不能報照英國，使勞動先有了管理權——經濟的勢力——然後談到政治勢力的，因為中國受資本家的搾取是單純的搾取，沒有工作，失業的搾取。中國要打破外國資本家，一定先要解決了國內的政治問題。共產黨有了政治的斧子，沒收了現在軍閥，財閥，…的資本，從新振興機器的生產，同時與西洋的勞動聯合起來，共同推倒外國的資本家才可以的。由此看來，治中國的特殊病應當用特殊的藥品，不能照畫需的，以在英國方法，由經濟的勢力到政治的勢力的方法，實行於中國：并且是無從實行的。我們的標語是：「有了政治勢力再創造經濟的勢力。」經濟的勢力有了，共產主義就達了」。

關於政治與經濟二者，現在的昏亂者多了。他們誤解唯物史觀。他們以為社會主義非經資本主義不可。就是現在的提倡基爾特社會主義的人，骨子裡所提倡的實在是資本主義。他們天天的說經濟勢力，說勞動組合說局部操練，而又不主張革命，則自然是非先行資本主義不可了。所以東蓀說「資本主義是不可免的，我們只好聽之」。六幾說：「社會革命之真意義，是要生產的新方式的樹立，使社會上全體建設物發生根本的變化。只要是如此，至於他所用以表現的方式是暴烈，抑是和靄，都不關重要」。其實，因資本主義藉共產主義，固然經濟的條件是滿足了，但是政治的條件是不容易滿足，所以在西洋社會革命是較中國有特殊的困難處（中國也有中國的難處）。而此經濟的條件，也不是非資本主義不能滿足的。國家的獨佔就是不行資本主義而要滿足，經濟條件的一種方法。再說，資本主義生產的定律是大的壓倒小的，中國要想以資本主義來滿足經濟的條件也是不可能的。

四　政黨與軍隊

我說了一個「運動軍隊」的方法，惹起東蓀先生不組黨不加入軍隊的宣言。我恐怕有很多的人對於這一點也有懷疑，所以再多說幾句。

東蓀說：「我們不組黨。不想以黨的勢力執政柄以支配全國。」東蓀所犯的罪是由不完全的特殊者而推到普通的一種論理上的錯誤。因爲現在法律的不好而推到一切法律的都不好，由現在的政府的不好而推到一切政府的不好，由現在的政黨的不好人，而推到一切政黨的不好，是同樣的不對。現在娼妓式的政黨的不好是不錯，東蓀主張不組織政黨是對極的，我很希望東蓀先生如此。不過，東蓀若說一切的政黨都不要組織，因爲「中國人先天上有「惡化」政黨的根性」我就不以爲然了。我以爲，政黨也不過是一種改造政治方針相同的人的一種團體的結合就是了。他的不好是分子上的不好，不是制度上的不好。中國人有沒有「惡化」政黨的根性，我是外行，不能知道。如若中國人眞是如此，那是中國有「惡化」團體行動根性，那末，中國就不必有團體的活動了。東蓀先生也不必組織令人會了。一個人回家好了。

東蓀又說：「我們不與任何軍隊發生關係，不問是感化或是利用……我們可以斬釘截鐵的說一句話，就是中國的軍隊絕對不能用於有益於社會的方面—除了消滅他們」。中國最壞的人不是兵。兵固然是可恨了，但是他們的罪惡純粹是由於環境與智識。就以現在的兵而論我以爲比那寡廉鮮恥，利己，滑頭，欺詐，……的政客們還强的多。兵也是現在經濟制度下壓迫出來的失業者。他們就是變相的「勞動軍」他們就是「無產階級」。因爲他們的腦筋簡單，他們對於現社會所流行的滑頭，自私病染的還少一點。我們要是眞會和他們相接近，感化他們，他們是很有希望的。在此地，我要申明的就是絕不要再蹈了辛亥的覆轍。我們一方面感化軍隊以抵禦反抗者，一方面强行軍隊的勞動化，以使他們成爲生產者。我以爲補救中國的軍隊，祇有這個方法。東蓀先生說，除非消滅了他們，我不知道東蓀如何消滅他們？惟有有槍的才能壓服有槍者。要消滅了軍隊，仍然是需動立軍隊的。

五，手段與目的

社會是連續的。社會是不能粘土式的，可以把他隨我們的意思來控什麼樣子，就成爲什麼樣子的。英雄不能造時勢。英雄祇能看明了時勢而與以若干的權力就是了。所以我對於未來的社會狀況如何，祇是豫測而不敢肯定。我們祇有用我們看明了現在社會的病症，用想出來可以實行的方法一步一步的實行下去。我們看方法是很重要的。沒有方法的社會主義就是玄想的社會主義，一點也沒有用處。基爾特社會主義者則不然。他們以爲要先立定了目的再想方法去達到。他們是不重方法的。六嚴說：「他們所看重的，在目的，在社會改造根本原理，在他們眼光中，方法却微乎其微。……誠以手段隨敵而異」。所以基爾特社會主義者天天的橫寫他們所玄想的社會，而不去想方法。其實，社會是不容如此的。社會是連續的。我們祇有第一步而沒有第二步，第三，……步。

我們聽够了中國基爾特社會主義者的一句話就是「各地有各地不同的情形，各時有各時的不同狀況，不能預定」。各地有各地的情形，各時有各時的狀況，所以英國人，古代人，的方法不能用之於中國，但是現在的中國人想改造中國現在的社會，可以不想一個俱體的方法嗎？

現在中國的基爾特社會主義者，已經承認他們以前所說的管理蠶食……是英國的方法而不是中國的方法了，但是又創造出來一個「農民基爾特」的新方法。此種方法，我看也不是一種有用的方法。農民是保守的。我不知道中國的基爾特社會主義者是不是想變更現在制度，現在的生產方法。若要想更變，則祇恃農民是不中用的。如若不想變更，則又何用你們來談改造呢？總之：社會不能全然隨人意以變更的。我們要看好了中國現社會的病症，用可能的方法一步一步的作去 不能把英國人造好了的玄想強拉到中國以來使中國社會與之相合。

六專政與自由

「自由」是兩個好字，用他的時候可是要加以斟酌。我們愛自由。我們視自由為神聖。但是因為我們愛自由，因為我視自由為神聖的緣故，所以才不能把自由輕易的給與了治者階級，資本軍閥，……所以我們才主張「無產階級專政。」「我們防有產階級的死恢復燃，我們不能不剝奪他們的政權，剝奪他們的出版，集會……的種種反革命的自由，强迫他們的工作，强迫服從勞動者的管理。所以布哈林說：

「共產黨並不但不給『與國為仇』的有產階級以各種自由(言論，出版，集會，……)，而且常常去禁止有產階級的出版，解散國賊們的集會，不准他們造謠，誣揑，以引起恐慌。壓制他們所有恢復權力的行動。無產階級的專政，確就包含了以上種種權的行使。可以談到報紙，我們先要問這報是有產階級的呢。還是勞動者的呢？……」

「勞動革命，……不能容反對革命黨有結社，言論，集會，出版，的自由，因為他們能固守他們的政治信條，而等待時機以攻擊勞衆。」至於無產階級專政的必要，列寧尤其說的明白：

「由資本主義到社會主義底過渡期間內，獨裁政治底必要，實有兩種重大的理由，這是不難知道的。第一，對於那班剝削者底反抗，若沒有峻嚴的壓制，就不能征服並破壞資本主義。因為那班剝削者的資本家底財富和他們在組織上，智識上底優點，不能即時遞奪，所以他們在這個長時間內，總想圖謀推倒這可惡的（在他們看來）貧民底權威。第二，一切大革命，尤其是社會主義革命，縱使沒有對外戰爭，但沒有對內戰爭，是不能想像的；無數千萬的人由一方面到他方面的猶豫和去就，以及最大的不安，不定，和混亂底狀態，總是難免的。舊秩序下腐敗的分子，必居多數，而且和小資本階級關係很切（因為每個戰爭和恐慌底犧牲者，都是資本階級）在這個變化中間，他們當然要打內商量的。於是這些腐敗的分子，除了犯罪，奸猾，賄賂，和投機等事以外，就沒有別的表現。要免除這種事情，只有用時間和鐵腕。」

但是革命後到了一些時期，有產階級的固有勢力完全沒有了，并且他都安于工作了，那時社會上的人都是無產階級，也就人人都專政了。還有什麼專政之可言呢？所以布哈林又說：

「勞工手裡統治國家的權力就是一把斧子，拿他可以抵抗資本家。在一個共產制度裡邊，沒有有產階級的存在，沒有階級的區別，沒有國內國外的危險，到那時候，這斧子就當沒有了」。

在中國一般人都習為滑頭，欺詐，游惰，……尤其非用此種「鐵的管理」不可。我想，在革命初起之後，一般的軍閥，財閥，政客，紳士，自利的智識階級，……一定用他智識上，財力上，外援上的優越羣起反抗新組織。一般自私的人，欺詐的人，土匪，……一定要乘機掠奪。游惰者，舊日的治者，……一定不肯工作。在這個一時的紛亂之下，非用一種鐵腕不可。

基爾特社會主義，他們是反對此種專政的。他們迷信普遍的自由。他們不知道，要有普遍的自由，非先剝奪阻礙自由的一部分人的自由不可。這一點不必和他們多說。我想，如若他們真想改造社會，遇着這種情形，他們也自能覺出專政的必要來的。

無產階級專政是壓服有產階級的一種手段，是強制有產階級的一種手段，也就是削滅階級的一種手段：這一層，由上邊很可以看出來的。六幾說：「社會所以出馬，並不是要使無產階級管其他階級而是把階級這個東西根本廢掉呢。」我要問一問六幾所謂其他階級者到底是什麼階級？無產階級？　有產階級？　如是，有產階級，不管理他們，不鎮服他們，他們能以老老實實的不行反革命嗎？

基爾特社會主義又攻擊共產主義者所主張的無產階級專政是少數的消費者的專政，所以六總說：「社會自身不能支配人，支配人的自然是他所容許專權的人，這個專權的人就是消費者，……」專政的人們既是社會所允許的人則他們專政自然是沒有不當的了。　至於說是消費者的專政，則我有點意思：我以為在社會革命之後的共產主義初期社會中，不一定非手拿鐵錘的，才能叫作勞動者。　一切作有益於社會的工作的人都可以叫作勞動者。　如此看來，在勞動者的國家中掌政權的人，他們既然是選自勞動者，他們又是為勞動者來作事的，我想也不能以消費者看他們。　要是說：「縱使管理國家事務的人他的本身是無產者，…………但他一變管理了國家的事務，馬上就失他本來身分……一變而為消費者了。」　我不知道，基爾特社會主義的理想國家中的執掌政權的人是不是上午要入工場，下午要入國務院呢？　如是如此，我恐怕在社會革命後的初期，社會主義者又要沒收財產又要監視反革命者，又要……一切政治的活動多的很咧，恐怕不是兩重人格的人所能作得到的吧，我們再退一步說，我們就承認勞動者的國家中的執政者的是消費者，我以爲也沒有什麼不好。　我再告訴你們我們不惟主張消費者專政，并且我們還主張少數人專政呢，我想，朋友們聽了這話之後，一定要大驚失色。　你先不要着急，聽我慢慢的告訴你。　無產階織專政的初期，一定不是全無產級階專政。　以中國而論，一般無產階級如此的愚，尤其不能是全無產階級的專政。

如若要全無產階級專政，祇有張動，康有爲，……執政權最爲適宜。　現在社會上的人民程度是曲線的。　羣衆是盲目的。　如若使全體人民都專政，恐怕惟有復古，退化之一途。　無產階級專政的初期，也不過是「無產階級中的知識階級，」「知識階級的無產階級，」的專政能了。　如若基爾特社會主義不主張復辟，恐怕此種現象是當然的，也是必然的。再進一步說，我以爲，無產階級專政的初期，不惟是少數人的專政，并且這專政的少數人也是要服一二個人的意志才好。　惟有這樣，一致的人們的執政才是有力的專政，才是可以前的進專政。　有人說了：「這一二個人要是懷私心怎麼樣？」這一層是不可能的，其詳見(

T先生在共產黨月刊上所作的我們怎樣幹社會革命之中不多說了。

這種專政自表面上看來，和以前的「君主專制」是差不多的。 其實不然。 (1)君主專制的專政是爲專制而專政，無產階級專政是爲自由而專政，根本上是不同者。 所以在勞動者的國家中，少數者的專政是不得已的，並且時時的希望勞動者能有政治上的活動。 專政的程度是日漸其減的。 (2)無產階級專政中的所謂一二個人者，他們有無產黨，無產階級監督。 (3)無產專政的勞動者的國家中，是有勞農會一種武器的。 這種勞農會是和勞動者相密接的。 勞動者有了這個武器是不怕那一二人的專政的。

七，評基爾特社會主義的政治組織

我們已經知道，要解放人類全體，惟有先解放無產階級，惟有使全人類都工作，都變成無產階級，所以我們主張無產階級專政。 但是，無產階級專政的表示，就在乎他的武器——勞農會。 這個勞農會是一切權力的中心。 他的權力是所有的勞動組合，工廠委員會，海陸軍人的組合，……造成的。 有產階級是不能加入勞農會中的，除非他們也工作，也變成「無產階級。　共產主義的國家的政治組織的特色就在乎此。　基爾特社會主義者則不然。　他們的政治組織，國家，是代表消費者的。　消費者不一定都是勞動者，於是有產階級也就有了政權了。　有產階級一有政權，則無產階級一定是失敗。　因為有產階級的手中，有各種機關，報紙，雜誌；有多量的金錢，可以行使賄賂，還有無數的走狗替他們助威來恫嚇胆小的奴隸；他們在知識上，經驗上，……都是佔優越位置的。所以權力容易到他們的手中。　在表面上看來，有產階級與無產階級是都有政權，其實，政權一定還是落在有產階級手中。　所以我們說「基爾特社會主義……把壓制生產勞動的國家政權，法庭，海陸軍，警察，完全交給資本階級了。」　但是基爾特社會主義者說：「基爾特社會主義的天下沒有階級的互分，似乎找不到資本家……。」　我要問他們：階級的互分是一天兩天能以去掉的嗎？　在社會革命後的國家中，有產階級的勢力仍是潛伏的，仍是想機會的謀復辟的。　他們的地位較之無產階級仍是優越的。　如若仍與以同等的機會，我想他們一定是能以戰勝無產階級的。

在基爾特社會主義的政治組織中，我們所不敢贊成的，就是政治經濟的二重組織。我們固然看政權有是力量的，但是我們看經濟尤其重要，因為政治是立在經濟基礎之上的。政治是用以扶助經濟的發展的。 共產主義的國家也不過是作沒收財產，監視反革命，强迫游惰者工作，………之用就是了。 階級的區分沒有了，用不着什麼沒收，監視，强迫，……了，國家自然也就沒有了。 現在政府所作的事情，雖不能完全沒有了，但總可以用他種社會的活動來代替他，無需乎國家與政府。 六幾說：「……當階級區別廢除以後，………因為經濟的組織不適宜於成就社會上的某種事物，而政治組織都適宜於社會上某種的緣故，又因為社會上各種機關未必能和人們所表現的意志相等的緣故………國家還是必要。」 我要問一問六幾：所謂社會上的某種事物是什麼事物？ 此種事物可不可以由社會上某種組織以代替之？ 譬如軍隊，可不可以民團代之？ 教育可不可以由社會上公辦？ 為什麼非要國家不可？ 我以為在很遠的將來，經濟組織一定日漸其大，政治組織一定日漸其縮，一切意志不相等的原因，多半是偏於經濟，這一點小事更無需乎國家！

由以上看來，我們是以經濟為主，以政治為經濟之輔，所以我們對于基爾特社會主義的政治與經濟并重是不敢贊成的。

八，大規模生產與集中

工場越大，生產越進步。　美國的托拉斯，一方面固然作了惡孽，一方面對于生產可是有了很大的效果。　中國的需要不祇是把管理權由資本家移之於勞動者就完了，並且還需要高度的生產，此高度的生產的造成非要大規模的生產不可。　基爾特社會主義者，他們不主張大規模生產。　他們竟以中國的手工業的小規模生產為不必改變。　他們不知道，社會主義是立於大規模的生產上的。　我們以為社會主義的最要之點在乎生產工具公有。　此種公有非大規模的生產一定不能辦到。　手工業的家庭生產，我不知如何的使工場公有？

怎樣才達到大規模的生產呢？　我們的答案是「管理集中。」　管理集中有幾種好處：

現代的生產已經達於最複雜的地位了。　如若煤鑛工人交出的煤少了，一切工場和鐵道就要停止，如果沒了石腦油，汽船就不能開行了；汽船不能開行，運棉花的既沒有了，紡織場祇好停工。 所以非要管理集中，才能以有明瞭的統計與計劃，鋼鐵場才能以使煤鑛的煤，煤鑛才可以使鐵器場的鐵器，彼此互相抵銷，節省許多麻煩，並且惟有管理集中才能以確定全國生產實狀：才能使生產，分配得其調劑，才能以一定的計劃來工作，給各勞動者以適當的地位；才能不至有一點材料上，人力上，的不適與浪費；才能以防止各工場間的競爭；………………。

管理集中的必要是說了，但是集中到什麼地方去呢？ 此種任務自不能不歸之勞動勞動者已經獲得的國家手中了。 况且在社會革命之後，一切沒收資本，沒收私藏燃料，原料，防止欺騙與投機，防止工具的毀壞，强迫能工者，怠業者的盡力工作，……的事業，都要使政治侵入經濟範圍的。 所以國家的管理生產是當然的也是必然的。 有人怕國家的權力太大了。 我以為不要緊。 共產主義的國家是以勞動者為基礎的。 國家是與勞動者息息相通的。 勞動者是參與於種種建設事宜的。 我們再看一看俄國的現在經濟組織更可以明白了：管理計劃全俄經濟的最高機關自然是「國民最高經濟議會」了。 此議會由六十九人組成。

三十人選自產業組合；十九人選自中央執行委員會；二十人選自地方經濟會議；七人選自人民委員會；二人選自消費組合。除一小部分外，絕對多數皆直接間接選自勞動者。所以與其說是國家經甯說是勞動者管理。

九，結論

統觀基爾特社會主義的誤點：(一)祗談了將來，忘了現在，就是遠視眼。(二)不敢有大破壞急劇改造，就是庸懦性。因爲這個緣故，他們名義上是社會主義，其實反是延長資本主義底生命，這一點，我是深爲基爾特社會主義惜的。

基爾特社會主義者不是說的，是要作的，所以關於理論上，我對於他們也不十分窮追，不過基爾特社會主義者既視勞動組合爲第一義，我很希望他們在這第一義上實地的去用一番工夫。